本成果受到中国人民大学 2019 年度"中央高校建设世界一流大学（学科）和特色发展引导专项资金"支持

美国基础教育财政研究

School Finance in the United States

◎ 叶阳永　著

知识产权出版社

全国百佳图书出版单位

——北京——

图书在版编目（CIP）数据

美国基础教育财政研究/叶阳永著．——北京：知识产权出版社，2020.12
ISBN 978-7-5130-7015-7

Ⅰ．①美… Ⅱ．①叶… Ⅲ．①基础教育—教育财政—研究—美国 Ⅳ．① G639.712

中国版本图书馆 CIP 数据核字 (2020) 第 108335 号

内容提要

本书首先介绍美国基础教育发展概况及其独特的管理体制，而后全面描述美国基础教育财政收入和支出情况，并详细介绍美国各级政府基础教育财政决策程序、联邦与州政府基础教育财政拨款政策和基础教育财政诉讼与改革情况，进而综述美国基础教育财政相关理论及最新实证研究成果，最后阐述美国基础教育财政的特点及其对我国基础教育财政改革的启示。

责任编辑：李　婧　　　　　　　　责任印制：孙婷婷

美国基础教育财政研究

MEIGUO JICHU JIAOYU CAIZHENG YANJIU

叶阳永　著

出版发行：**知识产权出版社** 有限责任公司	网　　址：http://www.ipph.cn
	http://www.laichushu.com
电　　话：010-82004826	
社　　址：北京市海淀区气象路50号院	邮　　编：100081
责编电话：010-82000860转8594	责编邮箱：lijing@cnipr.com
发行电话：010-82000860转8101	发行传真：010-82000893
印　　刷：北京中献拓方科技发展有限公司	经　　销：各大网上书店、新华书店及相关书店
开　　本：720mm×1000mm　1/16	印　　张：17.5
版　　次：2020年12月第1版	印　　次：2020年12月第1次印刷
字　　数：280千字	定　　价：78.00元

ISBN 978-7-5130-7015-7

目　录

1 引 言

1.1 为什么写这本书

1.1.1 我国基础教育财政改革进入关键节点，美国经验有启示意义

提供公平而有质量的基础教育公共服务是我国现阶段基础教育发展的重要议题。质量与教育经费投入水平有关，公平与教育经费的分配机制有关，因此，基础教育财政改革逐渐成为中国基础教育改革的关键问题。基础教育改革的其他方面都或多或少地与基础教育财政政策有关，比如，教师队伍建设的问题之一是教师编制与薪酬待遇问题，流动人口子女教育问题涉及流动儿童户籍地与常住地政府之间的财政保障责任的配置问题。基础教育的普及是人类社会发展史上的一项重大变革，也是政府职能的一项重大拓展，实现基础教育服务的公共化，通过财

政手段保障每一个孩子的受教育权面临着诸多的困境与难题，这是以往政府所不曾面对的。美国较早地普及了基础教育，建立了以公共财政保障的基础教育财政制度，在基础教育财政政策设计与改革方面积累了丰富的经验。一是其财政政策经过了漫长的探索与试错过程，正反两方面都积累了经验。二是美国的基础教育财政政策主要在州层面，因各州经济发展水平、民众价值观念及州税制结构的差异，各州的教育财政政策选择和发展脉络各不相同，教育财政政策较为多元化。

1.1.2　关于美国基础教育财政的中文文献存在不足

国内已有一些文章，包括硕士学位、博士学位论文，研究美国基础教育财政问题，但存在以下问题：第一，过多地关注了美国联邦政府的基础教育财政政策，更有甚者把联邦政府的基础教育财政政策描绘成美国基础教育财政政策的主体，事实上，美国联邦政府基础教育财政支出比例较小，基础教育财政政策主要是在州政府层面，联邦政府教育财政政策仅是州政府与地方政府基础教育财政政策的补充。第二，使用美国全国性数据描述美国的基础教育财政改革也存在误导之处，比如，很多研究者分析州与学区承担基础教育财政保障责任的变化情况时忽略了各州之间的差异，20 世纪 80 年代以后，州政府承担教育财政支出责任的比例并不是像很多研究者所描述的那样，一直在增长，很多州政府在这一时期承担教育财政支出的比例在下降。研究美国基础教育财政制度不是研究一个教育财政政策，而是需要研究各州基础教育财政制度。第三，已有文献过多地探讨美国基础教育财政政策中的价值冲突，比如，公平、效率与充足的问题，缺乏对于美国基础教育财政政策运行与改革的具体描述，使得对于价值冲突的探讨停留在抽象层面，缺乏操作层面的可行性建议。另外，因为缺乏对于美国基础教育财政政策运行与改革实践的描述，对价值冲突背后原因的分析，多存在明显的纰漏，比如，美国基础教育财政政策的重要调整发生在 20 世纪 30 年代和 40 年代，而不是发生在 80 年代之后，而且这主要是特定经济与政治事件引起的，并非很多研究者所断定的价值诉求的转变所致。公平与充足两种价值诉求并不像很多研究者所断定的那样存在一个明显的时间分野，公平与充足的价值诉求实际上贯穿于美国基础教育财政改革的始终，表面上的公平与充足的时间分野更多的是在美国教育财政诉讼实践中的一种策略选择。教育财政政策涉及利益的分配问题，当然会涉及公平、效率、平等、正义等价值冲突，讨论这些问题相当重要。但基础教育财政政策更是一个技术性很强的研究领域，比如，地方财力的估算、教育成本的估算、区域间工资差异的调整等，如果不解决这些技术性的问题，再好的教育财政理念也无从谈起，这是促使笔者写本书的主要原因之一。

1.1.3 缺乏针对中国读者而写的美国基础教育财政的书籍

国内已有翻译美国基础教育财政的书籍，比如《教育财政——效率、公平与绩效》（曹淑江等译），但是这些书籍针对的是美国本国读者，省略了对美国读者而言人尽皆知的关于美国基础教育系统、管理体制和财政系统的介绍，比如，美国的联邦分权制度、学区制度、资产税制度、全民公投制度等，对于美国教育财政的研究者或者普通公众而言，这些都是基本常识。但是如果不了解这些的话，读美国基础教育财政的文献难免不太理解其中的一些政策设计与选择，比如，作为州议会立法创设的组织，学区为什么可以起诉州议会？另外，美国基础教育财政政策的运行与变革根植于其独特的政治、经济、社会与文化背景之下，美国基础教育财政政策改革的成功或失败的经验对于中国的基础教育财政改革是否有启示或借鉴意义，必需了解美国教育财政运行和改革背后的政策背景与制度基础，并对比其与中国的不同，才能有所判断。比如，美国教育财政诉讼制度被中国学者介绍很多，但是这一制度的基础来自违宪审查制度和美国较为自由的民间社会组织发展，在中国暂还不具备这样的制度环境。

1.1.4　个人原因

写一本美国基础教育财政的书也是基于笔者个人的学术研究偏好。笔者决定从事教育研究是从关注基础教育公平尤其是落后的农村基础教育开始的，对于教育公平问题的持续关注与思考，使我认识到解决教育公平问题的根本措施还是在于改革现行的基础教育财政保障制度，教育基础设施的改善和教育质量的提升计划背后都是财政问题。因此，在美国读书期间，笔者选择美国的基础教育财政问题作为研究方向。为了撰写博士学位论文，笔者不仅系统了解了美国基础教育财政的运行机制与改革过程，也深入探究了美国基础教育财政运行与改革的社会、政治、经济与文化背景，不仅关注美国当下的基础教育财政政策，更从历史的角度探究美国基础教育财政发展变迁过程。笔者想通过对美国基础教育财政制度的系统研究，为自己寻找解决中国基础教育公平与质量问题提供线索。但笔者的博士学位论文是对美国佛蒙特和新罕布什尔两个州教育财政改革的政策评估研究，侧重于研究方法的论证，上述探索过程获得的知识与思考并没有能够呈现出来，因此，我想通过一本书的形式系统地向中国读者介绍美国的基础教育财政情况，以期对中国读者理解美国基础教育财政制度，进而为分析设计中国基础教育财政政策提供一些资料和见解。

1.2　本书关于什么

本小节是对本书内容的简要介绍，以期读者在阅读之前，有一个轮廓性地了解。本书第一章为引言部分，介绍撰写本书的缘由、内容与基本特点。第二章是介绍理解美国基础教育财政政策的背景信息，涉及美国的基础教育系统、基础教育管理体制和基础教育财政体制。首先，从美国基础教育的学制结构、义务教育现状及发展历史、学校性质与学前教育等方面描述了美国基础教育系统，同时从高中学生毕业率与学业水平考试结果等方面描述了基础教育的发展变化与区域差异。其次，从地方政府、州政府和联邦政府三个方面介绍美国的基础教育管理体制，这包括从宪法层面描述州政府与联邦政府在基础教育管理方面的权限，联邦政府和州政府的教育行政管理机关的组成与职能，重点介绍美国的学区制度，这包括学区的性质与职能，与其他地方政府职权与空间的关系，以及学区的数量与规模。最后，从美国基础教育财政发展史的角度介绍了美国教育财政体制现状。

基础教育财政涉及基础教育财政资金的筹集、分配与使用问题。本书的第三章、第四章分别描述美国基础教育财政的收入与支出问题。第三章使用最新数据，呈现了美国全国及各州基础教育财政收入在联邦政府、州政府与地方政府之间承担的比例，以及该比例的变化情况。然后分别对联邦政府、州政府与地方政府各自的经费来源渠道进行了分析。第四章首先分别从空间与时间两个维度描述州际教育经费支出水平的差异和州内教育经费支出水平的变迁。以生均经费支出水平与州人均 GDP 的比值衡量州教育财政支出的努力程度，从时间维度呈现各州在教育经费努力程度的变化情况，而后对全国及各州的教育经费支出的功能科目结构与经济科目结构进行了全面描述。

第五章介绍美国基础教育财政政策的决策机制，主要涉及联邦政府、州政府与地方政府的教育财政预算制度，州宪法修订程序和公投立法等内容，这些内容为读者理解美国基础教育财政政策及其改革奠定基础。第六章介绍了美国联邦政府的基础教育财政拨款项目和州政府的教育拨款模式，并以密歇根、马萨诸塞、北卡罗来纳和威斯康星等四个州的教育财政拨款政策为例，呈现美国州政府教育财政拨款政策的复杂细节。如果说第六章是对美国当下基础教育财政政策的全景扫描，第七章则勾勒了美国基础教育财政的发展脉络，内容包括美国基础教育财政改革与基础教育财政诉讼的情况，前者主要从时间维度分析美国各州在层级政府教育经费支出责任和州政府教育财政拨款公式的变化情况，后者主要是描述美国基础教育财政诉讼的数量情况，并重点分析了美国基础教育财政诉讼发生的原因、判决结果的决定因素以及基础教育财政诉讼对教育财政拨款政策的影响。第八章综述了美国基础教育财政相关的理论与实证研究文献，介绍了理解与预测美国基础教育财政走向的理论模型，同时系统总结关于基础教育财政改革的实证文献。第九章总结美国基础教育财政的主要特点，以及讨论美国基础教育财政政策改革对于中国当下基础教育财政改革的启示。

1.3　本书有哪些特点

1.3.1　更多呈现事实性信息，而非观点性信息

毫无疑问基础教育财政政策选择涉及尖锐的价值碰撞与冲突，比如，公平与效率是教育财政政策选择面临的主要价值冲突。但是在进行价值冲突的讨论时必须了解教育财政运行的现实状态，只有了解教育财政制度的运行现状，对其中涉及的价值冲突与价值选择才有评判的依据，抽象地讨论价值冲突并没有实际意义。因此，本书在写作中始终坚持的一个理念是努力呈现美国基础教育财政政策的运行实践，比如，基础教育的财政资金是从哪来的，花到哪些科目去，教育财政政策的决定主体与程序是什么。即使对美国基础教育财政研究文献的综述，本书也多选择实证研究的文章，尽量多地呈现美国基础教育财政政策是什么的信息，而不是呈现美国基础教育财政政策应当是什么的信息。努力保持一种客观陈

述的立场，以期使读者更多地了解美国基础教育财政是如何运行的。当然，这并不是说本书不涉及价值选择方面的讨论，本书第九章会针对前面章节，对美国基础教育财政的特征进行概括，进而总结一些针对改进我国基础教育财政制度的启示与建议。

1.3.2　采用历史的视角

本书另外一个特点是把历史视角贯穿于对美国基础教育财政各个层面的分析当中。现行的政策制度安排往往是由以往政策制度演化而来，如果不理解以往制度的发展脉络，一方面很难理解现在制度何以存在的原因；另一方面在制度借鉴过程中往往只关注于现行制度的一些优点，忽略这一制度得以运行的历史基础，即一些随时间而累积起来的价值认同和信息基础。这一点对基础教育政策的分析尤为重要。贯彻这一理念，本书不仅介绍了美国基础教育概况，也梳理其发展历史；不仅描述了教育财政收入来源结构，教育支出水平与结构，更呈现了教育财政收入结构与支出结构的发展过程；不仅描述现行教育财政拨款公式的类型与特点，还描述各州教育财政拨款公式的变革过程。这些历史的梳理与描述有助于读者了解美国基础教育财政政策的历史成因与发展机制。

1.3.3　呈现基础教育财政政策运作背后的机制

本书针对的是中国读者，因此，在介绍美国教育财政制度的同时，还介绍了维持美国教育财政制度得以运行的其他制度，以便读者更加清楚理解美国教育财政政策得以运行背后的政治、社会和经济发展的条件与基础。比如，在介绍美国基础教育概况的时候，介绍了美国的学区制度；在介绍美国基础教育财政政策的时候，介绍了美国各级政府财政预算制度；在介绍美国教育财政诉讼问题的时候介绍了美国违宪审查制度；在介绍美国财政改革发展历程中，分析了经济大萧条与第二次世界大战对美国基础教育财政制度的影响。

1.3.4　使用最新的数据

为了能够呈现美国教育财政政策运行的最新状态，本书努力寻找反映相关主题最新可获得的数据，比如，美国基础教育发展现状的数据，教育财政收入与支出的最新数据。对有关美国教育财政政策研究文献的综述过程中，特别综述关于美国教育财政相关理论与实证研究最近几年的研究成果。借助于这些最新数据和最新的数据可视化技术，本书制作了许多反映美国基础教育的现状与发展脉络的图和表，有助于读者更直观地了解美国的基础教育财政现状。

2 美国基础教育系统与管理体制概况

本章主要是为理解美国基础教育财政制度提供知识基础。基础教育财政服务与保障基础教育的发展，了解美国的基础教育系统是理解美国基础教育财政的基础。本章将首先介绍美国基础教育的学制、办学形式、发展历程与水平。基础教育财政体制与基础教育管理体制息息相关，尤其是美国的基础教育管理体制与我国的基础教育管理体系差异较大，了解美国各级政府的基础教育管理机构的基本概况有利于理解美国的基础教育财政体制。本章最后将从基础教育财政发展史的角度描绘美国基础教育财政体系的概况，为接下来介绍美国基础教育财政政策的细节提供框架。

2.1 美国基础教育概况

2.1.1 学制

美国的基础教育系统一般是指 K–12 教育体系 ❶，包括学前班（Kindergarten）和 1 ~ 12 年级，分为三个阶段：小学（Elementary School），初中（Junior High School or Middle School），高中（Senior High School）。小学和初中的划分，州与州之间、学区与学区之间存在差异，有的学区小学包括 K–4，有的学区包括 K–5，有的是 K–6，相应的初中分别包括 5 ~ 8 年级，6 ~ 8 年级，7 ~ 8 年级，高中则一般包括 9 ~ 12 年级。高中毕业生如果继续接受教育的话，可以选择两年制的社区学院或四年制的大学。

2.1.2 义务教育情况

美国建国早期就有政治家主张推行全国免费的义务教育，但该设想当时并没有得到民众广泛认同，在制定的联邦宪法中也没有赋予联邦政府管理基础教育的权限 [1]，基础教育的推行就成了各州政府与人民决定的事项。美国是最早推行义务教育的国家之一，1852 年马萨诸塞州最早制定了义务教育法，1918 年密西西比州最后实施义务教育 ❷。图2–1呈现各州义务教育法的通过时间 [2]，东北部的

---

❶　广义上讲，美国的基础教育还包括学前教育，即PK–12，但学前教育主要是市场提供，有些州或者学区提供有限的学前教育机会或资助，从研究教育财政的角度涉及学前教育的内容不多，本书对美国基础教育财政的研究主要是针对K–12教育体系。

❷　于1929年制定义务教育规定的阿拉斯加在当时是美国的一块属地，1959年才成为美国的一个州。

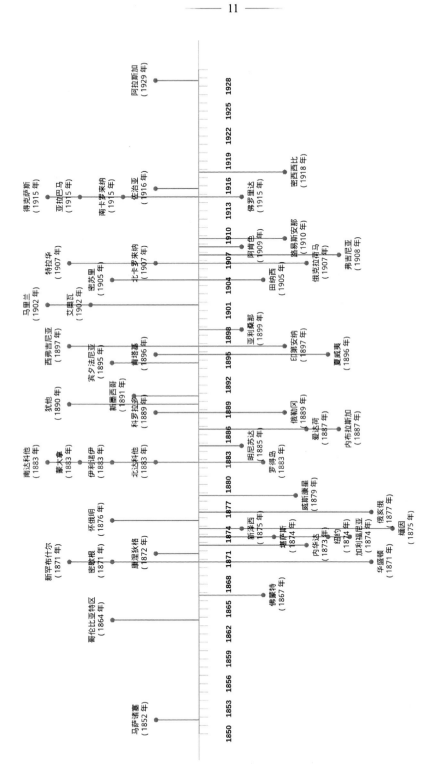

图 2-1　美国各州通过义务教育法的时间

州开始得早一些，西部和南部的州推行义务教育的时间晚一些。

美国学生接受义务教育的起止年龄由各州法律规定❶，因各州义务教育发展的历史以及民众对基础教育的认识不同，其义务教育起止年份差异较大。图2-2呈现的是各州义务教育的起止年龄。由图2-2可知，各州义务教育起始年龄范围为5～8岁，其中5岁为起点是11个州，6岁为起点是25个州，7岁为起点是13个州，8岁为起点是2个州。义务教育终止的年龄范围为16～19岁，其中终点为16岁的有15个州，终点为17岁有10个州，25个州义务教育终止年龄为18岁，有1个州的义务教育终止年龄为19岁。

各州义务教育起始与结束的年龄各不相同，因此各州义务教育持续的时间也不同。表2-1呈现了各州义务教育的时长，7个州的义务教育时长为9年，12个州的义务教育时长为10年，10个州的义务教育时长为11年，12个州的义务教育时长为12年，10个州的义务教育时长为13年。美国K-12的基础教育都是免费的，但在法定义务教育终止时间之后学生可以选择毕业或退学。

表 2-1　美国各州义务教育时长分布表

时长（年）	数量（个）	比例
9	7	13.7%
10	12	23.5%
11	10	19.6%
12	12	23.5%
13	10	19.6%

数据来源：NCES，Digest of Education Statistics，2018，Table 234.10。

---

❶　美国联邦以下包括50个州和1个华盛顿哥伦比亚特区（Washingto，D.C，以下简称哥伦比亚特区），哥伦比亚特区是美国联邦政府所在地，国会对其具有最终管理权限，但实际由本地居民选举的市委会及市长管理，哥伦比亚特区在国会众议院有1名非投票代表，在参议院无代表，特区居民有权投票选举总统。统计上，哥伦比亚特区作为与州并行的行政单位。本书中提到"各州"时，是否包括哥伦比亚特区取决于该项陈述是否涉及哥伦比亚特区。

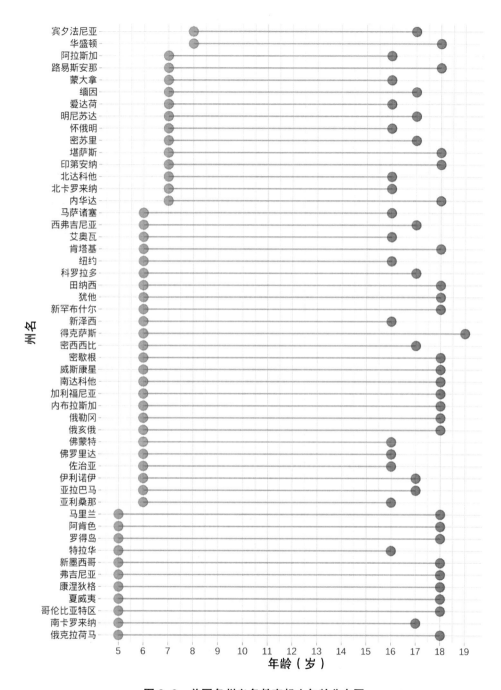

图 2-2 美国各州义务教育起止年龄分布图

数据来源：NCES，Digest of Education Statistics, 2018, Table 234.10。

2.1.3　学校性质

美国的基础教育有公立学校、私立学校和家庭学校三种供给方式。2016 年公立学校在校生数量为 5060 万人，2015 年私立学校在校生数量为 575 万人（占全国总学生的 10.3%❶），2016 年在家上学的学生占全国总在校生的 3.3%❷。一般情况下，学生在其住所地所在学区上学，但美国州政府也存在一些允许家长择校的政策，这包括选择公立学校或私立学校，选择公立学校的可选择非本学区的公立学校或者特许学校。在择校行为上，2016 年美国选择私立学校的学生占 9.5%，选择公立学校的学生占 90.5%。其中选择指定学校的学生占 70.6%，主动择校的学生占 19.8%，选择特许学校的学生占 4.6%❸。

2.1.4　残疾人教育

美国有专门立法保障残疾人的受教育权利，残疾人教育一般以融合教育为主，即残疾学生与正常学生在一起接受教育。6 ~ 21 岁的残疾学生当中，95% 在普通的公立学校就读，3% 在专为残疾儿童而建的学校就读，1% 在普通的私立学校就读，另外不到 1% 的残疾学生分布在独立的居住场所、家庭、医院或者校正中心❹。2018 年，被联邦政府残疾人教育法案认定为残疾的学生有 696 万人，为 PK–12 全部在校学生占 13.7%❺，残疾种类包括抑郁、发育迟缓、情绪障碍、智力低下、因疾病

---

❶　数据来源：NCES，Digest of Education Statistics，2018，Table 205.10。

❷　数据来源：NCES，Digest of Education Statistics，2018，Table 206.10。

❸　数据来源：Digest of Education Statistics，2018，Table 206.30. 根据 Parent and Family Involvement in Education Survey of the National Household Education Surveys Program （PFI–NHES：2016）数据估算，存在误差。

❹　数据来源：NCES，Digest of Education Statistics，2018，Table 204.60。

❺　数据来源：NCES，Digest of Education Statistics，2018，Table 204.30。

引起的身体虚弱乏力、学习障碍、创伤性脑损伤、语言障碍和视力障碍等。

2.1.5 学前教育

美国的学前教育并不是强制的，也并不是政府必须提供的公共服务之一，有些州或学区提供部分学前教育服务或资助，但是学前教育服务的供给主体是市场。联邦政府或州政府对贫困家庭子女接受学前教育给予一定补助。根据人口统计信息测算，2017 年，美国 3 ~ 5 岁儿童为 1200 万人，注册学前教育项目的为 771 万人，占 64.3%，其中 38.5% 在幼儿园，25.8% 在学前班。在所有接受学前教育的 3 ~ 5 岁儿童中，65.1% 参加的是全日制项目，34.9% 参加的是半日制项目❶。2016 年，在没有接受正式学前教育的 3 ~ 5 岁儿童中，48.7% 在学生看护中心，27.1% 由父母在家照顾，14.4% 由亲戚在家照顾，7.6% 由非亲戚在照顾❷。

2.1.6 高中教育

美国的高中教育是基础教育的最后阶段，学生的走向是衡量美国基础教育质量的重要指标。美国经常使用的指标有高中完成率、高中毕业率和高校注册率。高中完成率是指在某一年度已取得高中毕业证书或同等学力证书的 18 ~ 24 岁人口数量与高中或以下学段未在册的 18 ~ 24 岁人口数量之间的比值。高中毕业率是以某一年高中毕业生的数量除以该年度 17 岁人口总数估算而得。高校注册率是以某一年 10 月前在大学注册且在该年以前已经高中毕业的 16 ~ 24 岁人口除以 16 ~ 24 岁高中毕业或拥有同等学力的学生估算而得。图 2-3 中呈现了 1972—2016 年高中完成率的变化情况，1972—2000 年有小幅度的上升，2000—2016 年持续增长，2016 年

❶ 数据来源：NCES， Digest of Education Statistics， 2018， Table 202.20。
❷ 数据来源：NCES， Digest of Education Statistics， 2018， Table 202.30。

高中完成率为93.3%。图2-3也呈现了美国1890—2019年的高中毕业率的变化情况，由图2-3可知，1890—1910年，高中毕业率缓慢增长，1910—1965年高中毕业率快速增长到75%左右，之后在1998年以前一直在下滑，1998年之后又有一个快速的增长，在2019年达到87.1%。图2-3也呈现的是1960—2016年高校注册率的变化情况，由图2-3可知，注册率局部有波动，整体在波动中上升，1968—1973年有所下降，而后继续增长，2010年之后维持在68%左右。

图2-3　美国高中教育情况变化图

数据来源：NCES,Digest of Education Statistics 2018, Table 302.20, Table 219.10,Table 219.65; NCES, 120 Years of American Education, Table 21。

2.1.7　各州学生学业表现

高中毕业生情况呈现的是美国全国的基础教育发展水平，本小节将呈现美国各州的基础教育质量情况，学生的标准化考试成绩是衡量基础教育发展质量的重要指标。美国联邦教育部为测量和比较基础教育的质量，实施了全国性抽样的标准化 NAEP 考试 ❶，接下来将以 2019 年各州在阅读与数学上的考试得分来衡量各州基础教育的水平。图 2-4 是 2019 年美国各州 8 年级学生阅读成绩表现，由图 2-4 可知，8 年级阅读成绩表现好的州依次是马萨诸塞、新泽西、康涅狄格、新罕布什尔、佛蒙特，表现不好的州依次是新墨西哥、阿拉斯加、亚拉巴马、密西西比。从空间上来看，东北部和中西部各州的 8 年级学生阅读成绩较好，南部的州 8 年级学生阅读成绩相对较弱。

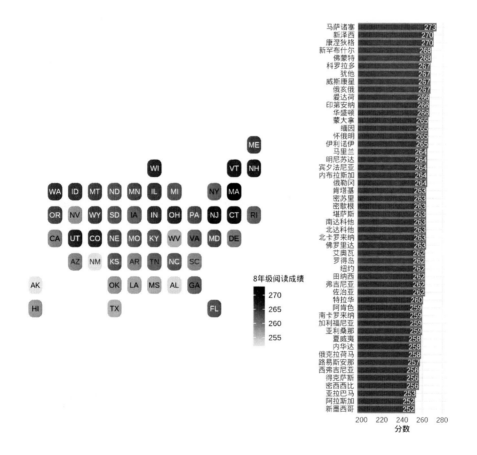

图 2-4　美国各州 8 年级学生阅读成绩表现（2019 年）❷
数据来源：NCES，the National Assessment of Educational Progress(NAEP) Data, 2019。

---

❶　本书附录中对NAEP项目有详细介绍。

❷　图中各州州名简称及中英文对照表见附录3，下同。

图 2-5 是 2019 年美国各州 8 年级学生数学成绩表现，由图 2-5 可知，8 年级数学成绩表现好的州依次是马萨诸塞、新泽西、明尼苏达、威斯康星，表现不好的州依次是亚拉巴马、新墨西哥、西弗吉尼亚、路易斯安那。从空间上看，东北部和中西部各州的 8 年级学生数学成绩较好，南部的州 8 年级学生数学成绩相对较弱。

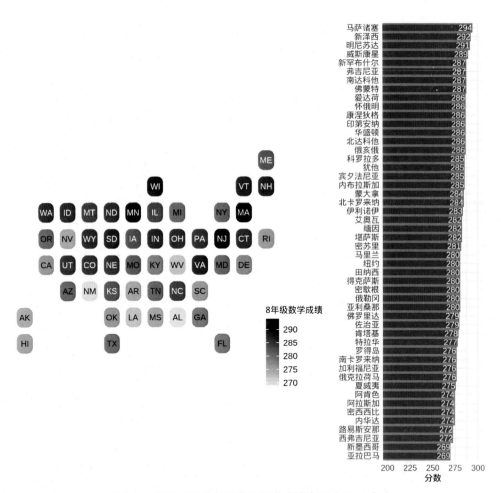

图 2-5　美国各州 8 年级学生数学成绩表现（2019 年）

数据来源：NCES，the National Assessment of Educational Progress(NAEP) Data, 2019。

2.2 美国基础教育管理体制

2.2.1 联邦政府

在美国由于基础教育是州和地方政府的职责所在，联邦政府权力与责任较小。早在 1867 年联邦政府成立了教育部，但第二年就降级为教育署，隶属于内务部，1939 年隶属社会保障中心，1953 年社会保障中心升级为内阁部门卫生、教育与福利部。1980 年国会批准建立教育部，作为总统内阁部委之一，从卫生、教育与福利部中分离出来。早期的联邦政府教育管理部门主要责任是收集学校与教育发展方面的数据，以帮助各州更好地发展教育，即使现在，教育信息统计依然是美国联邦政府教育部的重要职能之一。联邦政府早期是以财政拨款的形式介入基础教育的。1917 年《史密斯—休斯法》（*Smith-Hughes Act*）和 1946 年《乔治—巴登法》（*George-Barden Act*）联邦政府提供拨款支持在高中学生中开展职业教育。20 世纪六七十年代，一系列民权法案则赋予联邦政府在保障教育公平，使公民免于种族、性别和残疾等方面歧视的权利。联邦政府对于基础教育的主要拨款项目来自 1965 年的基础教育法案，该法案设立首章（Title I）项目，向贫困的学区提供联邦政府财政拨款。1975 年，通过了残疾人教育法案，规定 3 ~ 21 岁的残疾人有权利接受免费适宜的公共教育，联邦政府给予相应拨款，余下部分州政府配套。因此，美国的教育部现在的职能是制定联邦政府教育拨款的实施政策，并管理联邦教育财政拨款的发放和监督；收集教育信息，支持教育研究；监测教育问题，呼吁社会关注；执行联邦政府教育项目中反歧视政策。除了教育部实施的联邦政府对于基础教育的拨款之外，联邦政府用于教育拨款还有来自卫生部负责管理的开端（Head Start）项目，这是一个起始于 1965 年的幼儿教育拨款项目。另外还有营养餐计划，向贫困家庭儿童提供免费或减价营养餐，该项目于 1946 年启动并由美国农业部负责实施。

2.2.2 州政府

美国基础教育的管理与财政保障责任在于州政府。这项职权来自各州宪法，比如，北卡罗来纳州宪法第一章第十五节规定"人民享有接受教育的权利，州政府须为实现这一权利提供支持与保障"。加利福尼亚州宪法规定"州议会建立一个公共教育系统，学区内的免费学校将运行至少 6 个月"。州负责教育管理事务的机关是州教育委员会，其委员产生与职权由州法律规定。州教育委员会委员一般由州长任命并经州议会多数同意，一般会有一个学生委员。还有些当然委员，比如，在田纳西州高等教育委员会主任是州教育委员会的当然委员。州教育委员会享有州基础教育的政策制定权与重大事项的决定权，比如，制定学校组织架构、人事管理制度、向州议会提出每年州教育拨款的建议案，制定教师与校长的任职资格标准、师生比标准、课程内容标准和学业达标标准、学期时长和作息时间表，评估学校的方案，学区教育数据的收集和管理。委员是兼职，没有工资，执行公务时相应花费由财政负担，可获得数额不多的补助。州教育委员会任命一个教育总监，承担执行官的角色，执行州教育委员会制定的规章和重要决定，教育总监也是州教育部的部长。州教育部承担教学项目、进行教育评估、不同层级政府之间的协作、信息收集与整理等职能功能。州教育部长向州教育委员会负责，比如，马萨诸塞州教育部长向州教育委员会提出教育财政预算案，委员会审议后交给秘书长，秘书长再将此方案提交给州议会。

2.2.3 地方政府

2.2.3.1 地方教育管理组织类型

美国地方政府管理教育的组织有学区、联合监管组织、区域性教育服务组织、独立特许学校学区以及州政府或联邦政府在地方设立的教育组织和其他地方教育组织。联合监管组织是指一个监管多个学区的行政机关,即多个学区共享一个学监。区域教育服务组织是为其成员学区提供团购办学物资、计算机技术服务、教师培训等服务的组织。独立特许学校学区是指管理特定区域范围的特许学校的管理机构。州政府运行的地方教育部门是指由州政府直接提供基础教育服务的组织,主要是一些专门的教育服务,比如,州政府直接举办的聋哑学校、学生行为校正中心等。联邦政府基础教育组织是指联邦政府在地方设立直接提供基础教育服务的组织。基于 2015—2016 学年数据,表 2-2 是美国各州各类地方基础教育管理组织的分布情况。美国有常规学区 13647 个。有 218 个联合监管组织,监管着 520 个学区,这类组织主要存在于佛蒙特(59 个)、新罕布什尔(95 个),蒙大拿(56 个),大多数州没有此类组织,因为这些州存在规模很小的学区,共享一个行政管理组织,相对经济一些。有 1170 个区域性教育服务组织,其中伊利诺伊州有 188 个,俄亥俄州有 104 个,宾夕法尼亚州有 103 个,一部分州没有此类组织。有 3192 个独立特许学校学区,其中,亚利桑那州有 441 个,俄亥俄州有 398 个,密歇根州有 319 个,部分州没有此类地方教育组织。州政府设立在地方的教育组织 270 个,其中亚拉巴马州有 46 个,弗吉尼亚州有 20 个,怀俄明州有 13 个,其他州一般拥有若干。联邦设立地方教育机构有 4 个(北卡罗来纳州有 3 个,弗吉尼亚州有 1 个),其他地方教育组织有 142 个。

表 2-2　美国各州地方教育管理组织分布表　　　　单位:个

州名	常规学区	独立特许学校学区	区域性教育服务组织	联合监管组织	联合管理组织的成员学区	联邦属教育机构	州属教育机构	其他教育机构
亚拉巴马	134	0	0	0	0	0	46	0
阿拉斯加	53	0	0	0	0	0	1	0
亚利桑那	237	441	8	0	0	0	9	15
阿肯色	235	23	15	0	0	0	5	13
加利福尼亚	1050	30	72	5	10	0	4	0
科罗拉多	178	2	81	0	0	0	4	0

（续表）

州名	常规学区	独立特许学校学区	区域性教育服务组织	联合监管组织	联合管理组织的成员学区	联邦属教育机构	州属教育机构	其他教育机构
康涅狄格	169	25	6	0	0	0	7	0
特拉华	19	31	1	0	0	0	2	0
佛罗里达	67	1	0	0	0	0	3	5
佐治亚	180	20	16	0	0	0	7	0
夏威夷	1	0	0	0	0	0	0	0
爱达荷	115	40	2	0	0	0	3	0
伊利诺伊	863	5	188	0	0	0	5	3
印第安纳	294	99	29	1	1	0	4	2
艾奥瓦	338	0	9	0	0	0	0	0
堪萨斯	307	0	0	0	0	0	10	0
肯塔基	173	0	9	0	0	0	4	0
路易斯安那	70	142	0	0	0	0	6	5
缅因	249	7	8	0	0	0	4	0
马里兰	24	0	0	0	0	0	1	0
马萨诸塞	239	82	87	0	0	0	1	0
密歇根	550	319	56	0	0	0	6	0
明尼苏达	332	180	67	0	0	0	4	0
密西西比	148	2	0	0	0	0	11	0
密苏里	521	42	0	0	0	0	6	4
蒙大拿	411	0	21	56	0	0	4	5
内布拉斯加	245	0	34	0	0	0	5	0
内华达	18	1	0	0	0	0	0	0
新罕布什尔	2	24	0	95	179	0	0	0
新泽西	602	91	0	0	0	0	4	0
新墨西哥	89	64	0	0	0	0	6	0
纽约	693	260	37	1	33	0	6	0
北卡罗来纳	115	177	1	0	0	3	4	16
北达科他	179	0	45	0	0	0	3	0
俄亥俄	622	398	104	0	0	0	4	0
俄克拉荷马	517	33	0	0	0	0	3	54
俄勒冈	179	18	19	0	0	0	5	0
宾夕法尼亚	500	189	103	0	0	0	7	1
罗得岛	32	19	4	0	0	0	9	0

（续表）

州名	常规学区	独立特许学校学区	区域性教育服务组织	联合监管组织	联合管理组织的成员学区	联邦属教育机构	州属教育机构	其他教育机构
南达科他	84	2	11	0	0	0	3	2
南卡罗来纳	152	0	15	0	0	0	4	0
田纳西	146	0	0	0	0	0	0	0
得克萨斯	1026	207	20	0	0	0	3	0
犹他	41	118	4	0	0	0	3	0
佛蒙特	0	0	3	59	297	0	2	2
弗吉尼亚	130	0	70	2	0	1	20	0
华盛顿	301	9	9	0	0	0	0	11
西弗吉尼亚	55	0	0	0	0	0	2	0
威斯康星	425	28	16	0	0	0	3	0
怀俄明	48	0	0	0	0	0	13	0

数据来源： NCES, Local Education Agency（School District）Universe Survey Data, School Year 2015 - 16（Fiscal Year 2016）。

2.2.3.2 学区

地方教育管理机构中，学区是最为普遍也是最为主要的部分，本书主要关注学区，即上文统计类别中的常规学区、独立特许学校学区和作为联合监管组织的成员学区。美国的学区是一种独特地方教育机构。学区是一种独立的、单功能的地方政府形式。它的独立性体现在大多数学区有独立的财政权和较为独立的决策权，不受一般性的地方政府（市县乡政府）管辖和干预，在法定的职权范围内独立运行。有些学区财政和行政隶属于地方政府（如市县乡）。学区的管理部门一般由作为决策机关的学区委员会和作为执行机关的学监及其办公室构成。学区委员会委员一般由学区所在区域全体有资格的选民选举产生，学区委员会委员的数量少则3人或5人，多则有十几人，学区委员会的选举办法和任期时长由各州法律规定，学区的权力也由法律规定。学区委员会拥有广泛的权力，比如，学校的建立与选址、校长的任命与聘用、确定资产税的税率以及决定每年的财政预算，决定学区内学校的课程方案等，学区委员会也会制定一系列与其职权相关的规章制度。学区委员会行使权力的方式是开会投票，形成政策决议，学区委员会委员是兼职的，没有工资，其履职产生的费用由财政经费承担，学区在其履职期内（如开会）有一定补助。学区委员会任命 1 名学监，学监承担学区执行官的责任，负责执行学区委员会的决定，学监是全职工作人员，由学区委员会确定工资，根据学区规模大小，还会聘用副学监或其他工作人员若干。

2.2.3.3　学区与其他地方政府的关系

学区因其独立性的不同而分为独立学区和非独立学区，前者独立于其他一般性地方政府，后者附属于其他一般性地方政府。非独立学区的教育财政预算是州政府、县政府、市政府、乡政府预算的一部分，比如，田纳西州县教育委员会提出每年学区预算，预算案需县立法机关通过，为教育而征税和发行债券的权力也存在于县立法机关，而不是县教育委员会。独立学区的财政预算由学区决定。根据 2016 年度数据，12394 个学区是独立学区，占全国全部学区的 91.4%，1167 个学区属于非独立学区。表 2-3 和表 2-4 呈现了美国各州不同隶属关系学区分布，在非独立学区中隶属州的学区有 29 个，19 个位阿拉斯加。学区隶属县政府的有 440 个，主要存在于北卡罗来纳（115 个），加利福尼亚（57 个），田纳西（91 个），弗吉尼亚（93 个）。隶属市的学区有 218 个，主要存在于马萨诸塞（52 个），田纳西（36 个），弗吉尼亚（37 个），康涅狄格（20 个）。隶属乡镇的学区有 480 个，主要存在于康涅狄格（129 个），缅因（141 个），马萨诸塞（182 个），罗得岛（24 个），新泽西（4 个）。也可以从州的角度来看非独立学区的分布，有 19 个州有非独立学区。夏威夷全州一个学区，隶属州政府，哥伦比亚特区是一个学区，隶属市政府。阿拉斯加（100%）❶的学区为州市县所属。北卡罗来纳（100%）的学区隶属县政府，马里兰（100%）的学区隶属于县政府。马萨诸塞

---

❶　括号内数字为该州非独立学区占全州总学区的比例，下同。

（100%）、罗得岛（100%）、康涅狄格（90%）、缅因（63%）等大多数学区为乡镇所属。弗吉尼亚（100%）和田纳西（90%）州的多数学区属于县、市所属。新泽西（9%）、新罕布什尔（6%）、加利福尼亚（5%）、亚利桑那（5%）、路易斯安那（1%）、密西西比（1%）、纽约（0.6%）、得克萨斯（0.2%）州有部分学区属于非独立学区。

表 2-3　美国各州学区隶属关系数量分布表　　　　单位：个

州名	独立学区	州属学校系统	县属学区	市属学区	乡属学区
亚拉巴马	132	0	0	0	0
阿拉斯加	0	19	15	19	0
亚利桑那	223	0	11	0	0
阿肯色	236	0	0	0	0
加利福尼亚	1007	0	57	0	0
科罗拉多	178	0	0	0	0
康涅狄格	17	0	0	20	129
特拉华	19	0	0	0	0
哥伦比亚特区	0	0	0	1	0
佛罗里达	67	0	0	0	0
佐治亚	180	0	0	0	0
夏威夷	0	1	0	0	0
爱达荷	115	0	0	0	0
伊利诺伊	859	0	0	0	0
印第安纳	290	0	0	0	0
艾奥瓦	338	0	0	0	0
堪萨斯	306	0	0	0	0
肯塔基	173	0	0	0	0
路易斯安那	69	1	0	0	0
缅因	91	1	0	15	141
马里兰	0	0	23	1	0
马萨诸塞	0	1	0	52	182
密歇根	547	0	0	0	0
明尼苏达	332	0	0	0	0
密西西比	144	0	2	0	0

数据来源： NCES, School District Finance Survey（F-33）, School Year 2015 - 16（Fiscal Year 2016）Data。

表 2-4　美国各州学区隶属关系数量分布表　　　　　　单位：个

州名	独立学区	州属学校系统	县属学区	市属学区	乡属学区
密苏里	520	0	0	0	0
蒙大拿	410	0	0	0	0
内布拉斯加	245	0	0	0	0
内华达	17	0	0	0	0
新罕布什尔	167	0	1	9	0
新泽西	529	3	32	16	4
新墨西哥	89	0	0	0	0
纽约	676	0	0	4	0
北卡罗来纳	0	0	115	0	0
北达科他	179	0	0	0	0
俄亥俄	613	0	0	0	0
俄克拉荷马	517	0	0	0	0
俄勒冈	197	0	0	0	0
宾夕法尼亚	500	0	0	0	0
罗得岛	0	1	0	7	24
南达科他	81	0	0	0	0
南卡罗来纳	152	0	0	0	0
田纳西	14	1	91	36	0
得克萨斯	1024	1	0	1	0
犹他	41	0	0	0	0
佛蒙特	279	0	0	0	0
弗吉尼亚	0	0	93	37	0
华盛顿	295	0	0	0	0
西弗吉尼亚	55	0	0	0	0
威斯康星	423	0	0	0	0
怀俄明	48	0	0	0	0

注：表 2-4 系表 2-3 的续表。

数据来源：NCES, School District Finance Survey（F-33），School Year 2015 - 16（Fiscal Year 2016）Data。

2.2.3.4　学区与县政府之间空间关系

美国州的下一级行政区域为县，但县的功能在各州之间有差异，大部分州的县也作为一个行政区域，承担政府功能（如税收、治安、公共服务与管理等）。

但也有些州的县（如罗得岛、康涅狄格、马萨诸塞），县只是区域划分的单位，作为一个统计区域，不作为一级行政机关存在，行政管理职能存在于县里面的市和乡镇。有些州的县级政府还会进一步划分为乡镇，进一步把县划分为乡镇的州多是东北和中西部的州，比如纽约、威斯康星和新英格兰六州等❶；加利福尼亚没有乡镇的概念，县下一级行政区划为市。

从物理空间上，县与学区之间存在三种关系模式：一是县的空间区域与学区重合，比如，北卡罗来纳，非独立学区的管辖范围一般与其隶属的县市的区域范围重合。北卡罗来纳大多数学区与县的空间范围是相同的，只存在少数城市学区，空间上处于县之内，作为一个独立学区；二是有些州的学区包含在县之中，空间上，学区是县的组成部分，比如，马萨诸塞州从空间上来看县由学区组成，这是因为马萨诸塞州县下又划分为乡镇，而乡镇与学区的空间范围是重叠的；三是学区与县的区域交叉分布，不存在空间的归属关系，比如，密歇根州的县与学区的空间范围没有包含与被包含的关系，而是交叉在一起，因为密歇根州的学区都是独立学区，独立于县政府而存在。

2.2.3.5 学区数量

2.2.3.5.1 各州学区数量情况

因人口、地理环境和历史传统不同，美国各州学区的数量也有较大的差异。图 2-6 是 2016 年美国各州学区数量的分布图，除夏威夷全州作为一个独立学区之外，学区最少的州是内华达，19 个学区；其次是马里兰，24 个学区；学区最多的前 5 个州是得克萨斯、俄亥俄、加利福尼亚、纽约、伊利诺伊，其学区数量分别是 1207 个、988 个、983 个、937 个、855 个。

---

❶ 新英格兰地区包括缅因、佛蒙特、新罕布什尔、马萨诸塞、罗得岛和康涅狄格六个州。

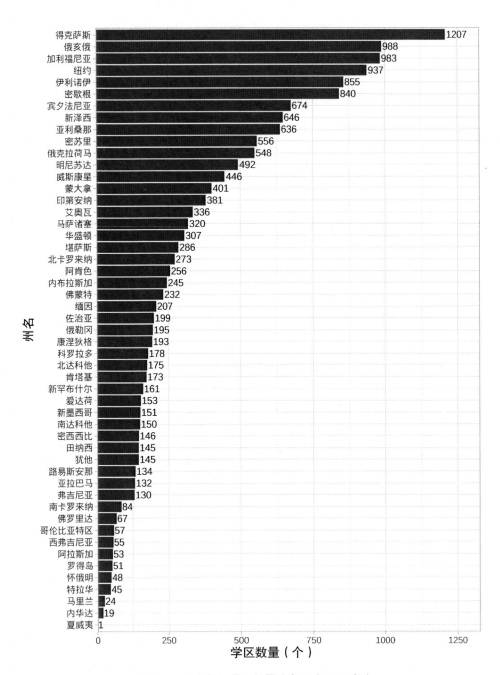

图 2-6　美国各州学区数量分布图（2016 年）

数据来源：NCES，School District Finance Survey(F-33),School Year 2015-16(Fiscal Year 2016) Data。

2.2.3.5.2 学区数量的历史变化

美国的基础教育是自发产生的，早期由社区成员共同集资或以资产税筹建运营，尤其在地域辽阔的农村地区，往往是一所学校构成一个学区，所以早期学区数量特别大，1900 年有 200000 个 [3]。图 2-7 是根据美国国家教育统计中心（NCES）的统计数据绘制的美国 1940—2017 年学区数量变化图，由图 2-7 可知，学区数量从 1940 年到 1970 年呈现显著的下降趋势。这一阶段学区数量的减少主要是通过学区合并完成的。原先的一个学区一所学校，一个学校一间房子的复式教学已不再能满足家长的教育教学需求，复式教学可以满足简单的识字算术教育，但并不能为高中准备人才，而这一阶段高中逐渐普及，因此复式教学向班级制过渡，学区渐渐合并 [3]。这时期合并的学校绝大多数是农村学区。从 1970 年开始，学区数量虽还在减少，但减少趋势已经很缓慢，基本保持相对稳定的数量。

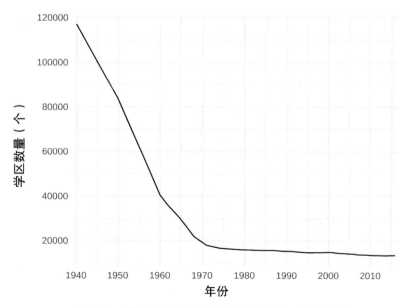

图 2-7　美国全国学区数量变化图（1940—2017 年）

注：虽然没在图中反映，学区数量减少从 20 世纪初期已经开始。

数据来源： NCES，Digest of Education Statistics, 2018, Table 214.10.

2.2.3.6 学区规模

美国学区的规模差异较大，下面以 2016 年的数据从学区的学校数量和学生数量两个维度描述学区的规模。

学区的学校数量。表 2–5 是学区学校数量的分布表，由表 2–5 可知，只拥有 1 所学校的学区有 4492 个，占全国学区的 27.9%，却只占全国学校数量的 4.7%。拥有 2 所学校的学区为 2661 个，占全国学区的 16.6%，却只占全国学校数量的 5.6%。拥有 20 所以上学校的学区有 724 个，占全国学区数量的 4.5%，但是占全国学校数量的 38.3%。所以，就学区拥有的学校数量而言，80% 以上学区包含 1 ~ 6 所学校，但是少数学区拥有的学校数量比较多，比如，最大的学区拥有 1026 所学校。

表 2–5　美国学区学校数量分布表

学区拥有学校数范围（所）	学区数量（个）	学区占比	学校数量（所）	学校占比
1	4492	27.9%	4492	4.7%
2	2661	16.6%	5322	5.6%
3	2380	14.8%	7140	7.5%
4	1558	9.7%	6232	6.5%
5	1029	6.4%	5145	5.4%
6	750	4.7%	4500	4.7%
7 ~ 10	1503	9.3%	12300	12.9%
11 ~ 15	664	4.1%	8319	8.7%
16 ~ 20	315	2.0%	5599	5.8%
21 ~ 1026	724	4.5%	36663	38.3%

数据来源： NCES, School District Finance Survey（F–33）, School Year 2015 - 16（Fiscal Year 2016）Data。

学区学生规模。美国每个学区的学生规模差异也较大。表 2–6 是将学区按学生人数 10 分位点进行划分，由表 2–6 可知，30% 的学区的学生人数区间为

[1,396]，但这些学区的学生数量占比却为 2.0%，50% 的学区人数都在 840 人以下，但这些学区的学生数量占比为 5.9%。10% 以上的学区的学生数量超过 5988 人，这些学区的学生数量却占全国学生数量的 63.8%。

表 2-6　美国学区学生数量分布表

分位数	学生数量（人）	学生数最小值（人）	学生数最大值（人）	学区数量（个）	学生数量占比	学生数量累计占比
1	126661	1	140	1612	0.3%	0.3%
2	314967	140	254	1612	0.6%	0.9%
3	516796	254	396	1612	1.1%	2.0%
4	774827	396	578	1612	1.6%	3.5%
5	1129170	578	840	1612	2.3%	5.9%
6	1640510	840	1222	1612	3.4%	9.2%
7	2463658	1223	1889	1611	5.0%	14.2%
8	3922963	1890	3126	1611	8.0%	22.3%
9	6840454	3126	5985	1611	14.0%	36.2%
10	31196353	5988	639337	1611	63.8%	100.0%

数据来源： NCES, School District Finance Survey（F-33）, School Year 2015–16（Fiscal Year 2016）Data。

2.3　美国基础教育财政体制概况

美国基础教育的普及是自下而上发展起来的 [3, 4]。殖民地时期，富人一般聘请家庭教师教育其子女，穷人的孩子要么去教会、慈善组织甚至政府开办的慈善学校（Pauper School），要么不去上学。慈善学校由地方政府的资助或者学生交的赞助费支持。私立学校的办学经费主要是学生的学费。政府支持公立学校，也支持私立学校发展。资助的形式有一般性财政拨款、公有土地划拨支持等，政府支持教育的资金早期不是来自专门的教育资产税，而是一般性的财政收入。后来随着社会对教育日渐重视，越来越多社区居民想把孩子送到学校上学，社区居民开始集资建立学校，聘请教师，并组建一个委员会管理学校，早期的学校没有分班教学，基本上一间教室和一个教师即是一所学校。后来州政府开始介入教育，推行公立学校，某种程度上，州政府只是将原有社区居民集体筹资办学的行为制度化而已，即州通过立法建立学区，并规定学区的组织构成以及学区可以征资产税的权力。选择资产税作为建立与运行学校的经费来源是因为资产税是地方政府比较容易征收的唯一税种[5]。赋予地方政府税收权力经历了一个较长的过程，开始民众反对声音比较大。反对通过税收支持公立学校的人们认为，具有上学需求的家长可将子女送到由州政府出资举办的专门接收穷人家孩子的学校，还可以通过交赞助费的形式上私立学校，没有必要通过收税建立一个普遍的公立学校系统。因为这样的话，实质上是使没有子女入学需求的家庭为有子女上学的家庭接受教育埋单。但是随着城市化和工业化的推进，社会对具有一定教育背景的人才的需要逐渐增加，建立以税收支持的公立学校的阻力才越来越小。19世纪初期，最先有较大的城市通过法案允许地方政府征收资产税，进而有一些州政府通过准予性法律，规定地方政府可以通过征收地方税的形式举办学校，但必须是地方选民投票通过。后来州政府才能通过强制性法案，规定地方政府必须建立以资产税支持的公立学校[5]。随着以资产税为基础的公立学校的建立，原先的政府举办的慈善学校和向学生收取赞助费也终止了。美国南方各州建立以地方资产税支持公立学校系统晚于其他州，是在美国内战之后才起步的。前面所陈述的美国各州义务教育法实施的时间进度可以反映这一缓慢发展的过程。正在这一发展过程中，各州将保障儿童接受免费义务教育权利写入各州宪法之中。

19世纪下半叶，美国当时还是一个以农业为主的社会，资产是衡量家庭支付能力的表征，通过税收支持教育发展的话，最直接的选择是资产税。一方面，用于教育的资产税在地方收取并用于地方，地方选民可以看到自己上缴的税收服务本社区的孩子，容易支持此类税收政策。另外，当时财富在阶级与空间的分布差异并不大，所以这种制度设计并没有产生太大的冲突，而且当时民众对教育的需求并不是太大，教育的成本也不是太高，通过资产税所征收的税收额也不是太高[5]。20 世纪 30 年代以前，公立学校主要依靠地方政府的资产税收入运行。20 世纪 30 年代开始，随着工业化和人口流动，学区与学区之间的资产基数的差异变得越来越大。另一方面，入学人数，特别是高中生人数越来越多，开设的课程也越来越多，教师待遇也在提高，所以教育的成本也越来越高，严重依靠资产税来维持公共学校运行的制度设计给资产较少的学区带来了很大的负担。要求州政府承担更多责任的呼声越来越大，1930—1940 年，州教育投入经费从 17% 增长到 30%，1940—1950 年，州对教育经费的投入增长到 40%，20 世纪六七十年代，州教育财政拨款增长到 45% 左右，同时为减少地方政府的税收负担和促进教育公平，州政府逐渐对地方政府征收用于教育的税收权力进行限制。20 世纪 70 年代之后，除个别采取激进改革的州以外，美国基础教育财政在三级政府之间的分担比例在进行小幅度的调整，主要的变化是州政府教育财政拨款的方式。另外，联邦政府从 1965 年开始逐步增加对教育的投入，最高时其在基础教育经费投入占比达 10%。

总体而言，通过以上关于美国基础教育财政发展历程的简要介绍，可以得知美国基础教育财政体制涉及三个主体：联邦政府、州政府和地方政府。从法律上来讲，美国各州州政府是基础教育财政政策的主要制定者，因为州宪法规定州政府是提供基础教育的责任主体。州政府一方面决定自身教育投入水平、筹集与分配方式，另一方面也决定地方政府行使教育财政权力的基本规则。除了部分通过财政改革将地方政府教育财政权力极大地上收到州政府的部分州以外，地方政府在州政府和联邦政府的财政拨款与州制定的规则之下自主决定每年的基础教育财政投入。独立学区独立确定或附属性学区由其附属的地方政府确定学区的预算和税收方案。地方政府确定学区预算时，受州政府相关法律法规和政策文件的制约，比如，生均经费基准、教学时间、残疾人教育和最低或最高税收规模的限制等。美国联邦政府在基础教育财政中的角色仅仅是决定其自身的基础教育投入部分的筹集及分配规则。

3 美国基础教育财政收入来源

收入与支出是基础教育财政的两个重要方面，本章关注美国基础教育财政的收入问题，从教育经费在不同层级政府间的承担比例和各级政府基础教育经费来源途径两个维度描述美国的基础教育财政收入。

3.1 美国基础教育经费不同层级政府的承担比例

美国基础教育财政经费来源于联邦政府、州政府和地方政府。图 3-1 呈现的是 2016 年美国基础教育经费来自联邦政府、州政府和地方政府的比例。由图 3-1 可知，全国而言，美国基础教育财政经费的 47.0% 来自州政府，45.2% 来自地方政府，7.8% 来自联邦政府。承担美国基础教育财政经费保障责任的主要是州政府和地方政府，联邦政府承担有限的责任。

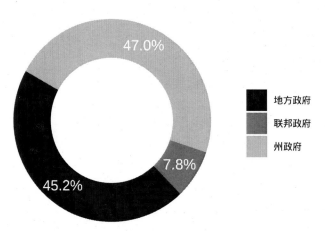

图 3-1　美国联邦政府、州政府与地方政府基础教育经费承担的比例（2016 年）

数据来源：NCES,School District Finance Survey (F–33),School Year 2015–2016 (Fiscal Year 2016) Data。

3.1.1　各州基础教育经费不同层级政府间承担的比例

　　虽然全国而言地方政府承担了 45.2% 的教育财政经费支出责任，州政府承担了 47.0% 的财政支出责任，但具体到州层面，联邦、州、地方三级政府承担基础教育财政支出责任的比例差异较大。图 3-2 呈现的是美国各州 2016 年基础教育经费在三级政府的比例，除了比较特殊的哥伦比亚特区之外，州政府承担的基础教育财政经费占比在 30.1% ~ 90.2%，较低的州有南达科他、新罕布什尔和密苏里，其占比分别是 30%、32% 和 32%。占比较大的前三个州依次是佛蒙特、夏威夷和新墨西哥，其占比分别是 90%、89% 和 70%。夏威夷州比较特殊，全州构成 1 个学区，由州管辖，其经费承担主体主要是州政府。在地方政府基础教育财政经费投入占比方面，其范围为 8.0% ~ 62.7%。地方政府投入占比前三名的州依次是新罕布什尔、宾夕法尼亚和密苏里，其占比分别是 63%、60% 和 59.0%。占比较低的前三个州依次是夏威夷、佛蒙特和新墨西哥，其占比依次是 2%、8.0% 和 17%。联邦政府基础教育财政经费投入在各州的占比范围为 1.8% ~ 14.5%。因为联邦政府拨款多是补助性的，接受联邦政府教育财政拨款较多的州多是经济发展相对落后的州。

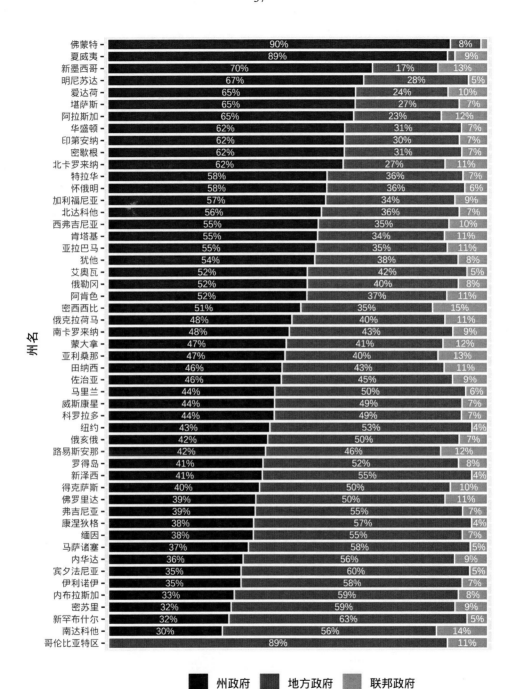

图 3-2　美国各州基础教育经费不同政府之间承担的比例图（2016 年）

数据来源：NCES,School District Finance Survey (F-33),School Year 2015-2016 (Fiscal Year 2016) Data。

各州不同财政来源比例的差异取决于各州的税收政策和政治意识形态，都有其独特的发展历程。比如，州政府占比较高的州中，佛蒙特州是在 1997 年的基础教育财政改革中实施了州政府层面的资产税制度，而在其他州资产税则主要是地方税，密歇根州是在 1993 年极大地限缩了地方政府资产税的征收权限，新增州政府层面的资产税和教育专项消费税，在此之前其州政府占比也仅为 37%，而非 2016 年的 62%。图 3-3 是美国各州州政府承担教育经费占比的空间分布图。就州政府承担的教育经费占比的全国空间分布而言，如图 3-3 所示，并没有呈现较为一定规律。州政府承担教育经费占较高的州在东北部、中西部、南部和西部都有分布。

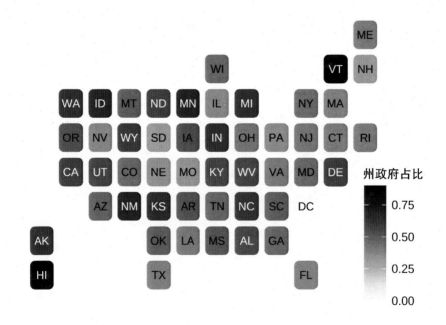

图 3-3　美国各州州政府承担教育经费占比的空间分布图

3.1.2 美国基础教育财政经费政府间承担的比例变化图

从时间上看，美国基础教育财政保障责任在不同级政府之间的承担比例，经过一个很长的发展过程。图3-4是1890—2016年美国不同层级政府承担基础教育经费占比的变化图。由图3-4可知，1930年以前，地方政府承担基础教育经费的绝大部分，州政府承担了基础教育经费收入的16%左右。第二阶段是1930—1950年，州政府承担的基础教育财政经费占比从16.5%增长到39.8%，与此同时，地方政府分担的基础教育财政经费占比从83.2%下降到57.3%。第三阶段是1951—1980年，这一阶段中，1950—1972年，州政府基础教育财政资金占比变化不大，20世纪70年代有一定幅度提高，从1973年的39.7%增长到1980年的46.8%。地方政府基础教育财政经费占比持续下降，从1952年的57.8%下降到1980年的43.4%。而且这一时期联邦政府在基础教育财政资金支出占比从2.9%增长到9.8%，这一变化主要发生在1965年，这一年联邦政府通过《基础教育法案》，该法案增加了联邦政府对基础教育的拨款。第四个阶段是1980年至今，这期间三级政府承担基础教育经费的占比变化不大，比如，1980年州政府基础教育经费占比为46.8%，2016年的占比为46.9%，地方政府1980年基础教育经费占比为43.4%，2016年的占比为44.8%。州政府和地方政府承担大体相当的比例，除了1992—1994年、2010年、2013年，基础教育财政经费支出地方政府占比小幅超过州政府占比之外，其余年份州政府的占比都在地方政府之上。联邦政府投入占比也相对比较稳定，1981—1985年有小幅下降，从9.8%下降到6.6%，而后一直保持，并缓慢升到2006年的9.1%，在2010年和2011年升到12%，但之后又恢复到8%的水平。

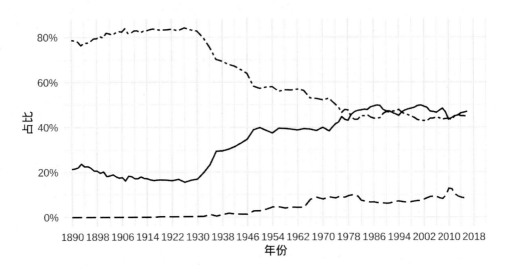

— — — 联邦政府　· —· —· 地方政府　———— 州政府

图 3-4　美国不同层级政府承担基础教育经费占比的变化图（1890—2016 年）

数据来源：NCES, Digest of Education Statistics,2000,Table 158; 2017, Table 235.10;2018, Table 235.20; NCES, 120 Years of American Education, Table 21。

3.2　各级政府基础教育经费来源的科目分布

3.2.1　联邦政府基础教育经费来源科目分布

以 2016 年财政年度数据为例，基础教育获得的联邦政府拨款为 511 亿美元。经费都是以专项项目拨款的形式下拨的，具体项目有学生营养餐项目、贫困学区资助项目、特殊教育资助项目、科学及师资提升项目、职业教育项目、双语教学项目等。图 3-5 是美国联邦政府基础教育投入在不同科目中的分布图。营养餐项目为 15555 百万美元，占比联邦政府基础教育财政支出 30.4%；其次是 Title I 项目为 13169 百万美元，占比 25.7%；最后是 IDEA 项目为 9487 百万美元，占比 18.5%。另外，联邦政府资金可以通过先拨款给州政府，再由州政府分配到学区，也可以直接下拨给学区，89.7% 的是先拨付给州政府，再由州政府下达给学区。8.0% 是直接下达给学区，比如，影响性补偿项目（Impact Aid）和印第安人教育项目（Indian education）。

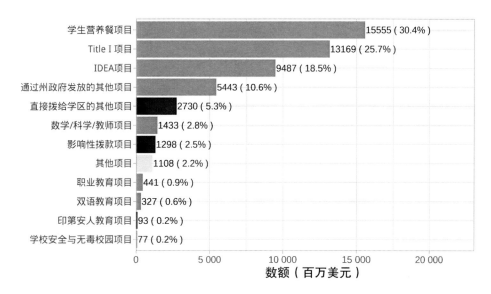

图 3-5　美国联邦政府基础教育投入在不同科目中的分布图

数据来源： NCES,School District Finance Survey(F-33),School Year 2015-2016(Fiscal Year 2016) Data。

3.2.2　州政府基础教育经费来源

基础教育从州政府得到的财政拨款主要分为一般性财政拨款和专项财政拨款，一般性财政拨款是通过法定的计算公式与规则核算出来的，拨款由学区自主安排用于教育。专项转移支付是针对特定教育事项或特定教育对象确定的财政拨款项目，其拨款一般用于项目指定的用途。专项财政拨款项目包括特殊教育项目、教职员补助、基建补助、双语教育、职业教育等。图 3-6 是 2016 年美国州政府基础教育经费投入在不同科目的分布图。就全国而言，州政府的教育财政拨款中一般性拨款为 217294 百万美元，占比 70.9%。专项财政拨款项目中的特殊教育项目拨款为 17520 百万美元，占比 5.7%；教职工福利补贴项目拨款为 16941 百万美元，占比 5.5%；基建与债务项目拨款占比为 2.0%，另外的项目占比较小，还有 9.2% 的其他项目来源收入。由此可见，美国州政府对于教育的拨款形式主要是一般性教育财政拨款，辅之以特定项目的专项财政拨款。

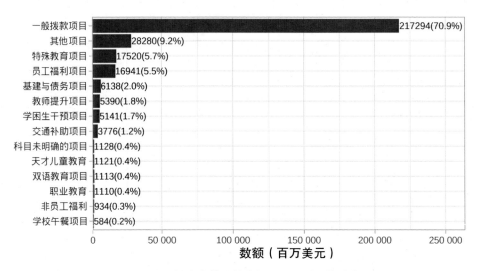

图 3-6　美国州政府基础教育投入不同科目的分布图

数据来源： NCES,School District Finance Survey(F-33),School Year 2015-2016(Fiscal Year 2016) Data。

3.2.3　各州州政府基础教育财政收入来源

上文描述了美国全国层面州政府基础教育财政拨款的项目构成，就各州而言，州政府对于基础教育拨款的项目结构有一定差异。图 3-7 是各州州政府基础教育财政经费项目来源分布，由图 3-7 可知，各州一般财政拨款支出占州政府基础教育财政拨款总额的比例约为 22% ~ 98%，占比超过 90% 的州有 9 个（如北卡罗来纳、亚利桑那、路易斯安那、田纳西等），占比在 80% ~ 90% 的州有 12 个，占比在 70% ~ 80% 的州有 13 个。有 6 个州的一般拨款项目占比低于 50%。比如，康涅狄格州的一般性财政拨款占州政府基础教育投入的 38%，另外一个重要的支出科目是来自人员福利项目，占比 26%。再如，伊利诺伊州一般性财政拨款占州政府基础教育投入的 45%，另外 41% 来自人员福利项目，6% 的支出来自特殊教育项目支出。整体上就各州而言，除了一般拨款项目之外，特殊教育项目、基建与债务项目和人员福利项目是占比较大的项目。

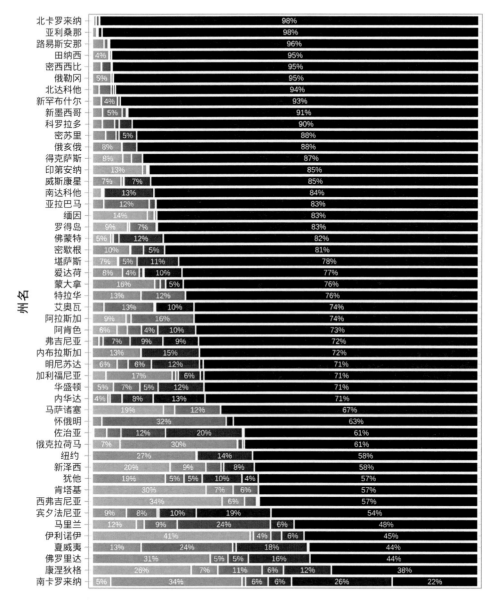

图 3-7 各州州政府基础教育财政资金项目来源分布图

数据来源： NCES,School District Finance Survey(F–33),School Year 2015–2016(Fiscal Year 2016) Data。

3.2.4 地方政府基础教育经费来源

基础教育来自地方政府的财政经费是由来自一般性地方政府（市县乡）的经费和学区的经费两部分构成。来自一般性地方政府（市县乡）的财政经费包括两种情况：对于独立学区而言，地方政府拨付给学区的经费占比较低，属于补助性质；对非独立学区而言，地方政府拨款是学区的地方政府教育财政收入的主体。另外是学区自身的税收收入，包括资产税、消费税、所得税、公用设施使用税，资产税是每个学区都可征收的税种，根据各州的法律规定，其他税种并不是所有的学区都有权征收。学区除了税收收入之外，还有一些经营性的收费项目收入，比如午餐、教科书、校车费用。还有一些来自其他学区的收入，这主要为其他学区代培学生从其他学区获得学费收入。图 3–8 是 2016 年美国地方政府基础教育财政资金项目来源分布图。就全国而言，来自地方政府的基础教育财政收入中，资产税收入为 193451 百万美元，占比 65.7%，隶属政府拨款收入为 40481 百万美元，占比 13.7%，来自其他学区的收入为 8794 百万美元，占比 3.0%，来自市县的收入为 8035 百万美元，占比 2.7%，其他各项收入占比均不高。

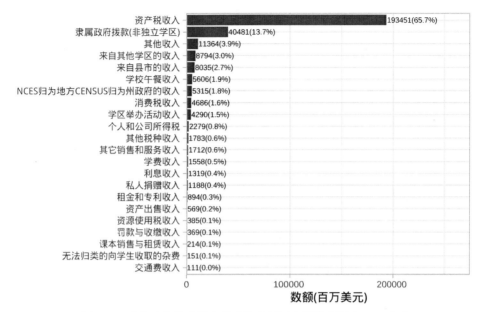

图 3-8　地方政府基础教育财政资金项目来源分布图（2016 年）

数据来源： NCES,School District Finance Survey(F-33),School Year 2015-2016(Fiscal Year 2016) Data。

3.2.5　各州地方政府基础教育财政资金来源

就各州而言，因为学区与地方政府（市县镇）之间的关系不同，和地方政府税收与费用收取权限的不同而呈现较大差异。图 3-9 是 2016 年美国各州地方政府基础教育经费投入在不同科目的分布。为了通过图 3-9 反映各科目的构成，将上文提到的部分科目进行了合并处理，学费收入和无法归类的向学生收取的杂费收入归为学杂费收入，将学校午餐收入、课本销售与租赁收入、交通费收入、学区举办活动收入、其他销售和服务收入、租金和专利收入、资产出售收入和利息收入归并为经营性收入，将资源使用税、罚款与收缴收入和其他税种归并为其他财政性收入，私人捐赠收入和其他收入归为其他收入。根据图 3-9 可知，有 35 个州的地方教育财政收入中，60% 以上来自学区收取的资产税收入，15 个州的比例超过 80%。有些州的地方政府基础教育主要部分来源于隶属政府拨款，这主要发生在非独立学区比较多的州，比如阿拉斯加、康涅狄格、马里兰、马萨诸塞、北卡罗来纳、罗得岛，一般性地方政府的财政经费拨款占比都在 70% 以上。路易斯安那和佐治亚地方政府基础经费很大一部分来自消费税，其消费税占比分别为 44% 和 20%。宾夕法尼亚和肯塔基州地方政府基础教育经费均有 8% 来自个人和公司所得税收入。佛蒙特州和夏威夷州的地方政府基础教育经费来源的分布较为特别，这主要是因为这两个州地方政府承担的基础教育经费比例较低所致。除了佛蒙特和夏威夷之外，其他各州的学区的地方政府经费投入中有 1% ~ 15% 不等的来自学区的经营性收入支出。阿肯色和内华达有大部分地方政府投入基础教育的经费被归为 "NCES 归为地方政府 CENSUS 归为州政府的收入"，这是美国教育统计中心与美国国家统计局对这个科目的经费是属于地方政府还是州政府有冲突而独立出来的分类。

由于地方政府基础教育经费来源项目较多，图 3-9 只呈现了各州地方政府基础教育经费投入来源的大致情况，为更清楚地了解单个州的情况，图 3-10 是 2016 年美国部分州地方政府基础教育资金项目来源的分布。加利福尼亚州地方政府教育经费投入 67.8% 来自资产税，8.2% 来自其他学区，4.9% 来自市县的收入，3.3% 来自隶属政府拨款。马萨诸塞州地方政府教育经费投入 86.3% 来自隶属政府拨款，6.8% 来自学费收入，1.7% 来自午餐项目收入。新罕布什尔州地方政府教育经费投入 76.2% 来自学区资产税收入，14.2% 来自隶属政府拨款，5.1% 来自其他学区收入。田纳西州 72.4% 来自隶属政府拨款，10.4% 来自市县收入，8.3% 来自学区举办活动收入。

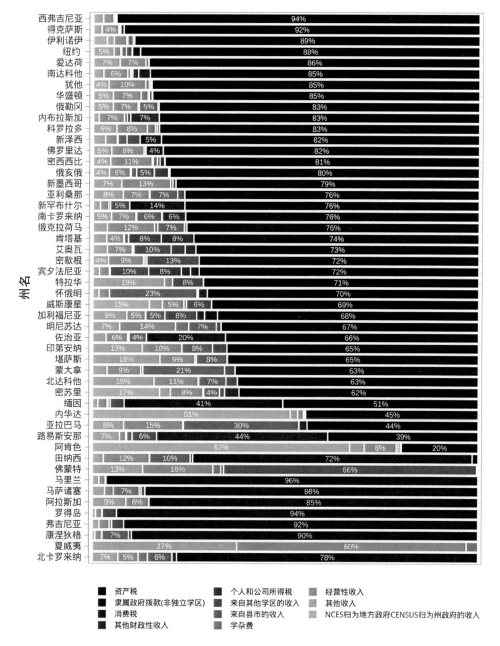

图 3-9 各州地方政府基础教育财政资源项目分布图

数据来源：NCES,School District Finance Survey(F-33),School Year 2015-2016(Fiscal Year 2016) Data。

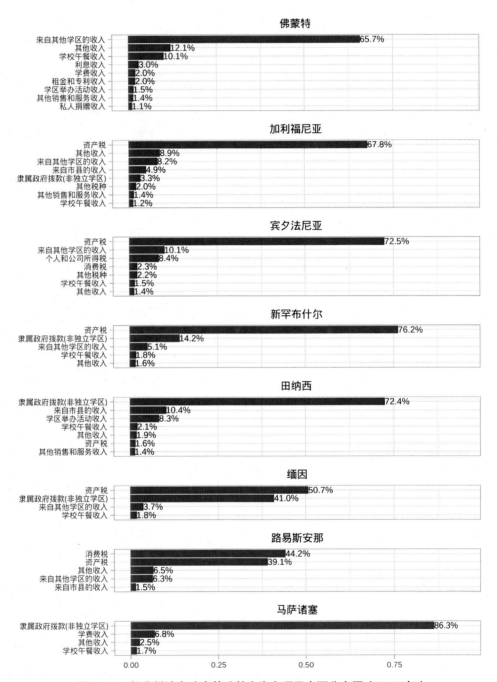

图 3-10　部分州地方政府基础教育资金项目来源分布图（2016 年）

数据来源： NCES,School District Finance Survey(F-33),School Year 2015-2016(Fiscal Year 2016) Data。

4　美国基础教育财政支出的水平与结构

基础教育财政支出水平与结构是基础教育财政政策的重要组成部分。基础教育财政支出水平一般以生均教育经费支出衡量，基础教育财政支出水平的高低是影响教育质量水平的一个重要因素，也是教育财政政策的一个重要议题。下文中将从空间、时间的维度来描述美国基础教育财政支出水平，并比较学区间与州之间在基础教育财政支出水平之间的差异，而后描述美国各州基础教育支出的努力程度。基础教育财政支出结构涉及将基础教育财政资金分配到用于基础教育运行与发展的人力、物资及服务成本中，或者是将基础教育资金分配到教学、管理、支持性服务及基础设施等各个功能领域。描述基础教育财政支出结构有两个维度，即基础教育财政支出的两个分类标准：经济科目分类标准和功能科目分类标准，本章将分别从历史与空间两个维度描述两个分类标准。

4.1　美国基础教育经费支出水平

4.1.1　各州基础教育经费支出水平

根据 2016 年财政年度学区层面的财政统计数据，将各州学区教育经费总支出加和，并将各学区注册学生求总，两者相除计算州生均教育经费支出。图 4-1 是各州生均教育经费支出排序图，由图 4-1 可知，生均教育支出最高的前 5 个州依次是哥伦比亚特区、纽约、怀俄明、康涅狄格和新泽西，其生均教育经费支出依次是 26912 美元、24047 美元、21524 美元、21109 美元和 20913 美元。生均教育经费支出最低的 5 个州依次是爱达荷、犹他、亚利桑那、俄克拉荷马和密西西比，其生均教育支出依次是 7570 美元、8304 美元、8532 美元、9098 美元和 9525 美元。各州生均教育支出的平均数为 13943 美元，方差为 4228 美元。不考虑哥伦比亚特区的话，生均教育经费支出最高州的生均教育经费支出是生均教育经费支出最低州的 3.18 倍，由此可见，美国各州的生均教育经费支出存在较大差距。

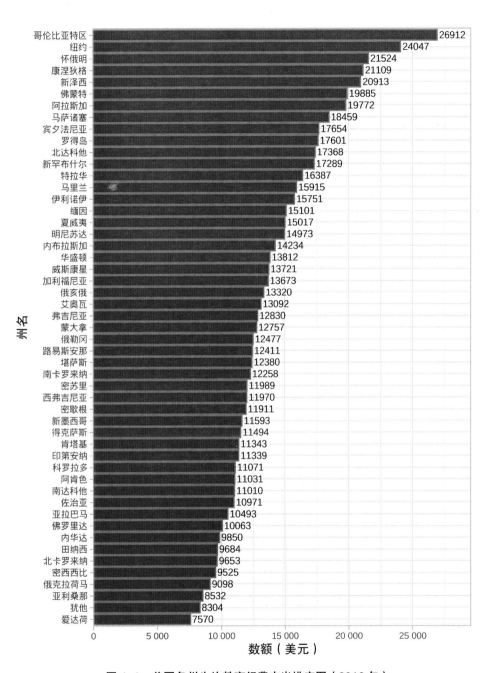

图 4-1 美国各州生均教育经费支出排序图（2016 年）

数据来源：NCES,School District Finance Survey(F-33),School Year 2015-2016(Fiscal Year 2016) Data。

图 4-2 是美国各州生均教育经费支出的空间分布，由图 4-2 可知，生均教育经费投入较高的州主要集中在美国东北部，比如纽约、新泽西、康涅狄格。生均教育投入较少的州主要集中在美国南部和西部，比如田纳西、北卡罗来纳、爱达荷、犹他、亚利桑那。

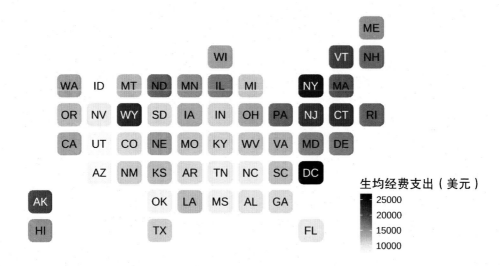

图 4-2　美国各州生均教育经费支出分布图（2016 年）

4.1.2　各学区之间生均教育经费支出的差异

教育经费支出水平之间的差异不仅反映在各州之间，也反映在各学区之间。图 4-3 是美国全国各学区生均教育经费支出的分布图，各学区的平均教育经费收入为 14329 美元，大多数集中在 13000 美元左右，有一部分学区生均教育经费超过 25000 美元，甚至有部分学区生均教育经费达 30000 美元以上，但是该类学区数量极少。

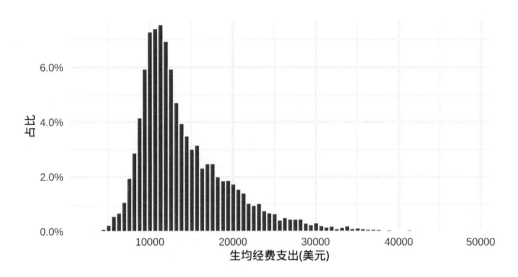

图 4-3　美国学区生均教育经费支出分布图（2016 年）

注：为了呈现数据的分布情况，图中使用的数据删除了生均教育支出大于 50000 美元的学区。
数据来源：NCES,School District Finance Survey(F-33), School Year 2015-16(Fiscal Year 2016) Data。

　　各州内学区间生均教育经费支出的差异可以用 GINI 系数表示，图 4-4 是各州基础教育生均经费支出的 GINI 系数排序图。各州 GINI 系数是根据州内的各学区生均教育经费支出计算而得❶，反映各州内学区之间的生均教育经费支出之间的差异，由图 4-4 可知，各州生均教育经费 GINI 系数的区间为 [0.05,0.24]。数值越小，州内学区生均教育经费支出之间的差异越小，值越大，州内学区间生均教育经费支出的差异越大。由图 4-4 可知，州内学区间生均教育经费支出差异较大的州依次是亚利桑那、蒙大拿、爱达荷、新墨西哥、犹他，其 GINI 系数依次为 0.241、0.233、0.207、0.207、0.205。州内学区间生均教育经费支出差异较小的州依次是马里兰、田纳西、亚拉巴马、西弗吉尼亚、密西西比，其 GINI 系数为 0.055、0.062、0.084、0.084、0.085。

---

❶　考虑极端值的影响，计算GINI系数未考虑生均教育支出超过50000美元的学区。

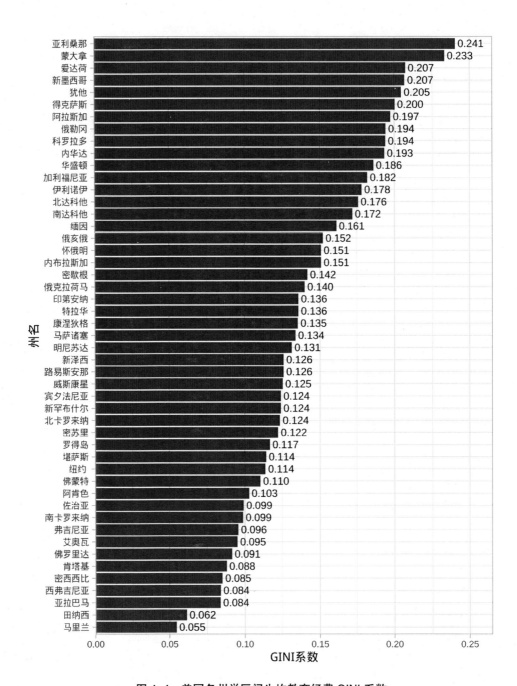

图 4-4 美国各州学区间生均教育经费 GINI 系数

数据来源： NCES,School District Finance Survey(F-33), School Year 2015-16(Fiscal Year 2016) Data。

4.1.3　各州生均教育经费支出水平与 GINI 系数之间的关系

生均教育支出水平与生均教育支出 GINI 系数是描述教育投入的两个重要维度。图 4-5 表现是生均教育经费支出水平与 GINI 系数之间的关系，由图 4-5 可知，生均教育经费支出水平与生均教育经费 GINI 系数存在一定负相关。生均教育支出水平较高的州，比如纽约、罗得岛、怀俄明、佛蒙特等，其 GINI 系数也较低，即这些州学区之间的生均教育经费支出差距也较小。另外，生均教育经费较低的州，比如爱达荷、犹他、亚利桑那、内华达等，其 GINI 系数也较高，即这些州学区间生均教育经费支出差距也较大。但是整体而言，生均教育支出与GINI 系数之间的相关性较弱。

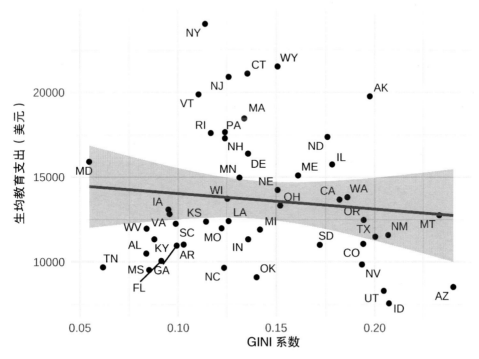

图 4-5　美国各州生均教育经费支出与 GINI 系数关系图（2016 年）

数据来源： NCES,School District Finance Survey(F–33),School Year 2015–2016(Fiscal Year 2016)Data. 不包括 Hawaii 和 DC。

4.1.4 州生均教育经费支出 GINI 系数与州政府教育经费占比之间的关系

如果说基础教育经费的投入主体主要是学区的话，学区间的财政收入能力之间的差异会决定基础教育投入水平之间的差异，在这种情况下，理论上如果提高州政府承担教育经费投入的比例，州政府通过对资源的再分配，有望平衡学区之间教育财政支出之间的差异。图 4-6 呈现的是州生均教育经费支出 GINI 系数与州政府教育经费投入占总教育经费比例之间的关系，由图 4-6 可知，州生均教育经费支出 GINI 系数与州政府教育经费投入占总教育经费比例之间存在较弱的正相关。由此说明州内学区间教育经费差异的影响因素较为复杂，并非单纯提高州政府承担教育经费比例所能解决的。

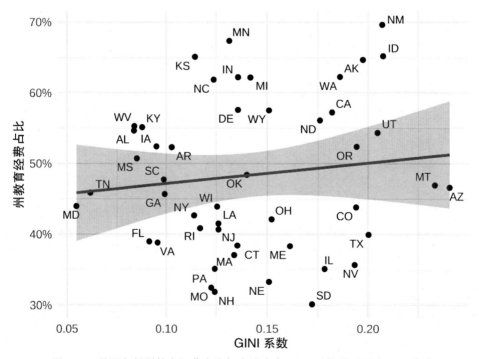

图 4-6　美国各州州教育经费占比与生均支出 GINI 系数关系图（2016 年）

数据来源： NCES,School District Finance Survey(F-33), School Year 2015-2016(Fiscal Year 2016) Data. 不包括 Hawaii 和 DC。

4.2 美国基础教育经费支出水平的变化情况

4.2.1 美国全国教育经费支出总量变化情况

图 4-7 是美国 1920—2016 年全国教育经费总支出的变化情况，其中虚线表示是当年货币数量，实线表示是按 2016 年货币购买力经 CPI 调整后的货币数量。从经过调整后的经费数额来看，美国全国教育经费总支出基本保持了较快的增长速度，1920—1950 年增长相对缓慢，之后增长较快，在 1970—1980 年增长较为缓慢，之后又是快速增长，2008 年经济危机对教育经费支出问题影响较大，教育经费支出总量首次出现下降，2010 年开始下降，2013 年又开始上升，到 2016 年还未上升至 2009 年的水平。

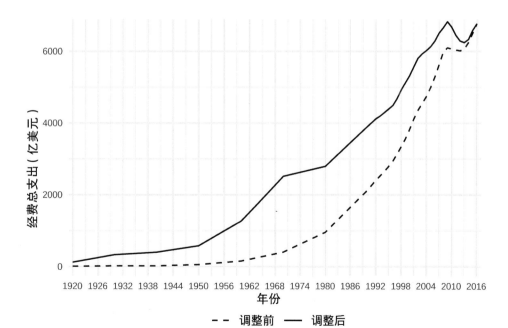

图 4-7　美国全国教育经费总支出变化趋势图（1920—2016 年）

数据来源： NCES,Digest of Education Statistics,1996,tab159;1997, tab162;1998,Table 161;2007,tabn 165; 2018,tabn 26.10。

4.2.2　美国基础教育生均经费支出变化趋势图

图 4-8 呈现的是美国 1920—2016 年全国基础教育生均经费支出的变化情况，其中虚线表示是当年货币数量，实线表示是按 2016 年货币购买力经 CPI 调整后的货币数量。从经过调整的经费数额来看，美国全国基础教育经费生均支出基本保持较快的增长速度，1920—1950 年增长相对缓慢，之后增长较快，20 世纪 80 年代初有小幅下降，90 年代增长较为缓慢，之后又快速增长，2008 年经济危机对教育经费支出问题影响较大，生均教育经费支出出现下降，2010 年开始下降，2014 年又开始上升，到 2016 年还未上升至 2009 年的水平。

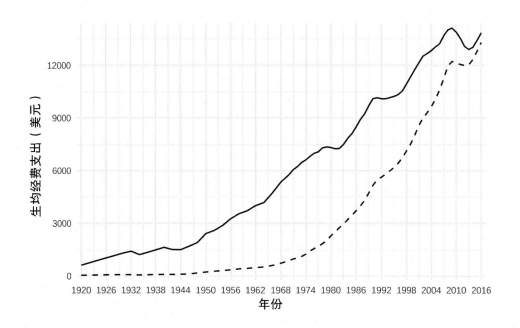

图 4-8　美国全国教育生均经费支出变化趋势图（1920—2016 年）

数据来源：NCES,Digest of Education Statistics,2000,Table 236.55;2018,Table 236.55。

4.2.3 美国各州基础教育生均经费支出变化趋势

接下来呈现的是美国各州生均经费支出的变化情况 ❶。为了更清楚了解各州基础教育生均经费支出的变化情况，本节将按美国的四个区域分开描述。图 4-9 是南部各州基础教育生均经费支出的变化情况，由图 4-9 可知，南部的大多数州的基础教育生均经费支出保持持续增长趋势，其中，佛罗里达、马里兰、弗吉尼亚 3 州的基础教育的生均经费支出在 20 世纪 90 年代处于停滞不前的状态。

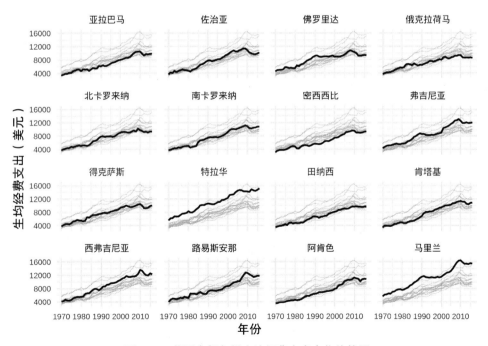

图 4-9　美国南部各州生均经费支出变化趋势图

数据来源：NCES,Digest of Education Statistics,1996, Tab165; 2007, Tabn174, Tabn175; 2018, tabn236.65, tabn236.70.NCES,State Comparisons of Education Statistics,1969–70 to 1982–83。

---

❶　此处的生均经费支出是以日常经费支出总额除以日均出席学生数而得。

图 4-10 是美国西部各州基础教育生均经费支出的变化情况。由图 4-10 可知，西部的大多数州的基础教育生均经费支出在 20 世纪 80 年代中期出现停滞状态，比如亚利桑那、加利福尼亚、科罗拉多、蒙大拿、内华达、新墨西哥。怀俄明州的基础教育生均经费支出从 20 世纪 80 年中期开始下降，一直到 1997 年之后，开始快速地增长。爱达荷和俄勒冈 2 州的基础教育生均经费支出在 2000 年以前，一直保持持续增长，但 2000 年之后出现停滞。犹他和华盛顿 2 州的基础教育生均经费支出一直保持增长状态，只是 2008 年经济危机之后有所下降。

图 4-10　美国西部各州生均经费支出变化趋势图

数据来源： NCES,Digest of Education Statistics,1996, Tab165; 2007, Tabn174, Tabn175; 2018, tabn236.65, tabn236.70;NCES,State Comparisons of Education Statistics,1969–70 to 1982–83。

图 4-11 是美国中西部各州基础教育生均经费支出的变化情况，由图 4-11 可知，2008 年的经济危机对中西部各州的基础教育生均经费支出均产生了影响，但有些州很快就恢复了增长状态，比如伊利诺伊、北达科他；有些州在 2016 年也未恢复到经济危机之前的生均经费支出水平，比如堪萨斯、印第安纳、威斯康星。整体而言，中西部各州在 2010 年以前的生均经费支出都保持增长趋势，例

外情况是北达科他在 20 世纪 80 年代中期至 90 年代中期的生均经费支出出现停滞状态，俄亥俄和伊利诺伊在 20 世纪 90 年代前期的生均经费支出出现短暂停滞状态。

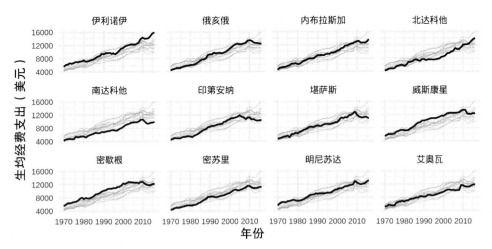

图 4-11　美国中西部各州生均经费支出变化趋势图

数据来源： NCES,Digest of Education Statistics,1996, Tab165; 2007, Tabn174, Tabn175; 2018, tabn236.65, tabn236.70;NCES,State Comparisons of Education Statistics,1969–70 to 1982–83。

图 4-12 是美国东北部各州基础教育生均经费支出的变化情况，由图 4-12 可知，东北部各州的基础教育生均经费支出表现出很强的一致性。整体而言，20 世纪 70 年代增长缓慢，80 年代快速增长，90 年代出现停滞状态，2000 年之后又恢复增长趋势。2008 年的经济危机对东北部各州的基础教育生均经费支出都产生了一定的影响，除了罗得岛之外，其他各州很快就恢复了增长趋势。

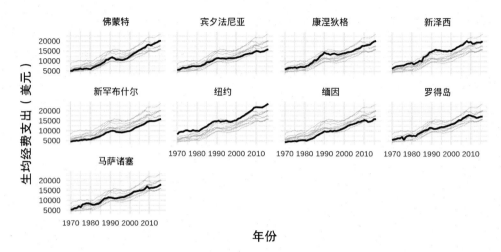

图 4-12　美国东北部各州生均经费支出变化趋势图

数据来源：NCES,Digest of Education Statistics,1996, Tab165; 2007, Tabn174, Tabn175; 2018, tabn236.65, tabn236.70;NCES,State Comparisons of Education Statistics,1969–70 to 1982–83。

4.3　美国基础教育经费支出的努力程度

　　生均教育经费支出水平反映各州教育经费支出的绝对水平，但生均教育经费支出水平在很大程度上由各州经济发展水平决定，不能完全反映各州对基础教育的重视程度。衡量各州对于基础教育的重视程度不仅要考虑实际教育经费支出水平，还要考虑各州的支付能力。各州的教育支出与其支付能力的比值，可以衡量各州对教育事业的投入程度。衡量各州支付的能力可有很多种，比如财政收入、个人所得税收入、资产税收入等，因为各州税种及税率的不同，用以上指标来表示各州的支付能力，各州之间努力程度的可比性有限。因此，本书使用州内人均生产总值来衡量各州的财富水平。各州在教育经费支出方面的努力程度以各州的生均经费除以各州人均州内生产总值计算而得❶。

---

❶　基础教育经费努力的公式与数据来自文后参考文献[6]。

4.3.1 美国基础教育经费支出努力程度的水平

图 4-13 呈现的是各州 2016 年教育经费支出努力程度的空间分布及排序，由图 4-13 可知，教育经费支出努力程度的范围为 13.4% ~ 47.3%。努力程度较高的州有佛蒙特、密歇根、西弗吉尼亚。努力程度较低的州包括北达科他、犹他、印第安纳。教育经费支出努力程度两端的值相对极端，除两端的极端值，大多数处在 18% ~ 28% 这个范围。从空间上来看，东北部的州，尤其是新英格兰地区教育经费努力程度较高。除蒙大拿、新墨西哥、南卡罗来纳、怀俄明之外，西部和南部的各州教育经费投入程度偏低。

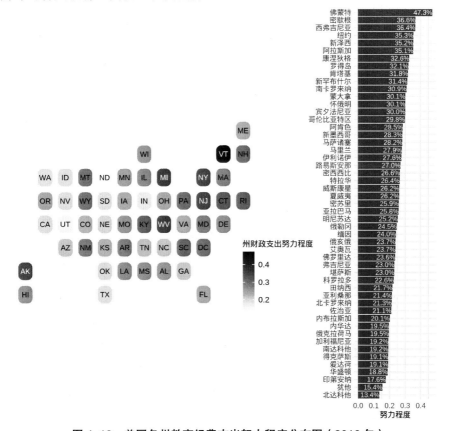

图 4-13 美国各州教育经费支出努力程度分布图（2016 年）

数据来源：Center for Educational Equity,SchoolFunding.Info(http://schoolfunding.info)。

4.3.2　美国各州基础教育支出努力程度的变化情况

图 4-14 反映的是各州 1986—2016 年基础投入努力程度的变化情况。由图 4-14 可知，2009 年的经济危机对各州教育经费支出的努力程度都产生了不同程度的影响，有的州有所下降，比如北达科他和印第安纳，有不少州 2009 年之后呈现一个先增长而后下降的情形，比如阿肯色、佐治亚、缅因。各州基础教育经费支出努力程度在 2010 年以前变化情况可以分为两类：稳定型图和增长型。稳定型的州有 30 个，在此期间，这些州的教育经费支出努力基本保持在 1986 年的水平，虽然过程中有些小的起伏。增长型的州有 20 个，这些州在此期间教育经费支出的努力程度有些许增长，有些州是缓慢完成的，比如亚拉巴马、密西西比、肯塔基，有些州是短时间内增长的，比如新墨西哥、路易斯安那、怀俄明。

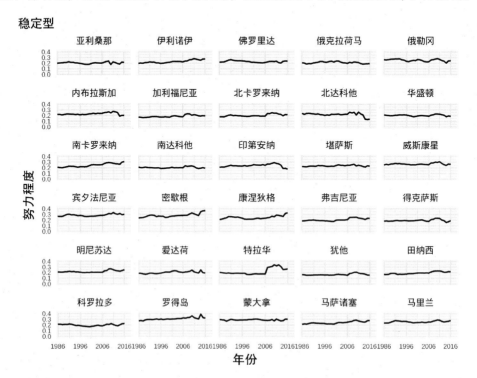

增长型

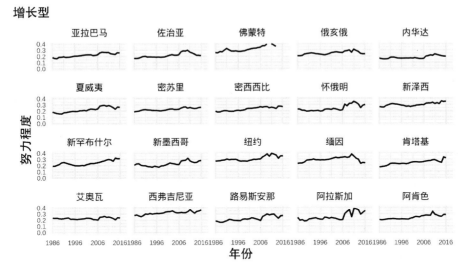

图 4-14　各州教育经费支出努力程度变化图（1986—2016 年）

数据来源： Center for Educational Equity, SchoolFunding.Info(http://schoolfunding.info)。

4.4　美国基础教育经费支出结构

4.4.1　基础教育经费支出的功能科目结构

　　了解美国基础教育的经费支出结构，首先需要了解美国基础教育支出科目分类。为准确描述基础教育经费支出的来源与走向，美国联邦教育部制定了《州与地方学校系统财政会议手册》（以下简称《手册》）❶。《手册》将教育经费支出按所服务的功能进行分类，此处的功能是指服务或产品所支持的活动。教育经费支出分为五类：教学支出、支持性服务支出、非教学支持性服务支出、基础设施支出和债务支出。教学支出是指直接服务于教学活动的支出，其主要支出项目包括教职工的工资支出。支持性服务支出是指为了服务与支持教学活动而采取的一系

---

　　❶　本书附录1有详细介绍。

列管理、技术和日常活动而产生的支出。支持性服务科目包括学生相关的支持性服务支出、教学相关的支持性服务、学区管理支持性服务、学校管理相关的支持性服务、统一性的支持性服务，基础设施与运维相关的支持性服务和学生交通相关的支持性服务。非教学支持性服务是指不能包含在教学支持性服务科目中的其他支持性服务，包括餐饮服务支出、经营性活动支出和社区服务活动支出。基础设施支出包括土地购买、土地改善、建设工程规划、教育设施规划达标、建筑物的收购与建设、场所改善、房屋修缮等。债务支出是指学区的长期债务支出，包括支付债务的本金与利息，不包括偿还期在一年之内的短期债务。美国基础教育支出的功能科目细化到第四级，更详细的科目类别及其内涵请参考本书的附录1。

在功能支出科目的基础上，美国联邦教育部教育统计中心年度教育支出信息调查进行了一些调整，该调查将教育支出为分为资产性支出、常规支出和其他支出三类。资产性支出包括建筑支出、教学设备支出、土地与设施支出、其他设备支出等。常规支出包括教学性支出、支持性服务支出、其他教育相关支出与非教育相关支出四类。其他支出主要包括利息支出、支付特许学校费用、支付私立学校的费用、支付地方政府的费用、支出州政府的费用等。使用2016年美国教育财政统计数据，图4-15呈现了美国全国基础教育支出功能科目的占比情况。资产支出占8.50%，常规支出占85.62%，其他支出占5.89%。其中常规支出中教学性支出占51.21%，支持性服务支出占29.92%，其他教育相关支出占3.64%，非教育性支出占0.85%。支持性服务中基础设施运维的支出占7.71%，与学生相关的支持性服务占4.89%，学校管理支出占4.94%，教学辅助人员支出占4.08%，学生交通费用占3.53%。

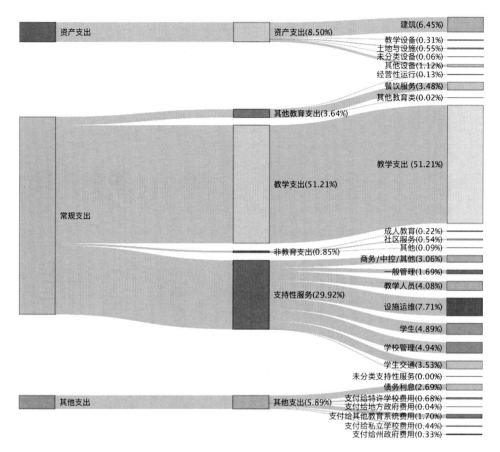

图 4-15　美国基础教育支出功能科目分布图

4.4.1.1　基础教育经费支出功能科目结构的变化情况

根据美国教育部教育统计中心数据，1920—1980 年，教育经费支出项目分为教学支出、管理支出、设施运行支出、设施维护支出、固定收费项目支出、其他基教支出、其他项目支出、资产性支出和利息支出。图 4-16 是 1920—1980年各科目支出占总支出的占比情况，由图 4-16 可知，教学支出占教育经费支出的大部分，1920 年占 61.0%，之后有所下降，1980 年占 55.5%。1920 年管理支出占 3.5%，在 1980 年是 4.4%，变化幅度不大。设施运行支出 1920 年是 11.2%，

1970 年为 6.2%，下降幅度较大，1980 年设施运行与维护合并统计，占 10.2%。
其他基教性支出 1920 年占比 3.5%，1980 年占比 8.3%，有较大幅度的增加。其
他项目经费支出占比一直较小，只在 1970 年达到 1.6%，在其他年份均在 1% 以
下。资产性支出占比有较大波动，1920 年占比 14.8%，1940 年下降到 11.0%，
1950 年比又上升到 17.4%，1980 年又下降到 6.8%。利息支出占比 1920 年是 1.8%，
1940 年达 5.6%，1980 年占比 2.0%。

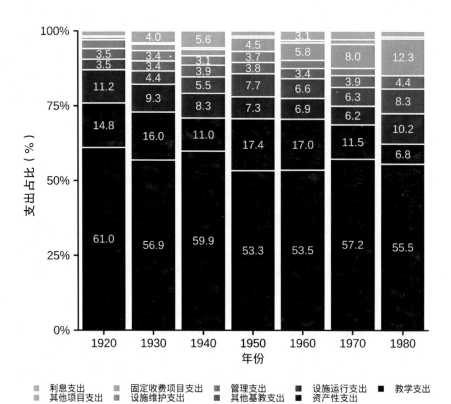

图 4-16 教育经费支出结构变化图（1920—1980 年）

数据来源： NCES,Digest of Education Statistics, 1996, tab159; 1997,tab162; 1998, Table 161; 2007,tabn 165; 2018,tabn 26.10。

　　1990 年联邦政府的教育功能支出分类科目进行了重要的调整，图 4-17 呈现
的是 1990 年以后教育支出功能科目的比例变化情况（1991—1994 年数据缺失）。
由图 4-17 可知，从 1990 开始教学支出占比基本稳定在 53% 左右，没有太大幅
度的变化，管理支出从 1998 年开始基本稳定在 6.5% 左右，设施运行支出是从
1995 年开始一直稳定在 8.0% 的水平，利息支出从 1995 年开始停留在 2% 的水
平，其他项目支出维持在 1.2% ~ 1.8%。资产性支出 1990 年是 8.4%，1997 年增
至 10.0%，2009 年以前一直在 11% 左右的水平，这之后占比有所下降，2016 年
占比 8.3%。1990 年教育支出科目调整之后，其他基教支出占比有较大幅度的增
加，1990 年占比 17.9%，2001 年之前维持在 17% 的水平，2010 年之前维持在
18% 的水平，之后维持在 19% 的水平。

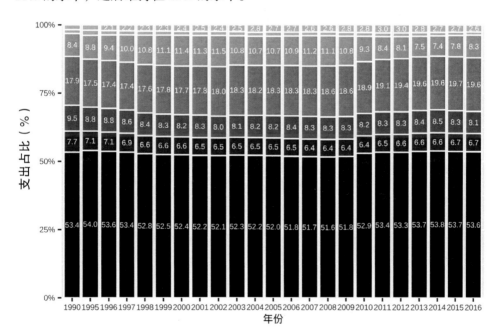

图 4-17　教育经费支出结构变化图（1990—2016 年）

数据来源： NCES,Digest of Education Statistics, 1996, tab159; 1997,tab162; 1998, Table 161; 2007,tabn 165; 2018,tabn 26.10。

4.4.1.2 各州基础教育经费功能支出结构的情况

图 4-18 是各州在教学支出、学生服务支出、其他日常支出、非基教支出、资产性支出与其他支出 6 个科目占教育总支出的比例。各州教学支出占比的范围为 41.8% ~ 58.1%，占比最高是纽约，占比最小的是哥伦比亚特区。各州学生服务支出占比的范围为 23.4% ~ 36.5%，占比最高的是亚利桑那，最低的是明尼苏达。各州其他日常支出占比范围为 1.8% ~ 6.3%，占比最高的是俄克拉荷马，占比最低的是纽约。资产性支出占比的范围为 3.7% ~ 22.3%，占比最高的是怀俄明，占比最低的是爱达荷。其他支出占比范围为 2.5% ~ 23.3%，占比最高的是佛蒙特，占比最低的是北卡罗来纳，其他支出占比情况虽然范围比较大，但仅 2 个州占比超过 10%，多数州在 5% 以下。非基教支出在各州的教育支出中都占比比较小，其范围为 0 ~ 3.7%，仅 5 个州超过 1%。

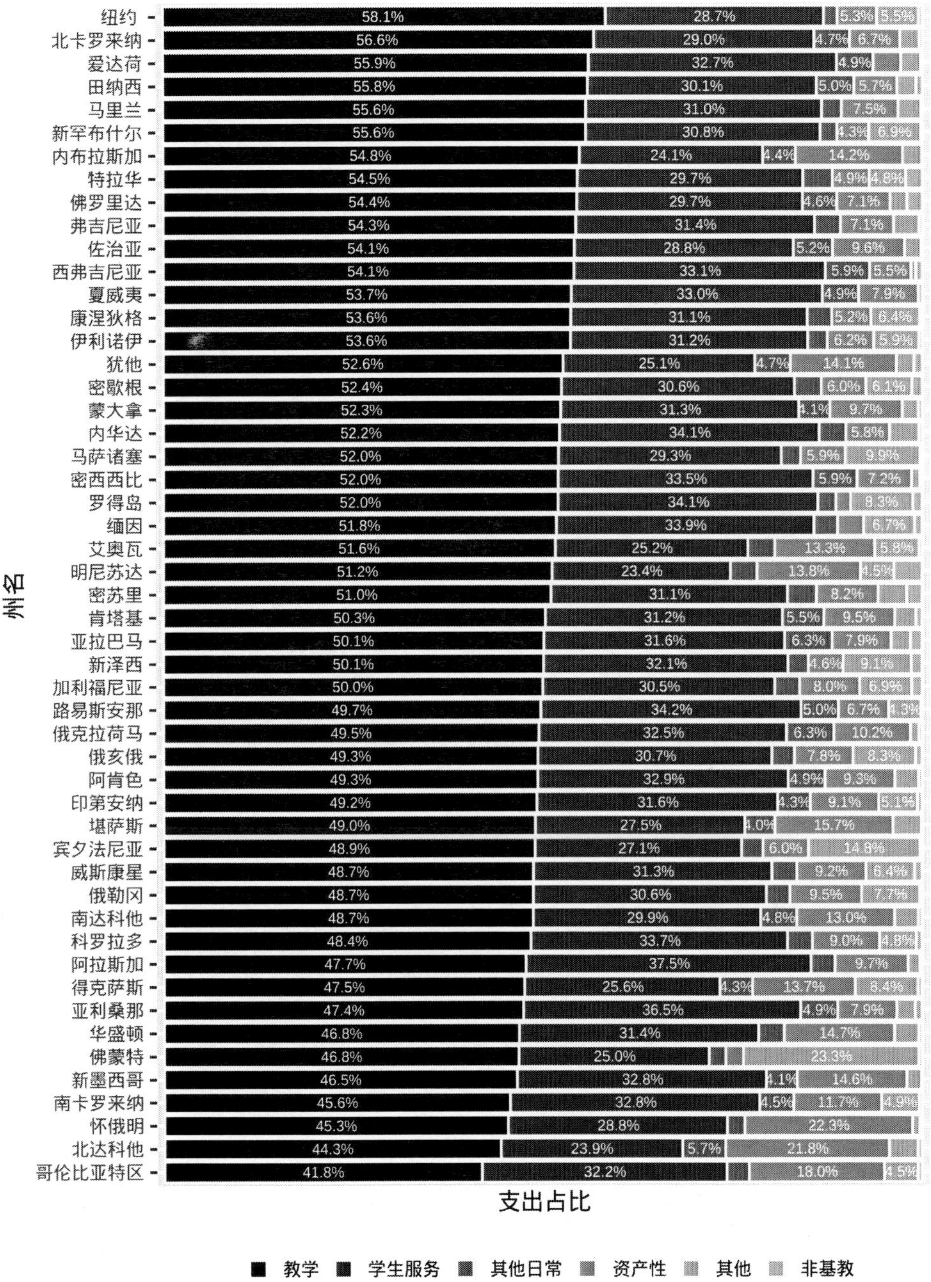

州名	教学	学生服务	其他日常	资产性	其他	非基教
纽约	58.1%	28.7%		5.3%	5.5%	
北卡罗来纳	56.6%	29.0%		4.7%	6.7%	
爱达荷	55.9%	32.7%		4.9%		
田纳西	55.8%	30.1%		5.0%	5.7%	
马里兰	55.6%	31.0%		7.5%		
新罕布什尔	55.6%	30.8%		4.3%	6.9%	
内布拉斯加	54.8%	24.1%	4.4%	14.2%		
特拉华	54.5%	29.7%		4.9%	4.8%	
佛罗里达	54.4%	29.7%		4.6%	7.1%	
弗吉尼亚	54.3%	31.4%		7.1%		
佐治亚	54.1%	28.8%		5.2%	9.6%	
西弗吉尼亚	54.1%	33.1%		5.9%	5.5%	
夏威夷	53.7%	33.0%		4.9%	7.9%	
康涅狄格	53.6%	31.1%		5.2%	6.4%	
伊利诺伊	53.6%	31.2%		6.2%	5.9%	
犹他	52.6%	25.1%	4.7%	14.1%		
密歇根	52.4%	30.6%		6.0%	6.1%	
蒙大拿	52.3%	31.3%		4.1%	9.7%	
内华达	52.2%	34.1%		5.8%		
马萨诸塞	52.0%	29.3%		5.9%	9.9%	
密西西比	52.0%	33.5%		5.9%	7.2%	
罗得岛	52.0%	34.1%		8.3%		
缅因	51.8%	33.9%		6.7%		
艾奥瓦	51.6%	25.2%	13.3%	5.8%		
明尼苏达	51.2%	23.4%	13.8%	4.5%		
密苏里	51.0%	31.1%		8.2%		
肯塔基	50.3%	31.2%		5.5%	9.5%	
亚拉巴马	50.1%	31.6%		6.3%	7.9%	
新泽西	50.1%	32.1%		4.6%	9.1%	
加利福尼亚	50.0%	30.5%		6.8%	6.9%	
路易斯安那	49.7%	34.2%		5.0%	6.7%	4.3%
俄克拉荷马	49.5%	32.5%		6.3%	10.2%	
俄亥俄	49.3%	30.7%		7.8%	8.3%	
阿肯色	49.3%	32.9%		4.9%	9.3%	
印第安纳	49.2%	31.6%		4.3%	9.1%	5.1%
堪萨斯	49.0%	27.5%	4.0%	15.7%		
宾夕法尼亚	48.9%	27.1%		6.0%	14.8%	
威斯康星	48.7%	31.3%		9.2%	6.4%	
俄勒冈	48.7%	30.6%		9.5%	7.7%	
南达科他	48.7%	29.9%	4.8%	13.0%		
科罗拉多	48.4%	33.7%		9.0%	4.8%	
阿拉斯加	47.7%	37.5%		9.7%		
得克萨斯	47.5%	25.6%	4.3%	13.7%	8.4%	
亚利桑那	47.4%	36.5%		4.9%	7.9%	
华盛顿	46.8%	31.4%		14.7%		
佛蒙特	46.8%	25.0%		23.3%		
新墨西哥	46.5%	32.8%		4.1%	14.6%	
南卡罗来纳	45.6%	32.8%		4.5%	11.7%	4.9%
怀俄明	45.3%	28.8%		22.3%		
北达科他	44.3%	23.9%	5.7%	21.8%		
哥伦比亚特区	41.8%	32.2%		18.0%	4.5%	

支出占比

■ 教学　■ 学生服务　■ 其他日常　■ 资产性　■ 其他　■ 非基教

图 4-18　各州教育经费支出结构分布图

数据来源： NCES,School District Finance Survey(F-33), School Year 2015-16(Fiscal Year 2016) Data。

4.4.2 基础教育经费支出经济科目结构情况

基础教育经费支出的经济科目分类是以教育经费所购买的商品或服务为对象进行的分类。根据购买的商品或服务的种类不同，教育经费支出经济科目分为9个大的类别：工资支出、员工福利支出、购买的专业技术服务支出、购买的与资产相关的服务、其他购买的服务、日常消耗品、资产、债务及其他、其他细目 ❶。工资支出是指学区固定员工、临时员工和替代性员工的工资支出。员工福利是指支付给第三方而学区雇员受益的支出，比如为雇员购买养老、医疗、失业等公共社会保障或社会保险项目而支出的经费。购买的专业技术服务是指购买的需要专业人员或机构才能提供的服务，比如建筑师、工程师、审计员、医生、律师、会计和咨询师等。购买的与资产相关的服务是指为了运行、修理、维护和出租学区拥有或使用的资产而购买的服务，比如房屋的卫生清理、整修维护。其他购买服务主要是指学生交通、通信、专业装订、学生学费、食物管理等，日常消耗品主要是指能源、食物、书籍杂志、移动硬盘等。资产支出主要是指购买土地房屋、兴建房屋，购买仪器设备等。债务与其他支出包括会费支出、法院判决赔款、债务及其利息偿还等。其他细目是指那些虽不被计算为支出项目，却需要学区控制和报告的项目，比如学区间的转移支付、债务的打折支出、投资的损失、资产的贬值等。美国教育年度统计报告中的经济科目信息，主要涉及工资支出、员工福利支出、购买服务支出、日常消耗品支出、学费支出和其他支出。前四项支出与前述定义相同，学费支出是其他购买服务的一种，是指学区对其有法定义务承担教育投入责任的儿童不在本学区运行的学区就读，而在政策允许的情况下

---

❶ 每个科目之下二级科目和三级科目，具体参见附录1。

去其他学区或学校就读，学区支付给其他学区的学费。其他支出是除了上述 5 类之外的支出。

图 4-19 呈现的是 1990—2016 年每年的教育经费支出各经济科目各科目的占比。经济支出科目中员工工资支出占比最高，以 2016 为例，工资支出占比为 57.0%，其次占比高的是员工福利，2016 年的占比为 22.9%，再次是购买服务的支出，占比为 10.8%，而后是日常消耗品支出，占比为 7.3%，学费支出与其他支出占比较小，2016 年分别为 1.0%、0.7%。另外从时间的维度来看，从 1990—2002 年工资支出占比相对稳定，维持在 65% 左右，2003 年之后工资支出的占比呈现逐步下降的趋势，由 2003 年的 63.6% 下降至 2016 年的 57.0%。就员工福利而言，从 1990—2002 年员工福利支出占比相对稳定，维持在 17% 左右，2003 年之后员工福利支出的占比呈现逐步增长的趋势，由 2003 年的 17.6% 增长到 2016 年的 22.9%。由于工资支出占比下降和员工福利支出上升，因此，人员费用整体变化不大。购买服务支出方面，1990—1998 年维持在 8% 的水平，1999—2010 年，维持在 9% 的水平，之后维持在 10% 的水平。日常消耗品支出也维持在一个相对稳定的水平，维持在 7% 左右的水平。

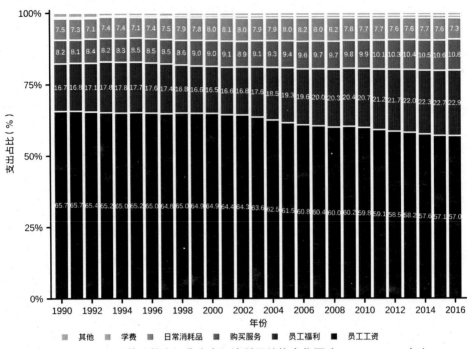

图 4-19　美国基础教育经费支出经济科目结构变化图（1990—2016 年）

数据来源：Digest of Education Statistics,1995,2000,2004,2006,2010,2015,2018。

美国全国的基础教育经费支出经济科目的分布主要描述经济科目支出在全国层面的分配情况，却看不到各州在教育经费支出经济科目结构中的差异。图 4-20 反映的是 2016 年各州教学性教育经费支出在经济科目上的分布情况。教学性教育经费支出是基础教育经费支出中最大的组成部分，2016 年教学性教育经费支出占教育经费总支出的 53.6%。在教学性教育经费支出中，员工工资支出占比最高，各州在这一占比的范围为 53.0% ~ 76.1%，占比较低的州有密歇根、伊利诺伊、佛蒙特，其占比分别为 53.0%、55.4%、56.5%。工资支出占比较高的州是得克萨斯、堪萨斯和艾奥瓦，其占比为 76.1%、71.1%、70.4%。员工福利占比的范围为 12.7% ~ 34.5%。除两端的最大值和最小值之外，大多数州的员工福利支出占教学性经费支出的 20% 左右。从整体上来看，工资支出与员工福利支出呈现此消彼长的关系，即工资支出占比高的州，员工福利相对少一些，工资支出占比低的州，员工福利相对高一些。总之，人员支出占教学性支出绝大部分，最高的是肯塔基，占比为 94.7%，最低的为 76.2%。由此可见，在如何使用经费服务教学工作上各州存在一定的差异。

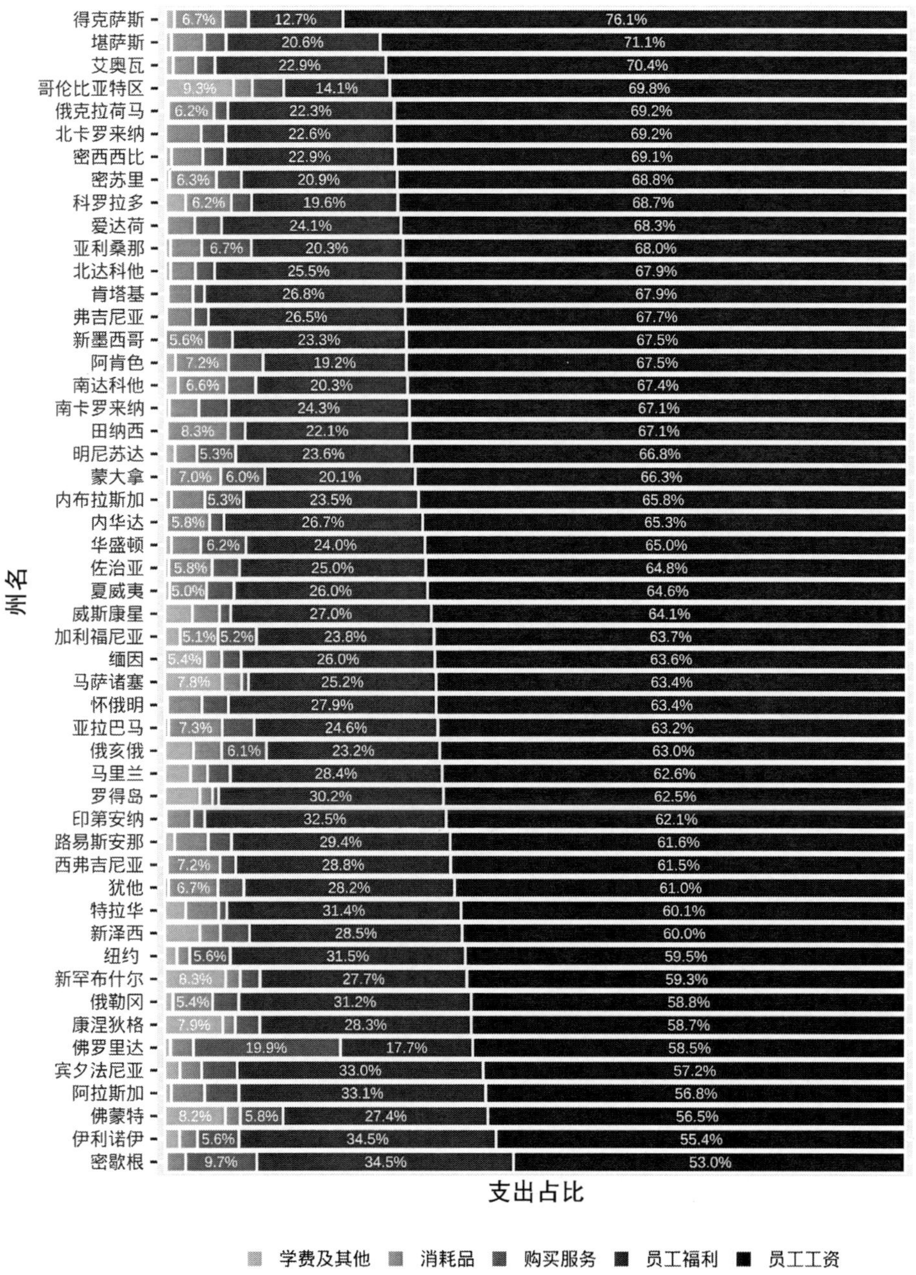

图 4-20　美国各州基础教育经费支出经济科目分布（2016 年）

数据来源：Digest of Education Statistics, 2018, Table 236.50。

5 美国各级政府基础教育财政决策程序

美国基础教育财政政策涉及联邦政府、州政府和地方政府三级政府，其内容主要包括教育财政拨款的税收来源、教育财政拨款公式以及地方政府筹集教育经费的权力与限度等。基础教育财政政策中的基本规则，比如说拨款公式，都是以专门立法的形式确定的，相对比较稳定。但确定各级政府每年的基础教育财政支出具体数额则是常规事项，是政府预算的一部分，需要经过法定预算程序。通常情况下，每年制定预算的过程中，各级政府会根据原先制定的规则确定相应的教育财政拨款，最主要的是根据经济发展状态及财政收入情况对教育财政拨款公式中一些参数进行调整，比如生均基准额的增长，地方最低资产税额，或者保障税基水平的具体设定，当然还会对基础教育的专项拨款项目进行调整。如果联邦或者州议会认为现行教育财政拨款政策存在重大问题需要调整，这就涉及对原先教育财政政策的内容进行调整，对原先的教育财政政策法案进行修订，这类大的修订是本书后文会讨论的基础教育财政改革，基础教育财政政策改革并不是每年都会发生。由于基础教育财政政策的确定和每财政年度教育财政预算拨款的确定，在美国联邦政府与各州政府都是以立法的形式来实现的，遵循立法程序。接下来介绍联邦政府、州政府以及地方政府每年度教育财政预算制定的程序，教育财政改革亦遵循相似的程序。

5.1　联邦政府基础教育财政拨款决策程序

美国联邦政府基础教育财政拨款是联邦政府财政拨款的一部分。联邦政府教育财政拨款决策程序遵循联邦政府整体的财政预算程序规定。美国联邦政府的预算程序由联邦宪法与预算法规定。美国联邦宪法规定联邦政府的任何财政资金支出均需国会以法案的形式决定。但以总统为代表的行政机关在预算过程中也拥有重要权力，这包括总统在立法过程中的一票否决权，以及各部委作为经费支出的执行部门所具有的信息优势等。除国会参议院与众议院、总统及各部委之外，在联邦政府预算过程中存在另外两个重要的机构，一个是总统下辖的管理与预算司（OMB），整体负责预算的编制及预算执行的监督与评估工作，另一个是国会下辖的国会预算司（CBO），其主要职责是定期向国会提供关于联邦经济发展状态及收支的现状与预测信息，以帮助国会议员进行决策，减少对行政机关的依赖。美国联邦政府财政预算过程一般经过预算编制、预算表决、预算执行和预算审计评估四个阶段。

图 5-1 呈现的是美国联邦政府预算流程及每个流程中的各个环节❶。联邦政府的财政年度是从 10 月 1 日开始到次年的 9 月 30 日结束。财政预算的准备开始于财政年度前一年的春季或初夏，首先由 OMB 向各部委发布本年度财政预算的规则与

---

❶　本节关于联邦政府财政预算程序的信息来源于联邦教育部官方网站（https://www2.ed.gov/about/overview/budget/process.html?src=rt）。

指引。然后各部委制定自身管辖领域的部门预算，确定优先实施的事项和请求的拨款数额，在此阶段美国联邦教育部制订联邦政府用于教育的经费预算方案。通常在每年9月初各部委将预算请求提交给OMB，OMB收到各部委的部门预算方案之后，由其审核员对各部委预算仔细审核，并与各部委进行正式或非正式的讨论，必要时举行听证会，允许各部委对其预算请求进行辩护，然后审核员向OMB主管提出建议。在11月底或12月初，OMB将调整后的预算案反馈给各部委。各部委若对OMB调整确定的预算案不满意，可申请复审，OMB与部委之间则会进一步协商。OMB最后调整并向国会提交总统预算案，其内容包括拨款数额、进度安排、拨款政策和该政策的理由以及一些特殊的拨款项目说明，比如对于教育的拨款项目。法律规定总统必须在次年1月第一个星期一之后与2月的第一个星期一之前向国会提交总统预算草案。总统向国会提交预算草案之后，各部委会召开新闻发布会，向媒体公布预算草案内容并提供相应的论证说明，同时各部委亦向国会提交详细的预算请求说明，包括相关的技术、项目和政策的报告与解释。

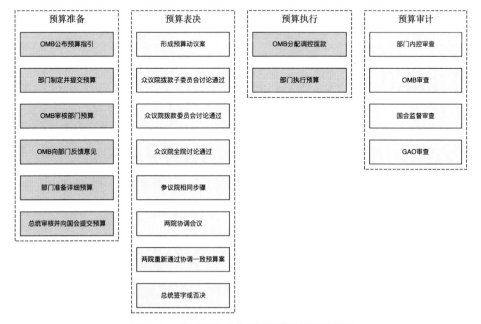

图 5-1　美国联邦政府财政预算过程示意图

预算表决通过阶段的程序主要是在国会内部进行。首先在预算年度的 1 月底或 2 月初，CBO 向国会预算委员会提交题为"预算与经济展望"的年度报告，报告包括 CBO 根据经济发展情况对联邦政府未来 10 年财政收入与支出水平的预测。法律规定国会在通过预算方案前要通过一个预算目标案，预算目标案须由参众两院通过，但该目标案不是法律案，不需要总统签字，仅对国会本年度的实际预算案审议起指导作用，目标案要规定预算总额及各部门领域的支出水平。预算总额包括收入总额、支出总额、赤字或盈余总额及债务限额等。目标案是根据总统的预算提案、参众两院组织听证获取的信息、国会其他委员会的观点与报告以及 CBO 的报告制定。法律规定预算目标案必须 4 月 15 日前通过。根据预算目标案的内容进而确定最终预算方案。最终预算草案在参众两院主要是通过其拨款委员会组织制定，参众两院的拨款委员会下设子委员会，比如众议院下设了农业与食药、国防、能源、财政、国土安全、内务与环境、劳动医疗与教育等 12 个子委员会，拨款委员会将预算目标案中的预算总额分配至各子委员会，各子委员会讨论决定并给出具体的预算建议案，最终由拨款委员会通过，并提交参议院或众议院表决。根据先例，预算草案最先由众议院提出，经其拨款委员会与拨款委员会下的子委员会具体讨论通过，再由众议院全院讨论通过，参议院在众议院通过预算方案之后，会经过类似程序通过其预算案。通常参众两院在制订预算方案的过程中，会举行大量的专题听证会，听取部门、公众和专家的意见。参众两院各自通过预算案后，两院召开协调会议，消除分歧，形成一致方案，再由两院分别通过，最后将两院一致通过的预算方案提交给总统，总统签字同意，预算案生效。如果总统一票否决，国会要么修改相关内容后递交总统同意签字通过，要么参众两院分别以 2/3 多数成员通过，预算方案自动生效，不再需要总统签字。

预算执行阶段。首先由 OMB 按照生效的预算方案与相关规定将资金拨付各部委，并控制经费发放的进度。各部委按通过的拨款方案和财政经费使用规定使用当年拨款，最终形成拨款使用报告。预算的审计与评估阶段。一方面各部委通过自身的内控措施保障经费使用符合拨款法案及其他法律法规的要求，另一方面 OMB 会提供大量指导性建议。1978 年的监察法规定各部门内部设置监察岗位，对部门项目及其运行情况进行审计调查。1990 年总会计师法规定部门设立总会计师，监督部门财政资金使用情况。OMB 也会对部门项目及资金使用情况进行监督。同时国会也会监督各部门的资金使用情况，必要时还会组织监督听证会。政府督导办（GAO）会经常检查、审计和评估政府各类项目，向国会、OMB 和相关部门提出法律意见和改进建议。

5.2　州政府基础教育财政预算程序

基础教育财政拨款是州政府财政拨款的重要组成部分。美国各州州政府财政拨款预算程序由各州州宪法和法律规定。美国各州预算程序具有很大相似性，其一般程序是：首先由州行政机关各部门先编制部门预算草案，由州长下设的负责预算的办公室进行汇总、审核、增减相应预算，提交州长，由州长向州议会提交州长的年度预算草案。然后州议会参众两院经过内部的拨款委员会及其子委员会确定具体的拨款额度及其资金的来源，方案最后由参议院和众议院全体会议通过，然后由州长签字生效，州长对预算案同样有一票否决权。下文以密歇根州州政府财政预算过程为例具体介绍美国州政府财政预算过程 [7]。

密歇根的财政年度是从每年的 10 月 1 日开始到次年的 9 月 30 日结束。图 5-2 是密歇根州州政府预算流程图。密歇根州州政府财政预算制度有一个重要的环节是收入估算会议制度，该会议须举行两次：1 月第 2 周和 5 月第 3 周。该会议确定对州经济发展与财政收入的估值，收入估算会议最终确定的报告作为制定年度财政预算的重要指引。密歇根州宪法与法律规定州政府的财政预算必须是平衡预算，即收支要平衡，因此财政收入的估算量对制定财政预算尤为重要。收入估算会议由代表州长的州预算办公室主任、州众议院财政室主任、州参议院财政室主任参加，会议主持由三个单位轮流担任。这三个主体会对国家和州的经济发展状态以及州的财政收入情况进行日常监测，开会之前向各领域的专业人士征询意见。三家单位会在会议上展示其对经济与财政收入情况的估算，且在召开会议之前，三家单位的报告会提前公开发布，收入估算会议向普通公众开放。会议之后形成财政收入的估算报告，报告包括州政府主要税种的收入总额、一般性财政收入总额和教育财政收入总额❶、福利彩票收入转入教育专项财政收入基金的部分、学生生均基准定额的增长率、州政府财政收入上限、州政府储备基金的收入与支出情况等。

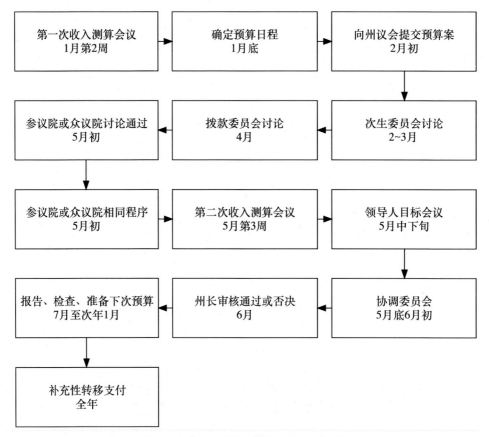

图 5-2　密歇根州政府财政预算过程示意

---

❶ 密歇根州设立了教育专项财政收入基金，专门用于支持基础教育发展，第7章有详细介绍。

　　州政府财政预算过程首先是由州长通过州预算办公室和各职能部门一起编制年度财政预算，形成预算草案，预算草案包括各项财政预算支出及其说明、每一项预算支出中由财政支付工资的岗位数量、财政收入情况以及用于支持预算支出的财政收入数额。2 月初州长向公众公布其预算提案，召开发布会，由州预算办公室主任，有时是州长本人，向公众解释预算提案的缘由。预算提案向公众公布后，同时提交给州参众两院，由州参众两院审议。历史上州参众两院轮流作为先通过的一方，当一方通过后交由另一方审议，现在实际上两院的审议几乎同步进行。州长的预算案在参众两院要经过三道程序。先由预算委员会下属的子委员会进行审核，子委员会根据预算委员会的指定分工审核预算的部分拨款项目，子委员会在审核预算时，听取州预算办公室、相关部委及财务工作人员的报告，同时举行有各种利益团体参加的听证会，根据以上途径获得的信息对原有的预算草案进行修改。各子委员会审议完毕后向拨款委员会提交建议稿，拨款委员会再进行全面审议，根据情况进行修改调整，必要时要求子委员会重新审议再提交，当拨款委员会审议完成预算方案之后，提交全院进行审议表决。全体会议对预算草案进行辩论、调整修改并表决通过，参众两院先表决通过的一方将通过后的预算案提交给另一方。当两院都通过各自的预算方案之后，以及第二次收入估算会议结束之后，州参众两院的多数党领导人以及代表州长的预算办公室主任将召开会议，该会议也可能包括参众两院拨款委员会的主席和州长本人。州预算办公室主任和参众两院的财政室将向参会人员提供相关的财政情况报告。该会议将形成一个共同的声明，包括具体的分配到各部委或各项目的来自一般性财政收入的拨款数额，根据 5 月份财政收入估算会议新的估算结果而做出的各种增长或减少的调整方案，其他关于增加或减少拨款的说明，财政资金使用的相关要求，以及为了实现财政预算方案而采取其他非财政性相关立法等。其中，教育专项财政收入必须与教育财政拨款支出一致。该领导人目标会议形成的决议是接下来两院消除各自预算方案分歧，以及议会与州长之间分歧的重要文件。参众两院预算案的分歧是通过协调会议解决的。协调会议通常是针对单个领域的拨款项目展开，由参众两院各自相关的拨款委员会下属的子委员会每方出 3 个人，共 6 个人组成协调会议，形成方案，方案经每方至少 2 个人同意通过。协调会议确定的方案再交回参众两院投票通过，如果有一方不能通过，则召开第二次协调会议，第二次协调会议再次形成方案，交由两院讨论通过。如果第二次协调会议不能达成协议或者达成的共识被任何一院否决，则不再举行第三次协调会议。参众两院将达成一致的预算案提交给州长，州长若认可预算方案，则签字通过。如果不认可，州长可否决预算案中的单个项目的拨款❶，州长签字认可的部分生效，州长否决的部分失效，除非参众两院各自以 2/3 的投票数通过被州长否决的部分，在此情况下，该部分预算方案不再需要州长签字同意即生效。预算方案州长签字生效之后，由州秘书长分配编号成为法律文本，并向公众公布。

5.3　学区基础教育财政预算程序

美国学区层面的教育财政预算程序一般经过预算编制、预算表决、预算调整、预算实施与审计的过程。与联邦政府和州政府的预算过程一样，预算在提交决策机关之前或之后都会向公众公布预算草案，一般都会举行预算听证会，听取利益相关者的意见。学区层面的预算与州政府的教育财政预算最大的不同点是预算最终决定权的归属问题，因其属于独立或非独立学区而有所不同。对于独立学区，学区享有预算的确定权、征收资产税税率的确定权以及发行学区政府债券的权力。权力的行使方式有学区委员会投票和全民公投两种。除少部分州，比如缅

---

❶ 和联邦政府不同的是美国44个州政府的州长可一票否决单个拨款项目。

因、佛蒙特、纽约等，每年度的学区预算需学区全体选民投票决定外，大部分州的学区预算都由学区委员会决定，比如密歇根、佛罗里达、加利福尼亚、得克萨斯。另外的一个不同点是州政府的基础教育财政拨款是学区教育投入的重要来源，在学区教育预算编制与审议过程中，会及时根据州政府的基础教育财政预算草案及最终决定案进行及时调整。在年度预算不需要选民公投的学区中，有一些和预算相关的特定事项需要举行全民公投，这主要涉及增税和发行政府债券。前者主要是州政府为了减轻纳税人负担和控制学区教育支出的过快增长，而对学区委员会的收税权进行限缩，规定税收超出一定限额，可能是超出法定的税率，也可能是超出法定的税收总额，如果再征税的话，需要全民公投。比如，威斯康星州学区的预算由学区委员会通过，但涉及征税的方案则需学区内选民投票通过。有些州规定超出限定的税率或限额，就不允许征税了，也就没有公投一说。发行政府债券的事项一般是涉及学校的资产性投入，包括土地、房屋的购买，房屋的改造与修缮，重大设施与仪器的采购等，因为这些支出具有不持续和数额重大等特点，一般不适于使用常规财政预算解决，所以学区一般要通过发行政府债券的形式筹款。这类事项需要全民公投，公投的内容涉及债券的数额、形式、利息、偿还期限、偿还方式等。偿还方式指确定一定期限内的征税方案。

对于非独立学区而言，预算、税收或者发行政府债券都由其所属市县政府或者市县政府辖区内的全体选民决定，教育预算是市县政府整体预算的一部分。比如，北卡罗来纳州学区教育预算是学区委员会先行通过，而后交由县管理委员会表决通过，弗吉尼亚州学区通过的预算方案，也需要市县的审查通过之后才有效。

5.4　宪法修订与基础教育财政

美国各州宪法中的教育条款和平等保护条款与基础教育财政政策息息相关 ❶，另外宪法中还有一些税收和财政预算的条款也与教育财政有关。比如得克萨斯州宪法规定不允许州政府征收资产税，再如规定地方政府资产税的税率上限，这些都影响着州教育财政政策的制定。因此，改革教育财政政策另外一条途径是修改宪法中的相关条款。美国各州提出宪法修订案方式有 5 种。第一种是由州议会表决通过，有 49 个州规定可以使用这种方式，但是具体的规则有所差异，比如有些州要求经过一次审议，有些州要求经过 2 次审议。在一次审议通过的州中，通过的规则也有不同，10 个州多数通过即可，9 个州要求 60% 议员通过，17 个州要求 2/3 议员通过。有 12 个州根据不同的表决时间确定不同的通过规则。另外有 12 个州需要通过两次审议，通过规则也有所不同。第二种是由公民直接联名提出，美国有 18 个州的宪法修正案可由公民联名提出，当然各州对联名提起宪法修正案有详细的程序规定。第三种是通过制宪会议，美国 44 个州宪法规定了制宪会议召开的主体、形式与程序。第四种是成立制宪委员会，这种方式只有佛罗里达州在实行。第五种是特拉华州的宪法修正过程，其宪法修正案通过不需要最终经过全民公投，因此，其宪法修正的启动和通过都是通过议会完成。除特拉华州以外，其他州经上述方式提出的宪法修正案都必须交由全体选民投票通过或不通过。

---

❶　第7章关于基础教育财政诉讼案例的介绍将说明这一点。

5.5 公投立法与基础教育财政

除了通过州议会进行立法之外，美国部分州还存在着一种特殊的立法程序，即公投立法。公民联名提案权不仅使用在宪法修正上，在美国 21 个州公民还可以联名启动州层面的立法。有些州规定立法草案经过法定程序和法定人数要求后直接由公民投票，有些州规定公民联名立法草案须经过州议会审议，如果不能通过，再交全民公投。还有些州议会也可以将其提出的立法案交由全民进行公投。涉及教育财政或税收改革的方案可能由选民直接或者议会提议而进入公投环节，进而成为州法。另外许多州的地方政府也可由公民联名提起由全民表决的立法案，在教育财政领域比较常见的就是上文提到的独立学区或非独立学区所在的市县镇提出的超出其自主权范围内征税方案，另外就是为教育目的而发行政府债券的方案。

6　美国联邦政府与州政府基础教育财政拨款政策

美国基础教育的直接提供者是学区政府，联邦政府与州政府的基础教育财政拨款需要以政府间拨款的形式下拨给学区。联邦政府与州如何将其财政拨款下拨给学区是基础教育财政政策的重要内容。本章将集中描述美国联邦政府与州政府的基础教育财政拨款方式。首先介绍联邦政府的基础教育财政拨款方式，联邦政府的基础教育财政拨款多以专项财政拨款的形式直接或经州政府下拨给学区，本章将集中介绍联邦政府几个重要的基础教育财政拨款项目。州政府的基础教育财政拨款是以一般性基础教育拨款和专项基础教育拨款的形式下拨给学区。对于州政府基础教育财政拨款方式的介绍将从一般性拨款项目和专项拨款项目分别切入。本章最后将通过对密歇根、马萨诸塞、北卡罗来纳和威斯康星四个州的基础教育财政拨款政策的介绍，具体呈现美国州政府的基础教育财政拨款政策。

6.1　美国联邦政府基础教育财政拨款项目

美国联邦政府基础教育财政拨款是以专项财政拨款的形式下拨的，各种专项都是以立法的形式确定的。联邦政府的拨款项目数量比较多，考虑每年拨款总额的话，主要的联邦基础教育财政拨款包括针对贫困家庭儿童教育的首章项目（Title I 项目），针对特殊儿童的特殊教育项目，儿童营养餐项目，幼儿教育开端项目，职业教育项目以及其他各种学校改善项目。联邦政府财政拨款的分配方式有法定公式法和申请审核法两种。法定公式法是指法律规定接受拨款主体的适格条件、指标及核算公式等要素，联邦政府主动按照规定确定接受拨款主体的拨款数额，核拨相应财政经费，该方法是联邦政府基础教育财政拨款的主要方式。申请审核制是指由法律规定该项目的目标，申请主体的资质要求、审核标准与程序要求，由服务提供者向联邦政府提出申请，然后由联邦政府按照规定进行审核，确定资助的数额与周期。申请审核制是竞争性的财政拨款，由联邦政府在申请者中择优资助，并不保证所有申请者都可以获得资助。以申请审核的方式确定拨款数额的方法主要适用于一些数额小、范围不大且具有探索性的项目。下文将对联邦政府九项重要的基础教育拨款项目进行介绍。

6.1.1　Title I 项目

Title I 项目 ❶ 最初由 1965 年的《基础教育法》（*The Elementary and Secondary Education Act*）确立，设立该项目是基于贫困家庭子女的教育以及贫困学生集中

---

❶ 本书关于Title I 项目内容的描述参考信息源于文后参考文献[8，9]。

的学区的教育面临更多困难，需要提供额外的经费支持。该项目的具体内容是在《基础教育法案》的首章（Title I）部分，因此被称为 Title I 项目。Title I 项目的最新规定存在于《基础教育法》的最新授权版本《每一个学生成功法案》（*The Every Student Succeeds Act*）。Title I 项目具体由美国联邦政府教育部负责组织实施。该项目包括四个子项：基础拨款项目、密度拨款项目、定向拨款项目和激励拨款项目。最初只有基础拨款项目，20 世纪 70 年代时增加了密度拨款项目。且 1974 年确定了无损条款，该条款规定学区接收拨款减少的数额不能超过前一年的 15%。1994 年修正案增加了定向拨款项目和激励拨款项目两个子项，同时增加了州拨款最低额的规定，即规定每个州接收的 Title I 拨款不少于一个维持该项目得以运转的最低额度。不过定向拨款和激励拨款的两个子项在《不让一个孩子掉队法案》（《基础教育法》的 2002 年修正版）之后才得以实施。

Title I 的拨款对象是学区，确定适用对象的标准是以学区为单位，但联邦政府首先将拨款下拨给州政府，再由州政府按照规则下拨给各学区。决定学区接收各子项拨款数量的重要参数是学区拥有政策适格的学生数量。政策适格的学生包括：①家庭收入处于美国国家统计局每年确定的国家贫困线以下家庭的学生；②州政府统计的学区内遭家庭遗弃的学生，具有严重问题行为的学生，居住在收养院的学生；③接收贫困家庭临时性补助的家庭的学生。第①类学生占适格学生的绝大部分，第②、③类只占适格学生的小部分。学区的政策适格学生的数量与占比必须达到法定的阈值，才能获得 Title I 拨款。各 Title I 子拨款项目的适格标准如下：①基础拨款项目，学区的适格学生超过 10 人且超过学区内 5～17 岁人口的 2%；②密度拨款项目，学区的适格学生超过 6500 人或者学区 5～17 岁人口的 15%；③定向拨款项目和激励拨款项目，学区的适格学生超过 10 人且等于或超过学区内 5～17 岁人口的 5%。学区满足了上述条件才能取得获取 Title I 拨款的资格。

确定各子项的拨款数量涉及另外一个重要参数是州生均教育支出，即各州常规基础教育经费支出除以该州平均日出席学生数。其中，常规基础教育经费支出需扣除联邦政府的教育财政拨款，主要是剔除数额比较大的联邦政府拨款，比如 Title I 和学生营养餐项目等。联邦政府认为联邦政府需提供贫困家庭子女基础教育成本 40% 的支出。州生均教育支出再乘以 40%，这个调整后的州生均教育支出数额即为确定 Title I 拨款数额的重要参数。各个州之间的生均教育支出差异较大，为了控制这种差异给各州 Title I 拨款带来较大差异。法律还设定了调整后的州生均教育支出的最大值和最小值。如果经上述规则计算出来的调整后州生均教育支出低于最小值，以最小值计，高于最大值，以最大值计。基础拨款、密度拨款和定向拨款所使用的调整后州生均支出最小值为各州生均教育支出的均值的 32%，最大值为各州生均教育支出的均值的 48%。激励拨款所使用的调整后州生均支出最小值为各州生均教育支出的均值的 34%，最大值为各州生均教育支出的均值的 46%。

确定各州的调整后生均教育支出与学区政策适格学生之后，各学区基础拨款和密度拨款数额是该学区的适格学生数乘以学区所在州的调整后生均教育支出。定向拨款项目数量的确定与基础拨款项目和密度拨款项目的确定方式有所不同，其拨款数量是由加权调整的适格学生数量乘以学区所在州的调整后生均教育支出。加权调整的适格学生数量是通过对适格学生按一定规则增加权重后重新加和而得。其目的是增加对于弱势学生数量多或者比较集中的学区的资助。有两种增加权重的方法：按适格学生数量确定赋权和按适格学生占比进行赋权。以按适格学生数据为例，按学生数量设定了如表 6-1 的 5 个数量范围，每个区间的权重分别为 1、1.5、2、2.5 和 3。将学区的适格学生按此区间赋予不同权重再加和，即为增加权重之后适格学生数量。按适格学生的占比加权方法与按适格学生数量加权方法类同，具体加权规则如表 6-1 所示。学区加权调整的适格学生数量取上述两种方法计算出的两个数值中最大的一个。

表 6-1　Title I 适格学生加权赋值表

适格学生数量		适格学生占比	
数量范围（个）	权重	占比范围	权重
0 ~ 691	1.0	0% ~ 15.58%	1.00
692 ~ 2262	1.5	15.58% ~ 22.11%	1.75
2263 ~ 7851	2.0	22.11% ~ 30.16%	2.50
7852 ~ 35514	2.5	30.16% ~ 38.24%	3.25
35515 及以上	3.0	38.24% 以上	4.00

数据来源：Congressional Research Service Report: Allocation of Funds Under Title I–A of the Elementary and Secondary Education Act，p.12 .

虽然激励拨款项目最终也是将财政经费下拨给学区，但计算时是以州为单位计算的。各州的激励拨款数量的确定方式是：先将各州各学区的加权调整的适格学生数量求和，再乘以各州调整后的生均教育支出，然后再乘以各州的教育支出努力因子和教育支出平等因子。州的教育支出努力因子是衡量各州对基础教育财政投入的努力程度。努力因子是一个比值，其分子是州前三年基础教育生均拨款的均值乘以前三年的全国人均收入的均值，分母是前三年的州人均收入的均值乘以前三年全国各州生均拨款的均值，该因子被限定在 0.95 ~ 1.05。教育支出平等因子是用来衡量州各学区之间教育支出平等程度的指标。确定教育支出平等因子之前需先确定各学区的生均日常教育经费支出。生均日常教育经费支出是用国家统计局的学区财政调查数据中的学区常规教育支出总额和秋季注册学生总数来计算，是学区的常规教育支出总额除以秋季注册学生总数与 0.4 倍 Title I 适格学生之和，然后以注册学生超过 200 人学区的生均常规教育支出计算州的生均教育支出变异系数，在计算变异系数时，以学区注册学生数与 0.4 倍 Title I 适格学生之和加权计算，教育支出平等因子是 1.3 减去加权后的生均教育支出变异系数。

根据上述规则确定的各州适格学区的基础拨款、密度拨款、定向拨款以及激励拨款加和，即联邦政府给予州政府 Title I 拨款的公式额度，但是该公式额度并不等于州政府实际收到的联邦政府拨款数额，因为联邦政府的实际拨款一般会低于该额度，各州实际获得的 Title I 拨款额度按公式额度等比例核减。

Title I 项目除了上述规则之外，还有学区无损条款和州最低拨款份额条款。学区无损条款是指如果学区某一财政年度按照上述规则计算获得的 Title I 拨款总额因适格学生减少而减少的话，联邦政府保证其减少额度不超过上一年的 15%。州最低拨款份额是指法律规定各个子项目各州获得的联邦财政拨款额度不少于一个最低额度。如果根据上述公式计算某州的某个子项目的拨款低于该最低额度，该子项目的拨款额度以最低额度计算。因为最低州拨款额度的存在，则需循环调整各州的公式额度。州最低拨款额度与联邦当年的财政拨款额度定额相关，为了保障无损条款和州最低拨款的实现，减少了一部分州或学区的拨款，使其新成为适用最低拨款的州或无损条款的学区。公式经迭代运算，进而保证联邦政府每年的实际拨款按上述规则分配给各州。

Title I 经费分配到各州州政府之后，由州政府将联邦政府 Title I 各个子项目的拨款下拨给各学区，法律规定州政府分配 Title I 原则上按上述联邦政府确定各学区财政拨款的规则进行分配。但也规定州政府可以再进行两个方面的调整：一是对于州里存在的一些特殊学区，比如说特许学校，由于联邦政府不掌握其弱势家庭学生的数据，所以允许州政府以其掌握的信息将该类学校或学区纳入到 Title I 拨款的分配中来。二是法律允许州政府保留一部分 Title I 资金用于支付行政管理费用和州政府直接实施的学生干预项目。Title I 资金到了学区之后，由学区支配使用，法律要求将该项资金主要用于帮助学习困难的学生，学区还可以将该部分资金用于全学区范围的或者全校范围的干预措施上，因此，确定 Title I 拨款数额的学生与 Title I 拨款实际服务的对象并不是吻合的。比如说，2019 年有 1160 万 Title I 适格学生，但接收到 Title I 资金支持的服务的学生有 2600 万人。

从数量上而言，Title I 项目是美国联邦政府基础教育财政拨款的重要组成部分。2017—2018 学年 Title I 拨款为 155 亿美元[10]，基础拨款为 64.6 亿美元，密度拨款为 13.6 亿美元，定向拨款为 39.6 亿美元，激励拨款为 39.6 亿美元。

6.1.2 特殊教育项目

美国联邦政府对特殊教育的拨款开始于 1975 年的《残疾人法案》(*The Education for All Handicapped Children Act*)❶。该法案的目的是保障 3～21 岁的残疾学生免费接受基础教育的权利。为了促进州政府和地方政府向残疾学生提供免费适宜的教育服务，联邦政府向州政府提供财政拨款，帮助州政府和地方政府实现这一目标。1986 年修正的《残疾人教育法案》设立拨款项目支持 0～2 岁的残疾婴幼儿的养育与教育。现在联邦政府针对残疾人的教育拨款主要包括三个子项目：0～2 岁残疾婴幼儿的早期干预项目、3～5 岁残疾儿童的学前教育项目、6～21 岁残疾儿童少年的特殊教育项目。IDEA 法案的项目具体由联邦教育部的特殊教育办负责组织实施。IDEA 拨款先由联邦政府下拨给州政府，再由州政府下拨给地方政府或相关教育组织。三个拨款项目都采用法定公式法核定对各州的拨款数额，除此之外，美国联邦政府还有一些针对特殊教育的竞争性的拨款项目。IDEA 项目拨款是联邦教育财政拨款的构成部分，2019 年联邦政府的 6～21 岁残疾学生特殊教育项目拨款数额为 123.6 亿美元，3～5 岁残疾学生学前教育拨款项目拨款数额为 3.9 亿美元，0～2 岁婴幼儿早期干预项目拨款数额为 4.7 亿美元[11]。IDEA 项目对于美国残疾人的教育事业起到了重要作用。2017—2018 学年，通过 IDEA 项目接受特殊教育服务学生为 700 万人，占美国在校学生的 14%[12]。下面将详细介绍上述拨款项目的内容。

---

❶ 1990 年更名为 *The Individuals with Disabilities Education Act*（IDEA）。

6.1.2.1　6～21岁残疾学生的特殊教育拨款 [1]

州政府必须建立面向 3～21 岁残疾儿童少年的免费适宜的公共教育服务体系，才能获得联邦政府 6～21 岁残疾学生的特殊教育拨款，除非该州法律规定或法院判决州政府没有义务向 3～5 岁或 18～21 岁的残疾人提供教育，在此情况下，该州不会获得针对 3～5 岁儿童的联邦政府拨款。联邦政府确定给予各州的这项财政拨款的规则如下：首先，联邦政府向各州政府提供其 1999 年接收的该项目的拨款数量。其次，如果当年的财政拨款有所增加的话，比 1999 年拨款额增加部分的 85%，按各州接受免费适宜公共教育的残疾人的年龄段相同的人口数量进行分配，增加部分的 15%，按各州接受免费适宜公共教育残疾人的年龄段相同的贫困人口数量进行分配。原则上各州应当根据相同的规则将该项资金分配给地方政府，法律规定州政府可以扣除一定比例的拨款用于该项目管理和服务工作，这包括支持性服务和直接提供的特殊教育服务、技术性支持和人员培训、帮助学区提供正向的行为干预服务等。而且法律还规定州政府和地方政府必须保持其在特殊教育上的持续的财政投入。

6.1.2.2　3～5岁残疾学生的学前教育拨款项目 [2]

州政府必须向 3～5 岁残疾儿童提供免费适宜的公共教育服务，才能获得联邦政府的该项拨款，当下美国各州都满足这一要求。法律还要求针对 3～5 岁残疾儿童的特殊教育项目要尽可能与同龄普通儿童的项目在一起进行，除非这样设置使得残疾儿童教育不能获得满意的结果。该项拨款是以法定公式法确定各州所得的拨款额度，具体方法如下：首先，每个州获得 1997 年各州获得的联邦政府

---

[1]　信息来自联邦教育部官方网站说明：https://www2.ed.gov/programs/oseppsg/index.html。
[2]　信息来自联邦教育部官方网站说明：https://www2.ed.gov/programs/oseppsg/index.html。

该项拨款的数额。其次，如果今年该项目联邦政府实际拨款高于前一年的拨款，超过1997年联邦政府拨款部分的85%，根据各州3～5岁人口的数量按比例分配，另外增加部分15%的份额，根据各州3～5岁贫困人口数量按比例分配。州政府获得该项拨款之后，应当按照相同的规则将拨款分配给地方政府。州政府可以保留一部分拨款用于州政府层面采取的特殊教育措施，但州政府保留的拨款数额最多不能超过州1997年获得的财政拨款（根据州政府该项拨款的增长率或居民消费指数中的最小者进行调整后的）的25%，州政府用于行政管理方面的支出不能超过保留款项总额的20%。州政府层面的活动可以包括针对特殊教育提供者的支持性服务、直接提供的特殊教育服务、采取提高特殊教育学生成绩的活动、针对建立全州范围的合作与协调性服务的其他来源拨款进行补贴（该笔款项不能超过州政府当年3～5岁残疾人教育拨款的1%）。为了防止各州每年的拨款出现浮动，针对各州每年的拨款增长率有一个最低额和一个最高额。最低增长率是每年财政拨款增长部分的1/3的1%，最高增长率为年增长率与1.5%之和。

6.1.2.3　0～2岁儿童的早期干预项目拨款 ❶

该项拨款用于资助州政府开展全州范围内的全面、跨学科、跨部门的保育服务项目，项目直接服务于0～2岁的残疾婴幼儿。项目主要是针对在认知、身体、沟通、情绪及适应性等方面发展迟缓的婴幼儿，也包括身心被诊断可能发展成为发展迟缓的婴幼儿。该项拨款必须服务于以下事项：建立与维持全州性协调合作项目；针对0～2岁残疾儿童的直接服务；符合上文提到的特殊教育项目学生从3岁生日开始后一年的特殊教育服务；3岁以上儿童直到进入学前班或小学前的

---

❶ 信息来自联邦教育部官方网站说明：https://www2.ed.gov/programs/osepeip/index.html。

早期干预项目。该项目要求州政府提供的早期干预服务必须在接近真实生活场景下提供，真实生活场景指非残疾的孩子也会去的场所，比如孩子的家里或者基础社区的服务场所，除非这类场所不能提供残疾婴幼儿满意的干预服务。联邦政府的儿童早期干预拨款也是以公式法向确定对各州及其属地的拨款，拨款额度是根据各州及海外属地的 0 ~ 2 岁儿童数量进行核算。

6.1.2.4 其他竞争性特殊教育拨款 ❶

联邦政府针对残疾婴幼儿、儿童与少年的财政拨款除了上述三项公式法拨款之外，还有几项申请审核制的竞争性拨款项目。可以申请此类项目资助的主体由州教育行政部门、高等教育机构或者其他非营利的特殊教育服务提供者。这类项目包括：技术支持与传播项目，用于提高特殊教育从业者的技术水平和传播有效的特殊教育技术。教育、技术、媒体与资源项目，用于支持开发和传播帮助提供残疾学生补偿能力的技术和相关媒介资源。特殊教育人力资源开发项目，用于帮助州政府培育特殊教育从业群体。还有专门针对特殊教育信息收集的项目和对残疾儿童家长的培训与信息服务项目。以上项目，法律明确规定了项目的申请条件与项目资金的使用范围。

6.1.3 Head Start 项目

Head Start 项目是联邦政府帮助贫困家庭的 0 ~ 5 岁婴幼儿接受教育干预服务的项目 [13]。该项目开始于 1965 年，项目最近修正案为《为学校教育奠基法（2007）》（*The Improving Head Start for School Readiness Act of* 2007）。该项目

---

❶ 信息来源于https://sites.ed.gov/idea/discretionary-grants。

是通过向贫困家庭的婴幼儿提供教育、健康、营养、社交等服务，以提高其适应学校教育的能力。该项目包括 Head Start 项目和 Early Head Start 项目。Head Start 是针对 3 ~ 5 岁儿童的项目，Early Head Start 是针对 0 ~ 2 岁儿童和孕妇的项目，项目在美国 50 个州、哥伦比亚特区及其属地实施。除了一般性的 Head Start 项目和 Early Head Start 项目，还有专门针对印第安人和 Alaska 土著居民的项目［American Indian and Alaska Native（AIAN）Programs］，以及针对流动和季节性农场工人子女的项目［Migrant and Seasonal Head Start（MSHS）Programs］。Head Start 项目是由美国健康及公共事业部（US Department of Health and Human Services）的儿童与家庭管理处（Administration for Children and Families）组织实施。法律规定提供服务者的类型、标准与主体，由提供早期教育的组织向儿童与家庭管理处申请联邦政府资助，组织者根据政府公布的拨款机会名额进行申请，联邦政府根据法定的标准和程序进行审核，通过审核的授受联邦政府的财政拨款支持。该类组织可以是非营利组织，也可以是营利组织。联邦政府建立详细的监督考核制度评估服务提供者的服务质量。现在提供 Head Start 服务的组织有 1600 个左右。2007 年的法案将资助期限由原来的无限期调整为每个项目的资助周期为 5 年，5 年后需要经过重新评估，经评估考核通过，继续享受资助，评估通不过，该名额会向社会提供，接受新的申请。2011—2016 年，先后有 450 个组织评估没有通过，其原先的资助指标向社会重新开放。

符合条件的儿童和孕妇向接受联邦政府拨款的组织申请，接受相应的服务。申请参加 Early Head Start 项目必须是 0 ~ 2 岁的婴幼儿或者孕妇，申请参加 Head Start 项目的需要是 3 岁至法定接受义务教育的年龄之前的儿童。除了年龄要求之外，申请接受 Head Start 服务必须满足以下条件之一：①家庭收入在联邦政府贫困线以下；②家庭已经在接受政府的济困资助；③儿童是无家可归者或者生活在收养院。另外，在不占用无家可归者、贫困线以下儿童接受 Head Start 服

务指标的情况下，服务提供者可以将自己拨款指标的最多35%的部分向家庭收入在贫困线100%到130%范围内的家庭的婴幼儿开放。

联邦政府每年财政拨款发放规则是：首先，由联邦政府扣除法定额度的资金用于行政管理成本和提供相应的技术性服务支出。其次，向每个服务者发放拨款的规则是首先向每个服务提供者提供原先确定的拨款额度。法律要求服务提供者获得联邦政府的资助的条件之一是组织者要通过其他途径筹措资源，承担20%的服务成本。如果拨款总额超过各服务者基础拨款额度的话，再按法律确定的规则分配增加的部分，增加的部分可能会被用于调整各服务提供者之间的生活成本差异，项目的拓展（增加新的服务提供者）和质量提升计划等。如果拨款经费减少的话，相应地按比例从各服务提供者既定的拨款总额中核减。近些年来，每年新增的拨款一般都有指定的使用规则，比如调整生活成本的差异，增加 Early Head Start 项目的指标等，增加部分的经费不再按法案中规定的规则分配。

2018 财政年度，联邦政府 Head Start 拨款总额为 98.4 亿美元❶，服务 105 万人次婴幼儿和孕妇，其中孕妇为 15491 人，占 1.5%。77 万人在 Head Start 项目中，23 万人在 Early Head Start 项目中。

6.1.4 儿童营养餐项目

联邦政府的儿童营养餐项目是指由联邦政府财政拨款支持的向贫困家庭儿童提供餐食、牛奶的项目❷。该项目由多个子项目构成，主要包括国家学校午餐项

---

❶ 数据来自 Head Start 官方网站：https://www.acf.hhs.gov/ohs/reports。

❷ 信息来源为美国农业部官方网站经济研究服务中心学生营养餐项目网站：https://www.ers.usda.gov/topics/food-nutrition-assistance/child-nutrition-programs；农业部食品与营养服务中心官方网站学生营养餐项目网站:https://www.fns.usda.gov/cn；学生营养餐协会官方网站信息：https://schoolnutrition.org/AboutSchoolMeals/SchoolMealTrendsStats。

目、学校早餐项目、儿童与成人救助餐项目、暑假食物服务项目、放学后零食与晚餐项目等。其中学校午餐项目和学校早餐项目是儿童营养餐项目的主要组成部分。该项目由美国联邦农业部的食品与营养服务中心负责管理,具体由学区的餐食服务中心或者一些非营利组织负责实施。各个子项目的服务对象和拨款运行机制有所不同,下面分别介绍。

国家学校午餐项目、学校早餐项目、放学后零食与晚餐项目的服务对象、标准等规则较为一致,接下来一并介绍。国家学校午餐项目由 1946 年的国家学校午餐法案确立,学校早餐计划是 1966 年的儿童营养法案确立的,放学后零食与晚餐计划于 1998 年启动。这些项目由公立或私立非营利学校以及公立或私立非营利的儿童养育中心负责实施。参与该项目的学区、独立学校或养育中心接受农业部的经费补助。作为接受补助的条件是服务提供者提供的营养餐必须符合联邦政府的营养标准,食品的选择与加工由州政府或地方政府确定。另外的条件就是向符合法定条件的儿童提供免费或减价的营养餐。确定享受减免价格的标准有政策性标准和家庭收入标准。政策性标准是指受到其他政策救助的儿童同时可以享受免费午餐计划。符合以下条件的儿童可以自动享受免费午餐:①受联邦政府食品券计划资助的家庭的孩子;②无家可归的、流浪和流失或者收养院的儿童;③参与 Head Start 项目的儿童;④参加州政府提供的与 Head Start 项目类似的学前教育项目的儿童。根据家庭收入水平的标准确定获得减免午餐费用的标准是:家庭收入在联邦政府贫困线 130% 以下的家庭的子女可以接受免费营养餐;家庭收入在联邦政府贫困线 130% 以上、185% 以下的家庭的子女可以接受减价营养餐。

联邦政府营养餐拨款项目是以财政补贴的形式发放的。联邦政府将学生享受的补贴分为三档:免费、减价和全额支付。根据不同档次确定不同的每份营养餐的补贴标准。其中美国本土 48 个州使用同样的标准,阿拉斯加使用单独的标准,夏威夷和其他属地使用一个补贴标准。以国家学校午餐计划为例,2019—2020

年度本土 48 州的午餐补贴标准：免费午餐 3.41 美元，减价午餐 3.01 美元，付费午餐为 0.32 美元。2012 年开始实施新营养标准，对于采用新营养标准的配餐在上述标准的基础上增加 0.07 美元补助。对于前第二年服务的午餐中符合减免条件午餐占比在 60% 或以上的学校再提供额外 0.02 美元补贴。学校早餐计划的补贴标准为：免费早餐为 1.84 美元，减价早餐为 1.54 美元，全价早餐为 0.31 美元。对于前第二年服务的午餐中减免午餐占比至少为 40% 的学校，给予额外的 0.36 美元。限价午餐学生需要支付 0.4 美元，限价早餐学生需要支付 0.3 美元，午餐、早餐价格由学区自主决定。据一项基于 1550 个学区的调查，小学、初中、高中实际午餐的平均价格分别为 2.48 美元、2.68 美元、2.74 美元，早餐的价格为 1.46 美元、1.53 美元、1.55 美元。除了现金补贴以外，国家学校午餐项目中联邦政府农业部还免费给营养餐提供者供给食材，比如水果、蔬菜、肉与牛奶等，食材料的供应也按减免学生的数量进行分配。

儿童与成人救助项目是指联邦政府通过财政补贴向儿童或成人提供餐食或零食，服务对象主要是指在儿童养育中心、无家可归、救助站接受救助的儿童，以及 60 岁以上或者有残疾的并居住在救助中心的成人。联邦政府将财政拨款下拨给各州，然后由州政府负责组织实施，州政府通过与符合补贴条件的组织订立协议提供相应餐食服务。

暑假餐食计划是一项由联邦政府拨款、州政府参与实施的向贫困儿童在非在学时间提供免费餐食的项目。该项目由州政府负责组织实施，符合补贴条件的组织可以申请补贴。提供服务的组织有学校、地方政府、露营基地、宗教组织或者其他非营利组织。这些组织获得联邦政府拨款的条件是该组织设立的服务点的服务区域内的至少一半儿童的家庭收入在联邦政府贫困线 185% 以下，或者该服务点服务儿童的一半以上家庭收入在联邦政府贫困线 185% 以下。

2018 财政年度，国家学校午餐计划联邦政府支出 138.3 亿美元 ❶，每天覆盖 2980 万学生，其中 125.9 亿美元是以现金补贴，12.4 亿美元是通过食材供应实现的。学校早餐项目联邦政府支出 44 亿美元。儿童与成人救助餐项目支出 36.2 亿美元，服务的学生与成人为 462 万人，其中成人为 13 万人。暑假食物服务项目 2018 年共有 4.95 万个食物供给点，总共提供了 1.46 亿份营养餐，联邦政府用于暑假食物服务项目拨款为 4.73 亿美元。

6.1.5 联邦政府其他基础教育财政拨款项目

联邦政府针对基础教育的拨款除了上述几项额度较大的拨款之外，还有很多其他专项，篇幅所限，在此仅简单介绍。21 世纪社区学习中心项目，用于建立向贫困家庭的子女提供学业辅导的社区儿童服务中心，2019 年，财政拨款为 12.2 亿美元。有效教学改善项目，用于支持州政府和地方政府采取措施提高学生的学业成绩，2018 年的财政拨款为 20.6 亿美元。农村教育项目，用于扶持农村教育的发展，2019 年的联邦财政拨款为 1.8 亿美元。学生支持与成绩提高项目，用于支持州教育行政部门和地方教育行政部门采取措施改善学生的学业表现，2019 年的财政拨款为 11.7 亿美元。影响补偿项目（Impact Aid grant），由于联邦政府资产免资产税，用于补偿学区因此而产生的财政收入损失，也补偿联邦政府活动而直接带来的注册学生增加而产生的额外成本，2018 年，联邦政府该项目财政支出 14.1 亿美元。职业教育项目，主要是用于促进职业的发展 ❷，2018 年联

❶ 数据来源于农业部食品与营养服务中心官方网站的儿童营养餐国家年度报表（https://www.fns.usda.gov/pd/child-nutrition-tables）。

❷ 主要是the Carl D. Perkins Career and Technical Education Act和the Adult Education and Family Literacy Act两个法案的授权拨款。

邦政府该项财政支出为 18.3 亿美元。除了上述项目外，美国联邦政府还有一些专门针对学生英语学习、印第安人教育、美国海外学校、退伍军人子女教育等项目的财政拨款。

6.2 美国州政府基础教育财政拨款基本公式

美国州政府虽然是提供基础教育的责任主体，但地方政府是直接提供基础教育公共服务的主体，负责学校的举办与管理工作。州政府对于基础教育的财政投入通过转移支付的形式拨付给地方政府，由地方政府管理和使用。从第三章的内容可以看出，各州州政府对于基础教育的财政拨款比重存在的差异很大。州政府基础教育财政拨款水平与分配规则是各州教育财政政策的主要内容。州政府通过三种方式将州政府的财政资金下拨给学区：一是通过立法确定的标准与规则，按学生人数核定拨款，这部分财政拨款政策较为稳定。二是根据学区或学生的特征为依据计算州政府对于学区的财政拨款，这部分拨款不涵盖所有的学区或学生，只拨付给满足条件的学区或学生，这类拨款的水平和核定标准经常会在预算方案中进行调整。三是州政府确定部分专项拨款和资助条件，由符合条件的学区申请，州政府择优资助，这类拨款政策多为临时性或探索性基础教育财政政策。三种州教育财政拨款形式当中第一种方式占主要部分。经过长时间的教育财政政策变革过程，形成了以下四种拨款公式：生均定额补助、州政府全额承担、生均基准和税基保障公式。接下来对其分别介绍，需要说明的是下文的介绍是经过简化的，以反映该政策的基本内容，但各州具体的基础教育拨款政策比这里介绍的要复杂得多，后面将通过对 4 个州的基础教育拨款政策的具体介绍来说明这一点。

6.2.1　生均定额拨款公式

生均定额拨款公式是指州政府根据自身财力确定对每个学生的拨款标准，全州适用一个标准，然后根据学区的学生数量计算出州对学区教育拨款数额，该公式不考虑学区的特征、地方政府财力或者学生之间的差异，单纯以学生数量确定地方政府获得拨款数额。美国基础教育财政早期基本上全部教育经费都来自地方政府，后来各州州政府开始对基础教育进行财政补助的时候，主要使用这一拨款方式。20 世纪 30 年代之前，38 个州使用这一模式。这一拨款政策一方面实现横向的公平，即全州每一个学生受到州政府的拨款数额绝对平等；另一方面该拨款方式也易于操作，且不影响地方政府教育投入自主决策权，也保障了地方政府对教育管理和课程教学等事项的自主管理权。但这一拨款公式没有考虑各学区的财政收入能力，对于贫困的学区和富裕的学区拨款一样，影响了教育的纵向公平。

6.2.2　生均基准拨款公式

随着社会对促进教育公平的呼吁和提高贫困学区基本办学水平的需要，很多州开始实行生均基准方式分配州政府教育财政拨款。该拨款方式首先要确定保障每一个学生接受最低限的必要教育时所需要的教育成本。即在这一生均经费下，每一个学生都可以获得今后适应社会经济、政治生活要求的教育。生均教育经费基准的确定方法有多种，比如平均成本核算法、综合成本核算法、专家评估法等。确定生均教育支出基准之后，州政府再确定各学区获得州政府教育拨款所应征收的资产税的最低税率。州政府对学区拨款则是生均教育支出基准减去各学区

生均资产总额与最低税率的乘积。具体公式如下：

$$Aid = N \times (\text{Foundation} - \text{Property} \times \text{Rate}) \qquad 式（6-1）$$

N 是学区学生数，N 并不是单纯的学生数据，而是经过调整的学生数，即州政府会根据学生的残疾与否、家庭经济条件、年级等条件设置权重，N 是经过加权之后的学生人数，Foundation 是州政府确定的基准额，有些州政府确定一个基准适用州内各学区，有些州针对每一个学区的生均基准额度单独设定，Property 是指学区的生均需缴税的资产总额，Rate 是州政府规定的最低税率。。

因为各学区生均资产总额不同，所以获得的州政府拨款也有所不同。生均资产总额较少的学区获得州政府的拨款多，生均资产总额较多的学区获得的州教育拨款较少。而且，如果在州最低资产税率与生均资产额乘积大于生均教育经费基准时，不同的州有不同的处理，一是该学区不获得州政府的资助；二是州政府给此类学区一个最低额的生均资助；三是州政府将这类学区的资产税高于生均教育经费基准的部分收缴到州政府，用于州政府对其他学区的拨款。

6.2.3　税基保障拨款公式

生均基准拨款公式实现了对贫困学区的资助，减轻了基础教育投入对于地方财政收入能力的依赖，但这一拨款并不能激励地方政府增加教育投入，税基保障公式则试图解决对于地方政府的激励问题。其基础公式如下：

$$Aid = N \times (\text{Guaranteed} - \text{Property}) \times \text{Rate} \qquad 式（6-2）$$

由于地方政府教育经费主要来源于资产税，地方政府教育经费投入的差异也来自资产税的税基差异。采用这一拨款模式的州首先要确定一个保障学区有足够财政收入的生均税基数额，即公式中的 Guaranteed。地方政府实际的生均资产总额是确定的，为公式中的 Property，而各学区资产税的税率（Rate）由各学区自主决定。N 为学区经加权调整后的学生总额。州政府确定的生均保障资产税税基与各学区实际的生均资产总额之差乘以各学区自主选择的税率即为州政府对于学区的生均拨款数额，如果州政府确定的生均保障资产税税基与各学区实际的生均资产总额之差为负值，则州政府不会给该学区拨款或者给予最低的生均拨款。从上述公式可知，学区自主决定的资产税税率越高，其获得的州拨款也就越高，资产税税率体现了该地区选民对教育投入的努力程度，这样，努力程度越高的学区获得州政府的资助越高，理论上能激励学区内选民增加教育的投入。

6.2.4 混合拨款模式

有些州混合使用生均基准拨款模式和税基保障公式，即州政府的拨款分为两部分：第一部分按生均基准拨款模式确定，第二部分按税基保障模式拨款。实行生均基准拨款模式的州，其计算公式中，州确定的最低资产税税率是学区获得州政府资助所应征收的最低税率，一般情况下，各学区实际确定的税率要高于这个税率。也就是说，州政府根据各学区选择的超过最低税率的部分按税基保障公式进行资助。

6.2.5 全额资助模式

全额资助模式是指基础教育财政拨款基本完全来自州政府，由州政府进行分配使用，而联邦政府和地方政府仅根据财力承担补充性支出责任。美国仅夏威夷州使用该拨款模式。

6.3　美国州政府基础教育专项财政拨款项目

除了使用公式的一般教育财政拨款之外，有些州还使用专项财政拨款，即根据各学区特别的教育需求而给予的用于特定事项的拨款，常见的有基建拨款、交通拨款和针对具有特定特征学生的专项拨款。

6.3.1　特殊需要学生基础教育财政拨款

各州教育财政拨款除了考虑学区财政支付能力之外，也考虑到了一些具有特殊教育需求的学生，额外以专项的形式增加对该类学生的专款。有三个因素经常被考虑：残疾、贫困、母语非英语。

6.3.1.1　残疾学生

残疾学生的培养成本要高于普通学生。根据调查，除罗得岛之外其他各州都采取了各种方式增加对这类学生的拨款，一般采用以下四种方式：加权法、成本报销法、教学单位拨款法和普查测算法[14]。加权法是最为常用的方法，它是指在使用州教育财政拨款基本公式计算各学区教育财政拨款总额时，赋予残疾学生比普通学生以更高的权重，比如，如果认为培养一个残疾学生的教育成本高于普通学生的 90%，那么一个残疾学生的权重就是 1.9。各州使用的权重差异较大，有些州统一使用一个权重，有些州根据学生残疾的类型确定多个权重，而且权重的大小也有差异。马里兰、俄勒冈和犹他使用一个权重，亚利桑那有 10 个权重，俄克拉荷马有 12 个权重，艾奥瓦有 3 个权重，分别是 0.72、1.21、2.74。成本报销法是指州政府制定可报销的项目及可报销的比例，学区根据实际发生的费用进行报销。教学单位拨款法是指州政府根据残疾学生的数量确定额外需要的教师，进而按额外需要的教师数确定额外的拨款。普查测算法与前三种方法不同的是，普查测算法是指不使用残疾标准确定各学区残疾学生的多少，而是假定在学区规模达到一定规模的情况下，残疾学生的分布是平均的，因此可以根据全州残疾学生的多少推算出各学区残疾学生的多少。这个方法最大的好处，它解决了学区虚报残疾学生的问题。根据一项 2011 年对美国各州的调查研究，20 个州使用加权法，8 个州使用成本报销法，6 个州使用教学单位拨款法，9 个州使用普查测算法，还有 16 个州使用一些其他方法给残疾学生提供额外拨款，比如阿拉斯加使用打包拨款的方式，对学区各种培养成本高于普通学生的具有特殊教育需求的学生提供一笔综合的拨款，包括残疾学生，也包括天才儿童教育和职业教育等[15]。

6.3.1.2　贫困学生

贫困学生的学习面临更多困难，更容易产生学困生，美国有 37 个州对于贫困家庭的学生提供额外的拨款[15]。各州确定贫困生的标准有所不同，但多数使用学区内符合联邦政府免费或减价午餐项目的学生数量来确定拨款，比如肯塔基使用符合免费午餐的学生数，艾奥瓦州同时考虑符合免费和减价午餐计划的学生数量。除了使用这一标准之外，有些州开始将学困生的数量作为额外拨款的标准，比如纽约对学区内考试成绩没有达标的学生提供额外的拨款。确定贫困家庭的学生数量或者学困生的数量之后，州政府一般使用加权法增加对于贫困学生的财政拨款数额，各州确定相应的额外权重有不同，最小的额外权重是密西西比的 0.05，最高的是马里兰的 0.97。有些州根据学区贫困学生的占比，使用梯度权重，比如在阿肯色州，如果一个学区贫困学生占比在 90% 以上，每生将获得1488 美元的额外拨款，占比在 70% ~ 90% 的，生均额外拨款 992 美元，占比低于 70%，生均额外拨款为 496 美元。除了将此项拨款放在州教育拨款基本公式核

算的方法之外，有些州将其作为一类专项拨款项目进行核拨。

6.3.1.3　母语非英语学生

母语非英语学生的培养成本要比母语是英语的学生的培养成本要高一些，有42个州对母语非英语学生提供额外的拨款[15]。使用的方法有权重法、定额拨款、教学单位拨款法等，比如佛罗里达给每一个母语非英语学生 0.147 权重的额外拨款，新泽西提供 0.5 权重的额外拨款。

6.3.2　学区特征的问题

在拨款时，除了考虑学生特征之外，有些州也会考虑学区的特征[15]。比如学区规模的问题，学生规模较小的学区培养成本更高。美国有 32 个州对偏远和小规模学区有额外的财政拨款，18 个州的财政拨款方案没有考虑这一因素。还有些州会考虑学区覆盖的年级段的不同，比如夏威夷对 K–2 提供 0.15，对小学提供 0.0347，对初中提供 0.1004，对高中提供 0.024 额外的生均拨款。另外，区域消费水平也是一个考虑的因素，比如宾夕法尼亚和马里兰在计算生均教育拨款的时候会根据区域消费指数进行调整。职业教育项目专项拨款是针对在高中阶段开展的职业教育的学区而给予的专项资金。

6.3.3　基建拨款

在美国学校的基础设施建设和仪器设备的购置经费长期是由学区自筹，学区一般通过发行地方政府债券的方式来筹集资金，而后通过增加专项资产税率的形式逐年还债。随着贫困学区教育基础设施条件的恶化与各学区之间在基础教育设施之间的差距拉大，州政府开始以各种形式对学区的基建投入提供资助[15]。资助的方式有以下几种：①在州的教育基本拨款公式中加入基建支出因素；②提供财政专项资助帮助学区偿还债券；③给学区发行地方政府债券提供担保，以降低债券的利息；④根据各学区不同财政能力提供均衡拨款；⑤提供用于基础设施建设的低息贷款；⑥针对特定基建项目进行专项拨款；⑦对经过预先审批后的基建项目提供专项拨款；⑧旧房改造专项拨款。

6.3.4 交通拨款

各州对学生交通费用的拨款主要有以下几种方式：①在州教育基本拨款公式中考虑学生交通费用；②密度测算，根据校车运行里程，生均校车运行里程或者学区面积确定；③据实报销，根据学区财力确定不同报销份额，以达均衡教育经费的功能；④据实报销全部学生交通费用；⑤据实报销州政府批准或设定的学生交通经费科目；⑥生均定额，即给每个需要使用校车的学生以固定额度的拨款[15]。

6.4 美国若干州州政府教育财政拨款政策

上述关于美国基础教育财政拨款公式的介绍较为简略，各州教育财政拨款公式在参数选择和确定规则等方面存在很大差异。为了更加清楚了解美国基础教育财政结构及州教育财政拨款公式的情况，接下来将选择4个具有代表性的州（密歇根、马萨诸塞、北卡罗来纳、威斯康星）的教育财政拨款政策进行全面介绍。密歇根州实行差异化的生均基准定额公式；马萨诸塞州使用的是独特的成本核算法确定的生均基准定额公式；北卡罗来纳州的独特性在于主要依据项目进行核算；威斯康星州实施的是分层税基保障公式。

6.4.1 密歇根

密歇根州基础教育系统由三类组织构成：537 个常规学区、56 个区域性学区和 297 个特许学校。区域性学区由常规学区构成，向常规学区提供一些行政服务，比如学生统计、教师职业发展等，其职能由其所组成的学区确定。密歇根现行的教育财政政策是由 1994 年提案 A (Proposal A) 方案确定。州政府用于基础教育的财政资金来自教育专项资金和其他一般性收入。教育专项资金由以下部分构成：① 6% 的消费税中的 2% 的税收收入；②教育税，对全州资产征收千分之六资产税；③房地产交易税，按 0.75% 税率对交易额征收的税；④烟草税中的部分；⑤一些福利彩票税。还有些税收收入来自州政府所得税收入。地方政府基础教育收入主要来源于资产税。地方政府的所征收资产税的对象分为自用资产和非自用资产两类。自用资产是纳税人主要居所和非商业农业资产。非自用资产包括商业资产、出租资产、度假公寓和商业农业资产。资产的可纳税额是资产市场价的 50%，可纳税资产估算增长率有最高限制，最高增长率取 5% 与通货膨胀率中的最小者。须纳税资产估算是资产交易时的州统一估值。学区要对学区非住户资产征收 1.8% 的资产税，以获得州政府教育财政拨款。除特殊规定的学区之外的其他学区，无权对自用资产征税。学区可因资产性支出对学区资产征收额外的税，但该税需要经选民投票通过。下面分别介绍密歇根州的一般性教育财政拨款和专项教育财政拨款 ❶。

---

❶ 关于密歇根州的教育财政政策信息主要来自于文后参考文献[16]，以及州教育部官方网站。

6.4.1.1 一般性教育财政拨款

密歇根 1994 年的提案 A (Proposal A) 改革之后实行的是差异化的基准定额拨款模式。其运行规则如下：首先确定了一个最低定额和一个基本定额，1995 年前者为 4200 美元，后者为 5000 美元，然后确定了一个无损保障额度，1995 年为 6500 美元。各学区实际的生均基准定额标准按以下规则确定：①改革前生均教育支出低于 3950 美元的学区，其生均基准定额为 4200 美元；②对改革前一年生均教育支出在 3950 美元与 6500 美元之间的学区，其生均基准定额根据以下公式确定：0.961×1994 年的生均教育支出 +414.35；③对于 1994 前生均教育支出超过 6500 美元的学区，其生均基准定额为 6660 美元。州政府对于学区的生均拨款数额是学区的生均基准额与学区 1.8% 税率的非自用型资产税收收入之间的差值。如果无损保障额度（6500 美元）小于学区生均基准定额，州的拨款是无损保障额度与非自用型税收收入之间的差值。生均定额与无损保障额度之间的差值则被允许征收额外的非住户资产税进行填补，但必须经过选民投票通过。1995 年之后各学区生均定额的确定方法如下：州政府每年确定基本生均定额；学区生均基准定额高于基本定额的学区，其生均基准定额跟着基本生均定额标准增长幅度一样增长；1995—2000 年，生均基准定额小于最低生均定额标准的学区的生均基准定额标准按基本生均定额标准增幅的两倍进行增加。2001—2007 年，所有学区的生均基准定额增长幅度一样。2008 年 2 倍增长公式重新启用，基本定额增长至无损保障额度，2010 年下降了 154 美元，2011 年下降了 170 美元（相对于 2009 年），2012 年下降了 300 美元，2013 年之后又逐步增加，2019 年基本生均定额为 8409 美元，最低生均定额为 7871 美元。

6.4.1.2 专项教育财政拨款

密歇根除了一般性的教育财政拨款之外，还有部分专项财政拨款。在提案 A 实施早期，一般性财政拨款占州总教育财政拨款的 75%，2018 年这一比率降至 63%。专项财政拨款项目主要针对特许学校的拨款，特许学校财政上不隶属于学区，没有独立的财政，其财政投入全部来自州教育财政拨款，拨款数量是在它所在学区的生均基准拨款额与州政府每年确定的基本生均定额之间取其中相对小的那个数额。另外一项重要专项教育财政拨款是州政府对于公立学校教师养老保险的投入，该项投入占教育总投入的 9%，学前教育的该项投入占比 2%。针对特殊教育学生的拨款规则是州政府承担授权批准的特殊教育服务成本的 28.6%，特殊教育学生交通费用的 70.4%。针对贫困学生（受国家午餐计划资助的学生）Proposal A 给予学区生均定额标准 11.5% 增量拨款，但后来这一比例只维持在 5%。超过无损生均额标准的学区没有这项拨款。针对英语欠佳学生的拨款，一部分来自联邦政府，另一部分来自州政府的拨款，来自州政府的拨款依申请而得。英语欠佳的学生认定通过 WIDA（World–calss Instructional Design and Assessment）测试。

Proposal A 对基础教育成本中的基础设施建设与维护的费用没有涉及，意味着州政府对这部分投入没有补助，其成本完全由学区独立承担。学区通过发行政府债券、成立专项基金和专项资金等方式筹集资金。学区通过发行长期政府债券来筹集资金，而后通过资产税来偿还。发行债券的数量、偿还周期和因此需要的资产税税率由学区选民通过投票决定。通过这种方式筹集的资金只能用于新建房屋、购买土地或者购买非消耗品，而不能用于基础设施的运行与维护。2017 年，密歇根的 537 个学区中有 415 个学区存在此类债务，总共为 162 亿美元，因此而产生的资产税税率平均值为 4.59‰，最高为 16.15‰。另外一种方式是通过确定的周期和税率征收专项资产税，将这笔资金成立专项基金，此类税收的额度和税率、周期也由选民投票决定。这类基金的建立和管理同时受州相关法律的约束，比如税率不能超过 3‰，周期不能超过 10 年等，这部分资金可以用于建筑的修缮、购买非消耗品，也可以用于偿还长期政府债券。实践中，这类基金主要用于建筑物的修缮与技术设备的升级。同发行政府长期债券不同的是专项基金这种方式没有利息成本，但它只是筹集小额资金，无法用于大额支出。另外可能的一种筹集用于基础设施的资金来源是学区的生均拨款，政策上学区可以使用最高 20% 的生均定额资金来改善其基础设施，但是生均定额资金用于学校的日常运行已经很困难，所以，很少学区将生均定额资金用于基础设施建设。特许学校没有财政上隶属的地方政府，没有税收的权力，所以，也就无法发行长期债券或者建立专项基金。密歇根绝大多数特许学校是通过租借第三方的基础设施来办学，租金来自政府的生均拨款。

6.4.2　马萨诸塞

2019 年，马萨诸塞州有 82 个特许学校学区和 324 个常规学区，常规学区中有 221 个覆盖单个市镇的市镇型学区，有 58 个覆盖多个市镇的区域性学区，有 13 个将本学区学生送往其他学区的学费型学区，29 个运行职业教育学校的职业教育学区 ❶。马萨诸塞州现行的教育财政政策是 1993 年的教育财政改革的成果，其采用生均基准公式。下面以 2019 年财政年度的数据为例，来说明其教育财政拨款政策是如何运转的 ❷。马萨诸塞州基础教育财政政策分为基本教育财政拨款

---

❶　数据来源：马萨诸塞州官方网站（http://www.doe.mass.edu/finance/regional/config-school-districts.xlsx）。

❷　下文关于马萨诸塞州基础教育财政拨款的信息主要来自文后参考文献[17]，以及州教育部官方网站。

政策和专项财政拨款政策两个方面。

6.4.2.1 基本教育财政拨款政策

马萨诸塞州基本教育财政拨款水平、州与学区之间的分担比例经过以下四个步骤确定：①确定每个学区每年的基准预算额；②确定学区应当承担基础预算份额；③州政府承担教育财政拨款份额是基准预算额减去学区应当承担的预算额；④基准预算额是学区教育财政支出总额的最低限，学区所在市镇可以自主决定是否额外增加预算。下面详细介绍每一步的具体规则。

（1）确定每个学区每年的基准预算额度。基准预算额度是指为了使每个学生都能接受合格教育所需的经费支出。马萨诸塞州根据学生数量和学生类别进行教育成本的估算。2019 年的财政预算以 2017 年度学区的学生数量与种类的数据（这是 2018 年制定预算时存在的数据）。学生数据使用的是 2017 年 10 月 2 日州学生信息系统里的注册学生数量与类别的数据。学生包括在本地学校注册的本地学生、在特许学校注册的学生、通过择校到其他学区学校注册的学生、在私立学校注册或者到其他学区学校的特殊教育学生、本学区没有职业教育项目而去其他学区的学生。这些学生的成本都需要学生居所地承担成本。从其他学区转过来的学生不计算在内，因为这部分学生由他们居住地学区承担成本。有两个例外：参加促进教育平等城市委员会（Metropolitan Council for Educational Opportunity，METCO）的种族均等化项目的学生计算在其注册学校的学区内，非本地教师的子女在本学区的（这部分学生居住地也不用支付成本）。

首先将学生分为 7 个类别：幼儿园学生、半日制学前班学生、全日制学前班学生、小学生、初中生、高中生、职业高中学生。一个学区的学生总数是先将幼儿园学生和半日制学前班学生数量分别除于 2，然后与另外 5 类学生加和即学区的学生总数。另外，针对特殊教育的学生、母语非英语学生以及家庭经济困难的学生，财政给予额外的补助。关于特殊教育的学生，这部分学生数量是采用人口统计经验值确定，而不是根据实际特殊教育的学生确定。以 2019 年财政年度的标准为例，学区核定财政拨款的特殊教育学生数量包括在本学区注册和在其他学区注册的特殊教育学生。在本学区注册的特殊教育的学生数量是上文确定学区学生数量除去幼儿园与职业高中学生之后乘以 3.75%，然后再加上职业高中学生的 4.75%。在其他学区注册的特殊学生数量为学区学生数量除去幼儿园与职业高中学生之后乘以 1%。母语非英语学生根据学生的母语与英语流利程度确定。经济困难学生的确定标准是统计参加以下一种或多种政府资助项目的学生：营养补充项目、家庭过渡项目、儿童与家庭部的养护项目或者医保达到了联邦贫困线的133%。家庭经济困难的学生计算在本学区实际注册的学生，即使他是其他学区转过来的学生也算。经济困难的学生额外支出是这样计算的：以学区内经济困难学生的数量除以学区学生总数，以这个值将学区分为 10 个等分的组。2019 年比例最低的一组额外教育成本为 3619.57 美元，每增长一个等分点的组的额外成本增加 40 美元。

当学生数量确定之后，确定学区的预算总额还需要确定培养学生的各项目支出。教育学生的成本支出共有 11 个科目：行政管理、教学领导、普通或专职教师、其他教学服务、职业发展、教学设备与技术、指导与心理服务、学生事务、运行与维护、员工福利、特殊教育学费。这些科目的成本数量是 1993 年通过一批学监与经济学家根据标准学校成本估算出来的，以后每年的数额在前一年数额的基础上考虑通货膨胀系数进行调整。这些不同功能科目的成本设定，反映了不同学生类型所需要的不同成本。比如高年级的学生成本要高一些，职业高中的学生成本也会高一些。这些科目中数量最高的一个科目是对教师工资的估计。当然又与班额有关，马萨诸塞的班额是小学 22 名学生，初中 25 名学生，高中 17 名学生。1994 年教师的工资为 38000 美元，经通胀系数调整，2019 年教师的工资为 69677 美元。各功能科目价格的调整系数为本年度（2017 年）的第三季度通胀系数相对于前一年（2016 年）年度通胀系数的增值，2019 年是 2.64%。这个系数适用于所有学区。为了一些特定的政策目标，一些支出科目的价格调整系数会高于这个数值，比如 2019 年财政年度，职工福利增长 14%，以期提高教师待遇。最后根据以上学生数量和类别，再加上每个科目的培养成本价格，进而就可以算出一个学区的教育预算总额。表 6-2 和表 6-3 是威斯特福德学区 2019 年财政年度的基准预算额度估算表，由表可知上述规则在实际测算中的运用。

表 6-2　马萨诸塞州威斯特福德学区 2019 年基准教育投入测算表（基础部分）

基准教育科目	学前班			小学	初中	高中	职高
	幼儿园	半日型	全日型				
	（1）	（2）	（3）	（4）	（5）	（6）	（7）
基准学生数（人）	43	264	12	1708	1234	1742	1
1　行政管理（美元）	8285	50864	4624	658118	475479	671219	385
2　教学领导（美元）	14962	91862	8351	1188624	858760	1212285	696
3　普通与专业教师（美元）	68607	421213	38292	5450173	3465159	7193572	7020
4　其他教学服务（美元）	17596	108030	9821	1397874	727001	854394	490
5　职业发展（美元）	2713	16658	1515	215679	168927	231220	219
6　教学设备与技术（美元）	9735	59770	5434	773382	558755	1262044	1268
7　指导与咨询服务（美元）	4992	30647	2786	396603	381405	674933	387
8　学生事务（美元）	1985	12188	1109	236655	279289	909138	522
9　运行与维护（美元）	19051	116967	10633	1513449	1185437	1622593	1743
10　员工福利（美元）	20713	127166	11560	1645487	1208863	1554143	1330
11　特殊教育学费（美元）	0	0	0	0	0	0	0
12　总额（美元）	168639	1035364	94125	13476046	9309075	16185540	14062
13　工资调整系数	102.0%						
14　经济贫困分位点	1						

注： 表中基准学生数这一行数字为学生数目，其他数字为经费数额。

数据来源： Massachusetts Department of Elementary and Secondary Education，Chapter 70 and Net School Spending Formula Spreadsheet. Retrieved from:http://www.doe.mass.edu/finance/chapter70。

表6-3 马萨诸塞州威斯特福德学区2019年基准教育投入测算表（加权部分）

基准教育科目	特殊教育学生		母语非英语学生							经济贫困	总额
	本学区	外学区	幼儿园	半日型	全日型	小学	初中	高中	职高		
	（8）	（9）	（10）	（11）	（12）	（13）	（14）	（15）	（16）	（17）	
基准学生数（人）	181	48	0	15	2	44	9	11	0	335	4851
1 行政管理（美元）	481343	127649	0	684	182	3968	856	775	0	0	2484431
2 教学领导（美元）	0	0	0	1197	318	6943	1498	1357	0	0	3386852
3 普通与专业教师（美元）	1588310	0	0	8206	2225	48603	10486	9498	0	964708	19276072
4 其他教学服务（美元）	1482984	1950	0	1197	318	6943	1498	1357	0	0	4611453
5 职业发展	76619		0	342	91	1984	428	388	0	24736	741519
6 教学设备与技术（美元）	65565	0	0	838	223	4862	1049	950	0	0	2743876
7 指导与咨询服务（美元）	0	0	0	513	136	2976	642	582	0	0	1496601
8 学生事务（美元）	0	0	0	171	45	992	214	194	0	0	1442501
9 运行与维护（美元）	537684	0	0	2051	545	11903	2568	2326	0	148417	5175369
10 员工福利	610301	0	0	1844	490	10697	2308	2090	0	97006	5293998
11 特殊教育学费（美元）	0	1188196	0	0	0	0	0	0	0	0	1188196
12 总额（美元）	4842807	1317795	0	17041	4572	99871	21546	19517	0	1234867	47840867
生均基准定额（美元）											9862

注：1. 表中基准学生数这一行数字为学生数目，其他数字为经费数额；

　　2. 基准学生总额不包括（8）至（17）中数据，该数据已计算在（1）至（7）数据中。

数据来源：Massachusetts Department of Elementary and Secondary Education, Chapter 70 and Net School Spending Formula Spreadsheet. Retrieved from:http://www.doe.mass.edu/finance/chapter70。

另外，各学区的居民人均收入不一样，生活成本也不一样，所以，马萨诸塞州在教育预算核定时加入了一个工资调整系数，对于生活成本高一些的学区增加拨款额度。工资调整系数是这样确定的：根据州劳工部的居民收入信息系统中的前一年的居民人均收入信息进行核算。需要关于每个市镇的居民平均收入，全州划定的劳动力市场区域内居民平均收入，全州的居民平均收入的信息。先算出学区所在劳动力市场的居民平均收入与全州居民平均收入的比值，再算出学区所在市镇的居民平均收入与全州居民平均收入之间的比值。将这两个比例比值加权求和，前者权重为80%，后者权重为20%，这样算出一个百分值，这个值与1之间的差值除以3之后与1加和，该值即为该学区的工资调整系数。2000年财政年度之前，有些学区因工资调整系数产生的财政预算资金减少达10%，后来逐渐调整工资调整系数低于1的学区的减少幅度，从2004年开始，工资调整系数小于或等于1的都按1算，工资调整系数大于1的按实际工资调整系数。2019年财政年度只有在三个劳动力市场中的133个市镇的教育财政预算受工资调整系数的影响。工资调整系数只调整11个教育支出科目中，除教学设备、员工福利和特殊教育学费3个科目之外的其他8个科目的支出。上面得出的学区教育预算总额，经工资调整系数调整以后的总额即是学区最终的教育财政预算总额。

（2）确定学区应当承担的基础预算份额。各学区应当承担的教育预算份额计算需要以下步骤：首先确定州政府与地方政府之间在全州教育基础财政预算总额的比例。比如2019年财政年度是41∶59，即地方政府要承担全州预算总额的59%。然后计算地方政府承担的总的份额。要保证这部分金额来自地方政府的资产税与个人收入所得税。所以，按上一步骤算出来地方政府承担的教育预算总额对分。确定一个资产税的比率使得其乘以全州应纳税资产总量的结果为地方政府承担全州基础教育财政预算的一半。确定一个所得税的比例，使得其与全州居民收入总额之积为地方政府承担全州基础教育财政预算的一半。

以2019年财政年度为例，将上面确定资产税系数乘以某个学区的2016年的应纳税资产总额，再将上面确定所得税系数乘以该城市 2015 年的居民收入总额，将前两个数值相加并除以该学区的教育财政基准预算总额，即得到该学区应当承担的教育投入的目标比例。然后，再用这个目标比例来确定各学区应当承担的比例。这里引出一个预设贡献比例的概念，各学区的预设承担的比例为前一年应当承担的比例乘以该学区所在乡镇的财政收入增长系数。如果这个预设比例高于上述所说目标比例，则减去一定比例的增长额，2019 年是 100%。如果预设承担的比例低于目标比例的 2.5%，预设承担比例就是该学区的应当承担的比例，如果预设比例低于目标比例超过 7.5%，预设比例增加 2% 即为学区的应承担的比例，如果预设比例低于目标在 2.5% ~ 7.5%，预设比例增加 1% 即为学区应承担的比例。各学区应当承担的比例有一个最高额限制 82.5%，如果一个目标比例高于 82.5%，按 82.5% 计算，2019 年有 100 个学区达到最高额。

（3）确定州对各学区的补助。学区当年的基准预算额度减去上面计算的学区应当承担的部分即为基础补助额。将学区上年获得的补助总额与本年由学区应当承担的额度加和，如果这个数大于学区本年的基准预算额度，上年的资助额度即为本年的资助额度，如果这一额度低于学区本年的预基准算额度，基础补助额即为本年的补助额。2019 年，157 个学区的州政府补助额较前一年有所增加，另外州还会保证每个学区的生均补助至少增加 30 美元，即使按上一年的补助额已经超过了学区基础预算额度。

（4）市镇决定学区的最终预算。马萨诸塞州的学区是非独立学区，学区应承担的基础教育财政投入总额由学区所在市镇财政解决，主要是市镇的资产税收入，另外，学区在州政府规定的基础财政预算总额之上，可以自己决定增加投入。

6.4.2.2 专项财政拨款政策

关于学校基础设施建设，马萨诸塞州在 2004 年设立了学校建设署，专职处理学校基建事务，主要负责州基建财政拨款的审批与拨付工作。如果学区的一个基建和修缮项目被该机构批准，州政府会按照一定的比例对学区基建和修缮项目的实际支出额进行补贴。补贴的基准比例为 31%，这个比例会根据学区的收入系数、资产系数和贫困系数进行调整。各学区的收入系数由学区人均收入与州人均收入的比例确定，资产系数是由学区的人均资产与州人均资产的比例确定，贫困系数由学区贫困学生比例与州贫困学生比例之间的比值确定。根据这三个系数的不同，补贴的比例呈梯度增加。另外，为了激励一些类别的基建项目，根据基建项目的不同，学校建设署会批准增加一定补贴比例。比如，新组建区域性学区的基建项目最多可提高 6 个点，能源高效项目、最优修缮计划项目和重叠区域项目都至多可增加 2 个点，基建修缮与再利用项目可增加最多 5 个点，创建维护基金至多可增加 1 个点。

关于交通补贴，马萨诸塞州政府对区域性学区所产生的接送学生的交通费用按照一定比例补贴。对于无家可归的学生和非本地居民的职业教育学生所产生的交通费用也有一定补贴。关于跨区学生，马萨诸塞实施跨学区的择校项目，学生可以到非住所所在地学区上学，其培养成本由其居住地所在学区以学费的形式向就读学校所在学区支付。2018 年，有 189 个学区通过择校项目接收了 16300 名学生。关于特许学校学生，特许学校的学生培养成本由学生居住地学区以学费的形式向特许学校支付。

6.4.3　北卡罗来纳

北卡罗来纳有 115 个学区，180 多个特许学校，还有 1 个区域性学区，有 5 个实验学校，3 个其他教育机构。北卡罗来纳有 100 个县、5 个市，每个市县至少有一个学区，北卡罗来纳的学区是非独立性，其财政资金来自联邦、州和市县政府❶。北卡罗来纳没有建立生均经费标准，其基础教育经费投入的决策流程是州政府每年决定州政府的基础教育总投入，并依照特定的规则分配给学区或特许学校，学区所在的市县决定他们对教育的投入，财政资金支付给学区，由学区负责学校运行。联邦政府的拨款或直接拨付给学校，或由州政府拨付给学区。以2015年的数据为例，在教育经费总收入当中，北卡罗来纳州政府承担70%，地方政府承担23%，联邦政府承担7%。接下来介绍北卡罗来纳州政府的基础教育拨款方式。北卡罗来纳州采取一种独特的分配基础教育拨款的方式，即分项成本拨款法，其将基础教育的成本分为不同的项目，每个项目独立确定州政府拨款的额度、规则与公式。这些项目，比如教师经费支出、学校管理人员经费支出、职业教育支出或特许学校支出等，总共有37个。州政府分配教育财政资金的方式有两种，一种是货币支付，另一种是保障人员，即州政府保证学区分配教师指标，由学区来招聘保障数量的教师，州政府解决这些人员的工资待遇问题。2015年，州政府通过人员保障的形式分配的教育财政资金占州教育财政资金的59%，这里面主要的科目是教师工资待遇支出。

北卡罗来纳基础教育拨款中的37个项目可以分为四大类：基本项目的拨款、申请类的拨款、考虑学生的特殊需要而增加的拨款、根据学区特征而增加的拨款。2015年的数据显示基本项目的拨款占82%，特殊需要学生的拨款占14%，特殊学区的拨款占3%，申请类的拨款占1%。还需要强调的是州政府对以上各个项目的拨款均建立相应的科目代码，每个科目的拨款必须用于相应科目的事项，学区不能挪作他用。北卡罗来纳州政府的教育财政拨款基本来自州财政一般性收入，教育财政支出占州政府财政支出较大的份额，2019年，州政府用于基础教育的财政拨款为州政府全部财政收入的40%。

---

❶ 本节关于北卡罗来纳州基础教育财政政策的信息来自文后参考文献[18, 19]及其州教育部官方网站。

6.4.3.1 基本财政拨款科目

基本拨款科目有 20 个。其中 4 个科目是采取人员保障的形式，主要涉及的人员包括任课教师、学校校长、职业教育教师和教学秘书。比如，任课教师，州政府每年会确定生师比例，进而根据学生的数量确定州政府给学区配备的教师数量。2019 年，学前班生师比例是 18：1，1 年级是 16：1，2 ～ 3 年级是 17：1，4 ～ 6 年级是 24：1，7 ～ 8 年级是 23：1，9 年级是 26.5：1，10 ～ 12 年级是 29：1。学校校长的配置规则是，如果一个学校学生为 100 人或者超过 100 人或者教师与教学秘书的人数之和超过 7 人，可以配备 1 个 12 个月工资的校长岗位。每 98.53 个学生可以安排 1 个月的副校长岗位。职业教育教师岗是为选择职业教育项目的学生提供相应服务的岗位，每个学区首先被分配 50 个月的岗位，根据 8 ～ 12 年级的学生数确定额外月份数额的岗位。基础拨款科目除了这四项是以岗位分配资源之外，其他项目是以现金的形式分配资源。比如学区层面的管理费用支出、培训司机的支出、非教学支持性支出、学校技术性支出、教科书支出、教学用具及材料支出、支出给特许学校的支出、助教相关的支出、培养天才儿童的支出、学生交通支出等，还有一些特殊项目的支出科目，比如暑假阅读项目等。

6.4.3.2 针对特定学生的拨款科目

针对特殊需要学生的拨款，这主要是用于贫困儿童、残疾儿童、母语非英语儿童和学困生。首先是针对残疾学生的拨款有两个科目，一是常规拨款，二是专项拨款，前者根据残疾学生的数量进行拨款，中小学学生与学前班的残疾学生分开计算。专项拨款主要是与发展性的护理中心、社区居民服务中心中的残疾学生项目相关的费用，还有一些与残疾学生教育相关的紧急支出，这些额外的拨款都需学区提出申请，由州教育部批准后拨付。针对贫困学生的拨款按照学区的贫困指数来确定，贫困指数大于90%，每19.9个学生配一个教师岗位，贫困指标大于或等于80%并小于或等于90%，每19.4个学生配一个教师岗位，小于80%的学区每19.1个学生配一个教师岗位。根据全州平均教师工资数乘以教师岗位数即为对贫困学生的拨款数额。针对英语能力欠佳学生的额外拨款是以该类学生的多少来确定。学区或者特许学校要获得该项拨款，其英语能力欠佳学生需有至少20个或者至少学生人数的2.5%。资助学生数量最多不超过10.6%。学生的数量按前三年的英语能力欠佳学生加权求和，最近一年占50%，再前两年各占25%。符合上述标准的学区，州政府保障1个助教的岗位。其中50%的经费按英语欠佳学生的集中程度分配，50%的资金按该类学生的数量分配。针对学困生的拨款用于学习有困难、有辍学风险的学生。确定此项拨款的依据是学区高中学校的多少，此处的高中是指同时包括9和10年级或者包括12年级的学校。经费首先被分配给问题学生干预项目，剩下的50%按Title I确定的贫困学生数进行分配，最后剩下的按学生数来分配。

6.4.3.3 针对学区属性拨款科目

北卡罗来纳州给小规模学区以专门的拨款，以解决学区规模小带来的办学成本高的问题。其按学区学生数量的多少划定资助的区间和相应拨款的额度，2019年，0～600学生的学区，额外拨款为171万美元，601～1300学生的学区，额外拨款为182万美元，最后受资助的学生数量范围为2801～3300，额外拨款为154.8万美元。低财力学区额外拨款。这个项目的拨款是照顾财力较弱的县，其不能够很有效在州政府的教育拨款的基础上增加投入，提供额外拨款，有助于此类学区改善教育教学水平。这个项目只适用于全县财力在全州平均财力以下的县内的学区。确定拨款的方式如下：第一步，确定该县的估计全县财政收入、每平方英里❶的资产额度、人均收入。进而计算县估计总财政收入与全州平均财政收入的比例，该县每平方英里资产额度与全州平均每平方英里资产额度的比例、该县人均收入与全州人均收入的比例。第二步，确定县的低财力指数，将上述三个比例按40∶10∶50加权求和，即得到该县的低财力指数。如果该县的低财力指数低于100%，该县内学区即可获得州政府的低财力学区额外拨款。第三步，确定该县是否在税收努力程度上达到全州平均水平。如果学区的资产税税率高于全州平均水平，该学区可以全额获得低财力学区额外拨款。如果该县的生均拨款高于这个县财力能够支出的数额（全州平均投入总额乘以低财力指数），则该县学区可获得全额低财力额外拨款；如果一个县的低财力指数低于100%，但不满足上述两个条件，该县只按一定比例获得州的低财力学区额外拨款；这个比例是学区的实际贡献额与全县财富与平均努力程度确定的应然数值之间的比值。第四步，确定学区获得的拨款数额。全州地方政府生均拨款与该县生均拨款之间的差值乘以全县学生数，即为低财力拨款总数。如果县的努力程度不符合要求，其按上述公式算的拨款相应扣减。给予各县的低财力拨款的数额根据上述确定的数额按比例分配该科目的实际拨款总额。

6.4.3.4　申请审核类财政拨款

最后一个类别的州政府教育财政拨款是根据学区的特殊需要，经申请审核后拨付。专门处理具有攻击性行为学生的经费是支持学区对具有攻击性儿童进行干预所产生的支出。数字学习项目用于资助学区开展基础数字化的教学实践探索，该科目是竞争性的。儿童与家庭支持计划项目给参加该项目学校提供驻校社工岗位。其他的项目还有高中与大学过渡项目、困难学生课后补习项目、助理校长项

---

❶　1平方英里≈2.59平方千米，下同。

目、学校资源员项目等。

6.4.4 威斯康星

威斯康星州总共有 368 个 K–12 学区，43 个 K–8 学区，10 个联合高中学区❶。威斯康星州学区为独立学区。另外还有 12 个区域性教育合作组织，其财政附属于学区，向学区提供教育服务项目。威斯康星还有 4 个县政府运行的专门针对残疾学生的特殊教育机构，1 个财政上不独立，另外 3 个财政独立。学区被分为四类：一般学区（364 个）、联合高中学区（10 个）、联合学区（46 个）、一级城市学区（密尔沃基市）。一般学区和联合高中学区，每年举行一次全体选民会议表决通过学区的教育资产税征收方案。如果认为学区年度会议批准的征税方案不足以保障学区学校的运行，学区委员会有权增加税收。联合学区和一级城市学区不用召开年度全民会议。

州政府对学区的拨款分为一般性拨款和专项拨款两大类，前者又分为均衡性一般性拨款和其他一般性拨款。2019 年，均衡性一般性财政拨款、其他一般性财政拨款与专项财政拨款三者之间的占比分别是 77.9%、1.3%、20.8%。2019 年，州政府对学区的拨款为 59 亿美元，99% 来自州政府的一般性财政收入。基础教育财政拨款占州财政支出的 33%，是州政府财政支出中最大的一项科目。

学区的财政收入来源有四个渠道：州政府拨款、联邦政府拨款、学区资产税收入和学区其他财政收入（如收费项目或利息收入等），以 2017 年数据为例，州政府拨款为 48.58 亿美元，占 46.1%，资产税收入占 42.2%，联邦政府拨款占 7.2%，地方其他财政收入占 4.5%。当然还包括州政府通过税收补助项目向资产

---

❶ 下文中关于威斯康星州教育财政拨款政策的信息来自文后参考文献[20，21，22]，以及州教育部官方网站。

税纳税人支付的 10.03 亿美元税收券。1993 年的 437 号法案规定州政府要承担基础教育投入的 2/3。这一比例的分子是州财政拨款与州资产税补贴之和，分母为分子与学区一般性资产税收入之和。根据 2001 年 16 号法案，州政府对于视听障碍儿童的教育服务项目和视力有问题学生的干预中心的拨款同时加入分子分母。2003 年 33 号法案废除了 2/3 的要求，但按此公式计算的州政府承担的基础教育拨款占比 2019 年为 65.35%。

另外，威斯康星州对学区每年财政收入有总额限制。纳入总额限制的财政收入包括州政府的一般性教育财政拨款、电脑专项拨款、个人资产税豁免专项拨款与学区通过资产税获得的收入。所以，在一般性教育财政拨款、电脑专项财政拨款和个人资产税豁免专项拨款确定的情况下，学区可自主通过征收资产税而获得用于教育的税收收入是有限定的。其最高额是学区上述教育财政收入总额与州政府上述三项拨款之间的差额。州政府的专项拨款、联邦政府的拨款以及学区非资产税地方性收入不在限额内，学区通过全民投票通过的用于偿还债务支出的资产税收入也不在限额内。

6.4.4.1 一般财政拨款公式

接下来将介绍威斯康星州的一般性教育财政拨款公式，威斯康星州采用的是税基保障公式，即州政府保障学区在相同的税率下能够有相同的教育投入，而不考虑其税基的多少。这一公式的运行涉及以下 5 个参数：学生数量、共同承担的教育成本、均等化评估的资产量、州政府保障的资产税基数额和州政府可用于分配的拨款总额。前三者是学区的特征，以学区前一年或两年数据测算，比如，2019 年的预算使用学区 2018 年学生数量、共同承担的教育成本以及 2017 年的均等化的资产数据。学生数量由以下两部分组成：一是每个财政年度 9 月第三个周五时学区的学生数与前一年 1 月第二个周五学区在校生人数的平均值；二是参加由州教育部批准的暑期教育项目的等效的全日制学生，等效的全日制学生数根据一般学生的在校时间进行核算。针对学前班或者幼儿园学生的核算规则如下：全日制 5 岁学前班儿童算 1 个，半日制 5 岁学前班儿童算 0.5 个。接受教育时间至少超过 437 小时的 4 岁学前教育学生算 0.5 个，如果这个项目提供了至少 87.5% 的额外课外活动的话，这类孩子算 0.6 个，3 岁或以上的儿童在幼儿园的算 0.5 个。居住在本学区且在本学区上学的孩子算作本学区的学生，在本学区居住在其他学区注册，但由本学区支付学费的学生算作本学区学生。因参加州开放注册项目而到其他学区注册的学生仍然计算为本学区学生。学区授权办学的特许学校学生算作本学区学生。学生因参加州政府的种族均衡化项目而到其他学区上学的学生算作本学区的 0.75 个学生。

学区的共享教育成本是指学区通过一般性财政拨款公式进行保障的教育成本，它是通过对学区教育运行成本与学区长期债务成本之和进行核减算出来的。核减的科目包括州政府的专项财政拨款、联邦政府拨款和地方政府非资产税的其他财政收入。学区被授权建立一个用于建筑和购买地基的基金。这一基金的数量和征收相应资产税的周期由学区确定。除了基金周期的年份所得的数量，周期内的由基金支出的资金数额可以包含在学区的共享教育成本里面。学区还可以建立一个基建改善基金，用于支付长期基建项目改善的成本。这个基建改善项目必须经过学区委员会批准且周期在 10 年以下，在前 5 年学区不能从该基金支出。任何存入该基金的资金都可计入共享教育成本，任何从该基金支出的资金不计入共享教育成本。

均等化评估的资产总量是指每个学区在每年被州财政部认定的全部资产的市场价格的总额。每年 10 月，学区会收到一个资产总额的认定书，这个认定书中的数额用于计算学区的教育财政一般性拨款。最终的资产总额证明在第二年的 5 月发出，任何针对第一份证明的调整都在这一次的证明中做出。

保障税基额度是指州政府保障学区的生均资产税税基额度。威斯康星设定了三个保障税基额度，分别用来计算三个不同层级的共享教育支出。第一层的教育支出限额为 1000 美元，第一层保障税基限额为生均 1930000 美元。如果学区的生均资产税税基低于第一层保障税基限额，州政府的教育财政拨款可通过以下方式计算得出：第一层保障税基与学区实际生均资产税税基之差除以第一层保障税基得到的系数，再乘以第一层教育支出限额，即 1000 美元，而后再乘以学生数量。如果按上述计算方法得到的是负值，学区不上缴额外的收入。第二层共担成本是指超出 1000 美元且低于第二层共担成本限额的部分。第二共担成本限额按照法律规定是全州前一年平均共担成本的 90%。2019 年该值为 9729 美元。第二层保障税基的设定需要满足以下条件：因该税基设定而计算出来的州政府一般教育财政拨款总额等于州政府可用的财政拨款总额。2019 年第二层保障税基为 1241233 美元。第二层政府的拨款额度计算方式与第一层相同。第三层共担成本是指超过第二层共担成本限额的部分。第三层保障税基设定为全州平均生均资产税税基。2019 年第三层保障税基额度为 594939 美元。第三层政府的拨款额度计算方式与第一层相同。如果以上述方法计算出负值，这里需要扣减第二层学区获得的拨款，直至第二层的拨款被全部扣减，如果第二层与第三层的拨款之和为负值，不影响该学区第一层的州教育拨款。

为了激励学区合并，2019 年 7 月 1 日前合并的学区，在其合并的之后 5 年，拨款公式中的共担成本限额和保障税基额度每年都提高 15%。2019 年 7 月 1 日或之后合并的学区，其共担成本限额与保障税基额度不再增加，而合并之后的 5 年中，每年州政府增加生均 150 美元的固定额度拨款。从 2019 年的数据来看，95%（401 个）的学区的资产税税基低于第一层保障税基，89%（377 个）的学区的生均资产税税基低于第二层的保障税基，58%（244 个）的学区的生均资产税税基低于第三层保障税基额度。州政府一般教育财政拨款公式中的最后一个指标是每年的教育财政拨款总额，这个数额由州议会根据每年的一般财政收入总额进行调整确定。

根据上述规则，学区接收州政府均衡性一般财政拨款的情形可以分为五种：①可以获得第一层和第二层财政拨款的学区。这类学区的生均共担成本低于第二层共担成本限额，生均资产总额也低于第二层保障税基额。②可以获得第三层财政拨款的学区。这类学区的生均共担成本高于第二层共担成本限额，且学区的生均资产总额也低于第三层保障税基额。③可以获得负值第三层财政拨款的学区，这类学区的生均共担成本高于第二层共担成本限额，但学区的生均资产总额在第二层保障税基额与第三层保障税基额之间。第二层财政拨款被第三层负值拨款核减掉了一部分。④只获得第一层拨款的学区，这类学区的共担成本高于第二层共担成本限额，但其生均资产总额位于第一层保障额与第三层保障额之间，这类学区可以收到第一层的拨款。要么计算出了负值的第二或第三层拨款，要么第二层的正值拨款被第三层负值拨款完全抵消，根据法律规定，公式计算的第一层拨款不被核减，所以，此类学区的只获得第一层的财政拨款。⑤没有获得州政府均衡性一般拨款。这类学区的生均资产总额高于第一层保障税基额度。表 6-4 是 2019 年这五类学区的数量分布，由表 6-4 可知，217 所学区可以获得第一层、第二层、第三层拨款，占比 51.4%，110 所学区第三层拨款为负值，占比 26.1%，21 个学区没有获得任何均衡性一般性财政拨款，占比 5.0%。

表 6-4　2019 年威斯康星州学区获得州政府拨款类型分布

类别	学区数量	占比
一二层	38 个	9.0%
正值三层	217 个	51.4%
负值三层	110 个	26.1%
一层	36 个	8.5%
无	21 个	5.0%

6.4.4.2 其他一般性拨款

除了上述均衡性的一般性财政拨款之外，威斯康星还有三项一般性拨款：融合性补贴、特殊调整补贴和贫困补贴。其中融合补贴和特殊调整补贴与均衡性一般性拨款是在一起的，由州政府的一般性教育财政拨款支付。前两者优先支出，均衡性一般性财政支出占一般性教育财政拨款的99%。贫困补贴由财政上的一笔专项拨款支付。融合补贴是州政府为了促进少数族裔学生与白人学生之间的融合而设定的财政刺激政策，鼓励少数族裔相对集中的学区向外输送学生，也鼓励白人学区接收少数族裔学生，按生均给予的额外财政拨款，2015年55号法案规定开始逐步停止该项目的实施。特殊调整补贴有两种：一种是无损条款，即保障学区所收到的州政府拨款不至于减少过快。州政府保障学区所收到的财政拨款不低于前一年的85%。如果一个学区按照公式计算的州财政拨款少于前一年的85%，州政府会额外增加拨款使其达到前一年拨款的85%，这部分补贴叫特殊调整补贴。但州政府的补贴不超过学区的共担成本。另外一种特殊调整补贴是为了激励学区合并而设定的，这项政策保障合并后的学区所收到的州政府拨款不少于合并前各学区收到的州政府拨款之和。如果合并后的学区根据拨款公式计算的州教育财政拨款少于合并前各学区州政府拨款之和，州政府通过额外拨款填补这一缺口。这一保障实施期为5年，合并后的第六年，学区可以收到的这项特殊调整拨款的额度为第5年的75%。贫困学区拨款是专门针对贫困人口较多的学区而设定的专项拨款。如果学区在之前最近的双号结尾的年份的9月第二个星期五的学生数中，有50%以上的学生符合联邦政府的午餐减免项目，那么这个学区可以获得州政府的贫困学区拨款，拨款的数额按人数计算。生均额度为此项拨款总额除以符合上述条件学区的学生总数。2019年为生均80美元，各学区的拨款额度是该数额乘以其学生数。另外，威斯康星州特许学校的拨款采取生均定额的形式是由州政府直接拨款，2018 年的生均拨款为 8619 美元。

6.4.4.3 基础教育专项财政拨款

威斯康星的基础教育专项财政拨款有三种：第一种是基于公式的专项财政拨款，即按既定的公式和学区的特征计算每个学区所应获得的拨款；第二种是按生均定额进行拨款；第三种是申请审核制的拨款。同一般性拨款相比，专项财政拨款有以下特点：专项拨款不考虑地方财力的问题；专项拨款没有学区收入限额。专项财政拨款不计入学区的共担教育成本的核算之中。基于公式的专项补助所依据的数据一般是学区前一年的数据。威斯康星的专项基础教育财政拨款项目众多，下面依次简要介绍。

生均专项补贴。不考虑地方财力按生均进行拨付，2013 年开始实施，根据 2017 年新法案的规定，2019 年的生均拨款为 654 美元，2020 年及以后生均拨款为 630 美元。学区的近三年学生人数的平均数用于计算学区的补贴总额，该项补贴在每年 3 月第四个周一拨付。

特殊教育拨款。威斯康星州法律明确规定了需要接受特殊教育的儿童类型，其主要包括认知能力迟缓、视听有障碍、有情绪障碍、肢体残疾等儿童。特殊教育的提供者主要是学区，除了学区，还有学区之间建立的区域性合作机构，还有以县为单位建立特殊教育委员会，特许学校也可以提供特殊教育服务。特殊教育经费采用据实报销的方式进行拨付。以下成本由州政府进行支付：特殊教育的教师、行政协调人员、护士、社会工作者、心理治疗师和咨询师，准专业的咨询教师的工资福利待遇；经授权雇用的替代性人员、身体活动治疗师、职业心理治疗师、提供人生规划咨询服务、语言治疗和其他经州教育总督学批准聘用的人员的工资部分；接受特殊教育的学生的交通费用支出；非本地居民的特殊教育学生所产生的住宿与交通费用支出。

特殊教育的超常支出补贴。如果学区、特殊教育联合学区、县域特殊教育机构或者特许学校提供特殊教育服务的支出超过生均 30000 美元，且这部分支出并没有被州或者联邦政府的其他拨款承担，州政府报销超过 30000 美元的部分的 90%，如果当年的财政经费不够支出，将分期支付。

州政府对于县域特殊教育机构的专项拨款。完全注册在县域特殊教育机构的学生或者同时注册在学区和县域特殊教育机构的学生在县域特殊教育机构所花费的支出❶。

缩小成绩差距项目拨款。如果想获得这笔拨款，学校必须在 K-3 班级实施以下一种或多种措施：有资格证的教师提供的"一对一"辅导；针对有资格证教师提供的教学方法辅导；生班比例为 18∶1 或 30∶2，并且提供专门促进小组教学的职业培训。所有参加这个项目的学校必须制订相应的计划，其中包括要达到的目标、目标评价与考核等内容。州教育部会根据符合条件的学校 K-3 班级中贫困学生的数量分配这项拨款，2018 年，生均为 2381 美元。

图书馆专项服务拨款。用于学区购买图书或者其他教辅材料，也可购买与图书馆业务有关的电脑及软件。经费来自州政府的教育专项基金，按学区内 4 ~ 20 岁的居民数进行分配，2019 年，人均额度为 30.22 美元。

稀疏学区专项拨款。如果学区前一年的学生数少于 745 人，或者每平方英里学生数少于 10 人，那么该学区可以获得这笔资金。2019 年，拨款总额等于 400 美元乘以学区前一年的学生数量。如果享受这笔拨款的学区开始不符合条件，在开始不符合条件的年份可以依然获得前一年 50% 的拨款。

学生交通拨款。学区被要求向学生提供交通服务，州政府的学生交通拨款依据使用交通服务的学生数量计算，而且学生上下学的距离不同，其补助的额度不

---

❶ 关于特殊教育，威斯康星州还有特殊教育额外拨款、特殊教育学生高中后教育过渡拨款、特殊教育学生工作过渡拨款。

一样，如表 6-5 所示。还有一笔额外交通拨款，如果一个学区的交通支出满足以下两个条件，可以获得一笔额外的拨款：前一年的生均交通支出超过了全州均值的 145% 的；学生密度在每平方英里 50 人或以下的，额外补助的数额是其超出全州平均学生交通支出的 145% 的部分。

表 6-5　生均交通补贴数额　　　　　　　　　单位：美元

距离	常规学校	暑假学校
0-2 英里	15	——
2-5 英里	35	10
5-8 英里	55	20
8-12 英里	110	20
12 英里及以上	365	20

个人电子计算设备专项拨款。用于支持学校采购个人电子设备、软件及相关课程，以及培训教师如何将这些个人计算设备用于教学。

双语教学项目支出专项拨款。用于学区给英语欠佳学生提供专项教学项目所产生的支出。

州学费支出专项拨款。用于补贴学校向居住于免征资产税的房屋中的学生提供教育服务所产生的支出，比如，学生居住在一些慈善机构提供的住宿场所或一些州或联邦的军事场所等。

联邦幼儿项目额外拨款。作为联邦政府 Head Start 项目拨款的一部分额外拨款，用于资助家庭经济贫困的学前儿童提供教育、健康和营养等服务。

教师绩效提升项目。用于实施州政府的一项对教师和校长绩效进行评估的项目支出。

营养餐计划项目。用于对联邦政府营养餐计划的额外拨款、未被联邦政府营养餐计划覆盖的对学前儿童提供牛奶、学校早餐费用支出。

学生成绩提升项目。适用于密尔沃基学区或者被评为"不合格"的学区，这些学区需要制订书面的学生成绩提升的方案，如果学校前一年收到这笔拨款，还需要其责任制评估分较前一年之前的两年有所改进。

促进心理健康合作拨款。这是一项竞争性的拨款，用于资助学区或特许学校加强与社区心理健康服务中心合作，由他们给学生提供心理健康服务。

心理健康学校社工专项。如果学区或者特许学校前一年花在社工方面的经费多于前二年的经费，多出的部分可以享受州政府50%的补助。

传帮带专项经费。如果区域性教育服务组织或者两个以上的学区或者区域性教育服务组织成为的联合会，或者上述二者的联合体，都可以申请这笔拨款。拨款用于向已经获得准入性资格的教师提供技术性辅导与培训，该拨款需要申请者进行配套。

密尔沃基学区暑期学校专项拨款。用于学校举办暑假学校，提高学生出勤成绩和给学生提供创新性学习活动体验。密尔沃基的学校都可以申请，除了特许学校。

4岁儿童学前班项目。州政府针对学区实施面向4岁儿童的学前班项目的补助拨款。如果学区符合这个项目的要求，第一年生均给予3000美元的补助，第二年给予1500美元的补助。

酒药滥用干预项目。该项拨款用于学校采取措施干预学生的纵酒与药物滥用等不良行为。

农村教师培训项目。这项拨款用于区域性教育服务组织与院校合作，向他们培养的学生提供实习机会。这部分成本可以获得州政府的专项拨款。但这笔拨款只用于新建或者新增项目，不能用于维持项目的运转。

因参加开放注册与早期大学学分项目而产生交通费用。学生因参加开放注册项目转到非居住地上学，交通费用由父母解决，如果家长将高中生送于高等院校接受一些预备的课程，交通费用也由父母承担。但是如果父母无法承担该项交通支出，可以向教育部申请报销，教育部根据情况批准，一般会报销有资格享受联邦政府减免午餐费用的家庭的子女参与此类项目的交通支出。

机器人大赛专项拨款。用于资助学区组织学生团队参加机器人大赛，竞赛团队里必须要有 9 ~ 12 年级的学生，6 ~ 8 年级的学生也可参加，还必须有一个指导老师。拨款主要用于参加比赛各项费用和物资采购，或者指导老师的补助等。

天才儿童的专项拨款，用于专门培养天才儿童的项目。

部落语言项目专项拨款。用于学区采取增设一种或多种印第安人语言的项目。

其他额外补偿拨款。这笔专项拨款适用于以下学区：学生少于 500 人、学校面积最小为 200 平方英里、80% 以上的资产免交资产税。2019 年，只有一个学校符合这个标准。

校园安全建设专项拨款。用于支持学区开展校园安全教育活动、培养学校相关安保人员、安全基础设施的配套建设。

校园合并专项拨款。如果两个或以上的学区在 2019 年 7 月 1 日后合并，合并后学校可以在前四年获得生均 150 美元的拨款。第五年领取第四年这项拨款的 50%，第六年可以领到第五年拨款的 25%。

信息资源服务拨款。这部分拨款主要是用于学校获取数据和视频资源的支出，也有部分用于支持农村学校的信息技术基础设施建设。

技术基础设施财政援助拨款。用于学校建筑内 1997 年 10 月 14 日前已经存在的电线的更新，或者网络电线的安装与升级。

威斯康星州政府对教育的财政拨款形式还有地方教育税券，教育税券是发给纳税人的，用以冲抵应纳税额的信用额度。纳税券有两种，一种是学校资产税券，另一种是资产改善税券。学区用于基础教育的拨款来自地方资产税，所以，资产税券的分配公式是根据学区征缴的用于教育的资产税额确定。因为学区的资产税由市县负责征收，所以资产税券是以市县为单位计算的，先计算市县前三年征缴用于教育资产税总额的均值与全州前三年征缴用于教育资产税总额均值的比例，以此比例乘以州政府今年用于教育学校资产税减免拨款的总额。该项拨款直接付给县政府或直接拨款给符合一定条件的市政府，由其再分配给学校资产税的纳税人。2019 年，州政府的该项拨款总额为 9.4 亿美元。资产改善税券减免的对象是任何进行修缮后的房产。资产改善税券的计算是以学校资产税的税率乘以州政府确定的一个券基或者该资产市场价值中的最小值，2019 年，这券基为 7000 美元，绝大多数单项资产大于此额度，所以资产改善税券的计算多数是规定的券基乘以用于教育的资产税税率。该项拨款也是直接拨款给县或者符合特定条件的市，由其发放给符合条件的纳税人，2019 年，州政府用于资产改善税券的拨款为 1.5 亿美元。

7　美国基础教育财政诉讼与基础教育财政改革

第 6 章从一个时间截面介绍了美国的基础教育财政政策，但并没有反映出美国基础教育改革的过程以及改革背后的动力机制，本章将侧重对这两个问题进行论述。基础教育财政诉讼对美国 20 世纪 70 年代及以后的改革起到非常重要的作用，虽然基础教育财政诉讼不能概括美国基础教育财政变化的动态机制的全部，但是基础教育财政诉讼是了解美国基础教育财政改革动态机制的一个窗口，因为美国的基础教育财政诉讼折射出了基础教育财政改革的全部价值冲突、不同群体的利益冲突以及各主体在改革中的影响力。因此，本章将首先介绍美国基础教育财政诉讼的情况，内容包括基础教育财政诉讼的发生情况、制度基础、争议点、胜败原因与判决结果的影响。本章的第二部分将集中地描述美国基础教育财政改革的历程。将从州政府在基础教育财政政策中的角色和州教育财政拨款分配公式两个方面展开，最后以密歇根和加利福尼亚两个州的基础教育财政改革案例深入介绍美国基础教育财政改革的情况。

7.1 美国基础教育财政诉讼

7.1.1 基础教育财政诉讼的发生情况

美国的基础教育财政诉讼是指贫困学区或者学区内家长及纳税人以州教育财政政策违宪而针对州政府提起的诉讼。教育财政诉讼的原告一般包括学区、家长和学生 [1]。多数由学区牵头，带上一部分学生和家长。学区牵头的案件，各州的情况不太一样，有三种可能。一是以农村学区为主的学区，如田纳西州的小规模学校案 [2] 案中的原告；二是城市学区为主的学区，如纽约州的财政公平促进会案 [3]；三是农村学区和城市学区共同组成的联盟，比如俄亥俄州的德奥尔夫案 [4]。对于农村学区而言，地广人稀，资产较少，对城中区而言，贫困人口较多，资产税除了用于教育之外，还用于城市其他公共服务，比如消防、交通等。教育财政诉讼的被告一般是州立法机关和执行机关，前者一般由参众两院的首长代表，执行机关可能由州长、财政部及其部长、州教育委员会及其执行官、州教育部及其部长等代表。教育财政诉讼的对象本质上是以州议会为代表的政策制定机关和以

---

[1] 实际上此类诉讼往往是集体诉讼，背后是对现行教育财政政策不满的个人或组织的集合，一般这些个体或组织成立协会在背后支持或以协会名义提起诉讼，比如肯塔基州的更好教育委员会（The Council for Better Education），宾夕法尼亚的农村与小规模学校协会（Pennsylvania Association of Rural and Small Schools），纽约州的财政公平促进组织（Campaign for Fiscal Equity, Inc.）等，这些组织在教育财政诉讼起到了至关重要的作用。

[2] Tennessee Small School Systems v. McWherter（Small Schools I）, 851 S.W.2d 139.

[3] Campaign for Fiscal Equity, Inc. v. State, 100 N.Y.2d 893, 801 N.E.2d 326, 769 N.Y.S.2d 106.

[4] DeRolph v. State, 78 Ohio St.3d 193, 677 N.E.2d 733.

州长为代表的政策执行机关。起诉的理由是对现行的教育财政制度的保障水平与公平或者对与教育财政相关的税收制度不满。

基础教育财政诉讼是美国较为重要的诉讼和公共政策事件，有多个组织对已发生的案例进行了统计，比如，美国国家教育信息统计中心的教育财政数据统计中心，哥伦比亚大学教师教育学院的教育公平研究中心和新泽西州的教育法研究中心等组织对美国教育财政诉讼案例进行了统计。基于这些统计列表，并通过对法院判决书和相关期刊论文和报告进行分析，本书对美国基础教育财政诉讼的一些特征进行了统计分析。本书只统计针对州教育财政政策整体不满而提起的诉讼，排除了针对教育财政政策某一项具体内容不满而提起的诉讼，比如涉及某个具体事项的拨款减少，教师工资津贴中的某一部分份额过少，针对特殊教育学生的拨款不够而提起的诉讼等。针对州教育财政不满而向联邦法院提起的诉讼没有统计在内。另外，如果起诉之后，没有法院判决而以和解结案的也不在统计之列。最终统计了从 1971 的塞拉诺案 ❶ 到现在的 133 个教育财政诉讼案。基础教育财政诉讼案件先后在美国 47 个州发生。就各州是否出现原告胜诉的案子而言，有 19 个州发生教育财政诉讼但原告未曾有过胜诉，27 个州的教育财政政策曾被法院宣布违宪，1 个州的案子还在审理之中（特拉华），3 个州还没有教育财政诉讼案子发生（夏威夷、内华达、犹他）。教育财政诉讼的发生情况及是否出现胜诉案子的情况可参见图 7-1。由图 7-1 可知，除俄勒冈、缅因、弗吉尼亚之外，未曾有原告胜诉的州主要集中在南部和中西部，前者包括佛罗里达、佐治亚、亚拉巴马，后者包括密歇根、印第安纳、伊利诺伊、威斯康星、艾奥瓦、密苏里等。

---

❶ Serrano v. Priest，5 Cal. 3d 584，487 P.2d 1241.

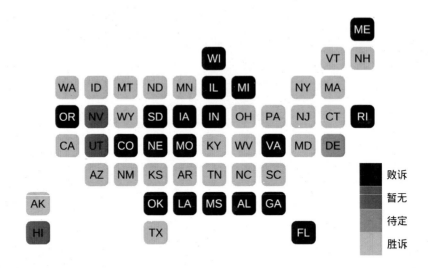

图 7-1　美国各州教育财政诉讼发生及胜诉情况

图 7-2 反映的是各州教育财政诉讼的起始时间情况，按首个判决出现的时间排序。由图 7-2 可知，最早出现判决的州依次是加利福尼亚、堪萨斯、密歇根、新泽西、弗吉尼亚。较晚出现教育财政诉讼的州是特拉华、密西西比、艾奥瓦、印第安纳和新墨西哥，特拉华州的财政诉讼还在进行之中。

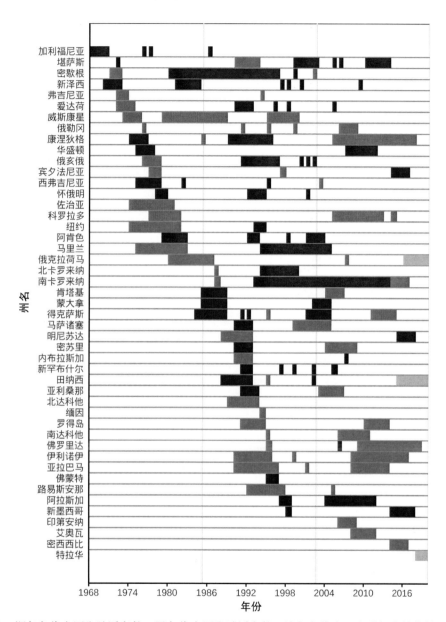

注 1：深灰色代表原告胜诉案件，黑色代表原告败诉案件，浅灰色代表正在进行中的案件。图中不包括没有发生教育财政诉讼的夏威夷、内达华、犹他 3 个州。

2：图 7-2 中持续时间为一年不到的案子除案子本身持续不到一年之外，大多数是前一个诉讼案子的后续案子，比如关于前一个案子的判决是否执行等问题，不是一个独立的诉讼，其开始时间较难查询到，所以在估计教育财政诉讼时长的时候，可以不必在意此类案子，下文在统计教育财政诉讼时长的时候会进一步解释该问题。

图 7-2　美国各州教育财政诉讼起始时间情况

图7-3反映的是美国基础教育财政诉讼在不同年份的分布情况[1]。从时间来看，在 1971—2019 年，仅 1984 年、1990 年、2008 年、2010 年和 2016 年这 5 年没有教育财政诉讼判决产生，其他年份均有判决产生。其中，1995 年有 9 个判决产生，1993 年、1997 年、1999 年、2005 年各有 7 个判决产生，其他年份的案子从 1 到 5 不等。从年代来看，20 世纪 90 年代教育财政诉讼案例较多，2000 年过后数量开始下降。就案件判决结果而言，133 个案件，除 3 个还在审理中外，原告胜诉 71 个，被告胜诉 59 个，原告胜诉率为 55%。如图 7-3 所示，原告胜诉的案例在各年代之间的分布相对均匀。

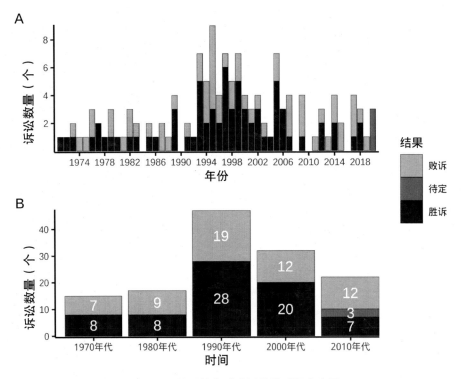

图 7-3　美国教育财政诉讼随时间分布图

教育财政诉讼是一项耗时较长的司法程序，图 7-4 是统计的独立性教育财政诉讼持续时间的分布图。独立的教育财政诉讼是指在上文统计的教育财政诉讼中

---

[1]　审结的案件以案件判决最终出现的时间为准，未审结的案子以最近的时间为准。

删除后续性的教育财政诉讼，一项教育财政诉讼判决之后原告对被告执行判决情况不满而再次而提出的诉讼被认定为后续性的财政诉讼，比如加利福尼亚的塞拉诺案先后有 4 次判决，爱达荷州的教育平权会案 ❶ 也先后经历 4 次，新泽西的艾博特案 ❷ 经历了 7 次。此类诉讼在统计诉讼时长时将第一次判决作为一个完整的诉讼案件计算在内，删除后续的诉讼。做出这种处理是因为这类诉讼以前一诉讼为前提，并不能反映一项诉讼从开始到结束的完整周期。处理之后，剩余 102 项独立诉讼。诉讼时长计算是以最终判决的年份减去提起诉讼的年份。其中 0 是指诉讼的提出与判决是在同一年时间完成。由 7-4 图可知，多数教育财政诉讼要持续 3 年以上，比如持续 3 年的案子有 24 个，4 年的有 16 个，5 年的有 10 个，超过 10 年以上也有 6 个，只有 14 个案子是在案子提起的当年结案。教育财政诉讼涉及重大的利益冲突与调整、涵盖人数众多及复杂的财政分配方式，因此，教育财政诉讼持续的时间一般较长，教育财政诉讼的相关费用一般由原告进行筹集，若胜诉法院可能判决被告承担。

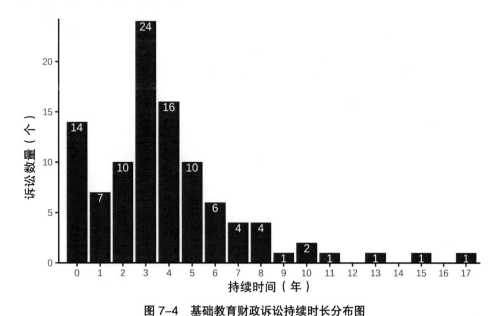

图 7-4　基础教育财政诉讼持续时长分布图

❶　Idaho Schools for Equal Educ. Opportunity v. Evans，850 P.2d 724（Idaho 1993）.

❷　Abbott v. Burke 100 N.J. 269，495 A.2d 376，N.J.，1985.

7.1.2 基础教育财政诉讼的制度基础与起因

美国基础教育财政诉讼产生的现实背景是美国多数州承担主要基础教育财政保障责任的是地方政府，而地方政府的财政经费收入主要来自资产税，区域间的经济发展水平不同使得每个学区的资产税的税基存在巨大差异。即使以同样的税率，不同学区的生均教育收入也存在较大差异。为了保证基本的基础教育投入，资产贫困的学区征收资产税的税率往往比富裕学区还高。因此，造成了生均教育经费支出与税收政策的双不平等。对这种严重依赖地方税收的教育财政政策不满，20 世纪 60 年代开始，贫困学区的家长及学生向法院起诉州政府，后来开始有学区作为原告提起诉讼。

在美国可以提起基础教育财政诉讼有两个制度基础。其一，虽然美国联邦政府宪法没有教育相关的规定，但是除密西西比州之外，各州宪法中都有教育条款，比如加利福尼亚州宪法规定："知识与智慧的传播是保障人民自由与权利的基石，立法机关将采取一切适宜手段促进知识、科学、道德和农业的提高。"肯塔基州宪法规定："州议会将采取适当立法在全州境内提供一个高效的普通学校系统。"再比如新泽西州宪法规定："州立法机关将提供和维持一个完整、高效且免费的学校系统。"另外，美国联邦宪法中没有教育条款，但是却有一条平等保护条款，即"任何州不可剥夺其所管辖区域内公民享有法律平等保护的权利"，而且绝大多数州也都在州宪法沿袭了这一条款❶。其二，美国家长或学区可以提起教育财政诉讼的另外一个原因在于美国有违宪审查制度，即美国法院有权力审查国会的立法和行政机关的行为是否违背宪法的规定，各州法院有权审查各州议

---

❶ 密西西比、蒙大拿、科罗拉多、特拉华州宪法中没有平等保护条款。

会的立法和行政机关的行为是否违反州宪法的规定。基础教育财政政策是以州立法的形式确定的。因此，贫困地区的家长或学区则以基础教育财政拨款政策违反联邦和州宪法的平等保护条款或者州宪法中的教育条款为由，将州议会或州长起诉至法院。以平等保护条款起诉，其理由是认为根据宪法规定受教育权是公民的一项基本权利，需要州政府平等地保障，而现行的教育财政政策导致了生均经费投入和财产税率两个方面的不平等，所以州的教育财政政策违反了宪法当中的平等保护原则。各州宪法教育条款的表述有所差异，比如有些州宪法规定州政府提供一个平等的教育系统，有些州宪法规定要提供一个完整的教育系统，还有些州规定是"充足"或者"高效"的教育系统[23]。这些表述可以概括为平等和充足。尽管州宪法条款在用词上有一些差异，但共同点在于承担基础教育投入责任的主体是州政府。因此，贫困学区的家长或学区就以其所在学区的生均教育经费严重不足或者与其他学区存在重大差异为由起诉州政府未履行州宪法规定的法定义务，州通过立法把提供基础教育的责任下放给学区是推卸责任的表现，因为州宪法规定基础教育财政投入的主体是州政府[24, 25]。

上文回答了基础教育财政诉讼得以产生的制度基础，但还不足以完全说明基础教育财政诉讼为什么会发生。虽然上文也讲到教育财政诉讼的直接诱因是现行教育财政政策所带来的学区教育投入的不足与学区间教育投入差异，但是改变教育财政政策最为直接的方式是影响教育财政政策制定，而教育财政政策制定的主体是州议会与州长，在一个代议制政府下，认为受到不利待遇的学区和家长应该通过影响州议会或州长来影响教育财政政策的规定，为什么选择通过教育财政诉讼的途径来解决这一问题呢？回答这个问题需要理解美国州政府三个分支机构的职能以及州教育政策制定过程。美国的州政府由州议会、州长和法院系统组成，州议会由参议会和众议院组成（只有内布拉斯加州是单议院），议员由选民选举产生，是作为立法与决策机关，州长属于执行机关，也是由选民选举产生，而法院则属于司法机关，法官要么由选民选举产生，要么由州长进行任命。一项政策制定一般需要经议会通过，州长签字同意，进而成为法律，才能得以执行。但是议会和州长的活动必须受到州宪法的制约，而判断议会和州长的行为是否违宪的规定则由法院裁决。基础教育财政政策一般是由议会通过立法确定，按照民主政治的运行规则，如果学区对州议会制定的政策不满则可以通过向代表自己的议员表达诉求，也可以通过影响议员的选举来影响政策制定过程，获得自己满意的结果。如果这届议员不行，可以通过替换下一届议员来完成。但民主决策的基础原则是大多数决定原则，一项法案的通过必须多数议员同意，而教育财政政策具有很强的再分配性质，如果提高一部分学区的教育经费，则意味着另外一部分学区的教育经费减少或者居民享有的其他公共服务受损，如果代表贫困学区的议员在议会占据少数的话，那么他们则无法通过议会这条路径改变现行的教育财政政策[26]。议会和州长的活动必须执行州宪法的规定，因此，资产贫困学区想到了通过法院诉讼这一途径来解决这一问题，公认的最早的教育财政诉讼且胜诉案子的是 1971年的塞拉诺案，那么为什么通过法院来解决教育财政政策不平等的问题在这一时间出现，原因有二，一是 1954 年的布朗案的胜诉对贫困学区起到了示范效应，二是美国 20 世纪 60 年代的民权运动也起到很大的推动作用。

7.1.3　基础教育财政诉讼的争议点

根据教育财政诉讼内容的不同，有学者将教育财政诉讼划分为三个阶段[25]，第一阶段的诉讼主要以宪法中的平等条款为依据，其典型代表也是第一起教育财政诉讼塞拉诺与普里斯特案（1971）。这一案件在 1968 年由约翰·塞拉诺首先在基层法院提出，塞拉诺是一个贫困学区学校学生的父亲，艾维·贝克·普里斯特是当时加利福尼亚州的财政部长。原告认为接受教育是公民的基本权利，根据违宪审查制度，涉及基本权利的事项，法院要执行最为严格的司法审查标准，即州政府如果没有极为正当的理由，不能给予公民差别待遇，而现行教育财政政策带来在税收和生均教育支出的不平等显然不能通过合宪审查。1971 年，加利福尼亚最高法院做出判决，认为根据联邦宪法和州宪法的平等保护条款的规定，加州当时的教育财政政策是违宪的。这一时期的教育财政诉讼终止于 1973 年的罗德里格案❶。该案由埃奇伍德学区家长协会在联邦地区法院提出，协会由处于相同境况的家长组成，最初的被告包括若干学区和得克萨斯州政府。家长的理由同样是认为受教育权是一种基本权利，应当受到平等保护，但是现行的得克萨斯基础教育财政政策造成了巨大的不平等。虽然学生家长们在联邦地区法院胜诉，但这一案子被上诉至联邦最高法院，最高法院最终以 5 : 4 的投票结果判决家长们败诉。其理由是在联邦宪法当中找不到明示抑或隐示的规定受教育权是一种基本权利，而且财富也并不构成一种群体歧视，因为很难说现行的基于财产税教育财政政策必然地剥夺了"穷人"的受教育权，并没有一个清晰的划分界线。因此，对于受教育权事项的审查仅适用合理性原则，即州教育财政政策的选择有合理的目的即可。适用这一原则，联邦法院认为得克萨斯州的基础教育财政政策主要依据地方政府的资产税是为了保护地方自治这一重要价值，是合理的，并不违反宪法的平等保护条款。由于美国判例法的效力，这一诉讼基本终结了贫困学区和家长通过联邦法院进行教育财政诉讼的路径。自此以后，联邦法院再也没有接手基础教育财政诉讼案子。对于家长而言，这一案件是败诉了，仍然有 4 位联邦大法官对这一判决持反对意见，其中持反对意见的法官威廉·约瑟夫·布伦南（William J. Brennan）后来还在《哈佛法律评论》（*Harvard Law Review*）写文章提醒家长们通过州宪法解决权利受损的问题[27]。

---

❶ San Antonio Independent School District v. Rodriguez, 411 U.S. 1, （1973）.

　　基础教育财政诉讼的第二阶段主要是依据州宪法中的平等条款提起的，比如在新泽西州的鲁滨逊与卡希尔案❶，新泽西州宪法规定，州议会要提供一个"完整、高效和免费"的教育系统，该案原告认为州政府未能履行这一法定职责。不过此类使用州宪法平等保护条款进行教育财政诉讼的效果并不理想，这一时期只有6个案子原告胜诉，15个案子原告败诉。第三个阶段的教育财政诉讼的诉讼请求主要不是在主张某些学区的教育投入显著低于另外一部分学区，而是主张学区的教育经费投入不足以支持学生受到最基本的教育，这一主张多依据州宪法中的教育条款。标志这一时期起点的是肯塔基州1989年罗斯与教育促进委员会案❷。其他的典型案件还有马萨诸塞州1993年的麦克杜菲与教育部长案❸。充足性案件法院审理过程一般遵行这样一种逻辑，对州宪法进行解读，看其对于基础教育的供给是否对州政府有义务性的要求。如果有义务性的要求，那么这项义务性要求的标准是什么，即到底提供一种什么质量的教育才是符合宪法规定的。审核州现行教育财政政策下的基础教育供给是否满足宪法设定的标准。如果满足即是符合宪法，如果没有满足就是违反宪法。因此，这一阶段的判决与各州宪法中的教育条款如何表述以及法官对该条款的理解与解释具有重要关系。

7.1.4　基础教育财政诉讼胜败的原因分析

7.1.4.1　教育财政诉讼原告败诉的原因分析

　　教育财政诉讼已经在47个州发生过，19个州的原告从来没有胜诉过，这些

---

❶　Robinson v. Cahill，62 N.J. 473，480（1973）.

❷　Rose v. Council for Better Education，790 S.W. 2d 186（1989）.

❸　McDuffy v. Secretary of the Executive Office of Education，415 Mass. 545，615 N.E.2d 516（1993）.

案例中原告败诉的原因可以分为两种情形来讨论。

一是主张州教育财政制度侵害其宪法上的平等保护权为由的案例。此类案例原告败诉的原因是法官认为州宪法没有将受教育权规定为一种基本权利，或者财富并未构成一种歧视分类，因此，对州的教育财政政策只适用合理性审查标准即可。也就是说州的教育财政政策只要存在一定的合理性，不存在显而易见的肆意和恶意即为不违反宪法，以此为标准各州主要依靠资产税的教育财政政策就很容易通过合宪性审查，法官一般认为这样的教育财政政策主要是为了保护地方教育自治，这一制度有着历史成因，并没有存在明显的主观恶意[28]。比如说，科罗拉多州的洛巴托案❶，法院认为依靠地方税与保持地方自治是相关联的，科罗拉多州宪法规定，学区对于教学内容的确定有自主权。法院认为如果学区对于学区教育没有自己的投入，那么州政府也会剥夺学区对于教学内容的自主权。因此，教育财政支出的主要责任由学区来承担是合理的，也是符合宪法的。另外，是法官认为即使根据州宪法的规定受教育权是一项基本权利，但从宪法中也读不出其要求生均教育经费需要平等这一要求，而且即使州宪法要求提供均等的受教育机会，但是均等的受教育机会也并不一定意味着均等的生均经费，因为教育投入的增加并不必然保证教育质量。基于以上原因，法院拒绝判决州教育财政政策违反宪法。

二是原告主张教育财政拨款政策违反宪法中规定州政府承担提供最基本教育服务义务的诉讼，即原告认为现行教育财政制度下被告不能够提供满足公民最基本的教育需求。此类诉讼法院一般判断满足公民最基本的教育需求的条件是什么。再根据现有教育财政政策实施结果来判断现行的教育财政政策是否能够达到这一条件要求。原告败诉的情形有以下两种。第一，法院认为基于不同分支政府间的分权原则，或者鉴于自身作为司法机关的能力限度，对于什么条件满足公民最基本的教育

---

❶ Lobato v. State，304 P.3d 1132（Colo. 2013）.

需求这一问题不应当由法院来判断，而应该由民众选举出来的州议会来决策，因此拒绝判决州教育财政政策违宪，比如说内布拉斯加的案子即是这种情况[29, 30]。第二，即使法官认为自己有能力也有义务判断何种条件可以认为州政府提供了最基本的教育公共服务，而后法官再根据原告与被告提供的事实信息综合研判认为，现有的教育财政制度满足了向公民提供最基本的教育需求，法官也不会宣布州教育财政政策违反宪法，即使这一财政政策可能产生生均教育经费的不均等，因为宪法只要求提供满足公民最基本教育需求，而不是提供均等的教育。

7.1.4.2　教育财政诉讼判决结果存在差异的原因

迄今为止，有 27 个州的教育财政政策被法院判决违宪，19 个州的法院判决州教育财政拨款方案不违反宪法。美国各州教育财政政策有很大的相似性，即很大程度依赖于地方政府的资产税，因资产税税基不一样，所以在生均教育经费支出方面产生很大的学区间差异。教育财政诉讼原告的诉讼请求都是希望州政府增加教育财政拨款，那么为什么各州法院的判决结果不太一样呢？因为该案件是违反宪法审查案件，首先可能的原因是州宪法在基础教育财政保障事项上对州政府设定的义务不一样。如果这样的话，相同的语言表述应当会产生相同的结果，根据已有的判决来看并不一定。美国各州的教育条款虽然都不完全相同，但是却有很大的相似性，斯诺根据州宪法的教育条款对州政府义务要求的强度不同将各州宪法中的教育条款分为四类[31]。类型 I 要求最为严格，类型 IV 要求较轻。图 7-5 呈现的是不同类型宪法语言表述的州的案件胜诉与败诉的分布情况，由图 7-5 分析发现，一个案件的胜诉与否与宪法中教育条款对于州义务要求严厉程度没有必然的相关性。一方面，即使教育条款对州政府的义务规定较为模糊和轻微，州政府可能败诉，也可能胜诉；另一方面，教育条款对州政府的义务规定较为具体确定，州政府可能胜诉，也可能败诉。

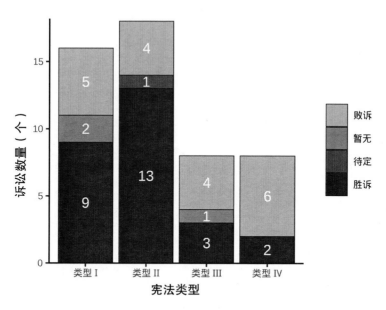

图 7-5 教育财政诉讼胜诉情况与州宪法教育条款明确程度之间的关系图

那么是什么因素导致法官的判决不一样呢？最为重要是取决法官对于教育重要性的认识、法律解释观及对政府不同分支之间关系的认识[32, 33]。可以从两个维度来看法官的价值观。第一，对法院在三权分立中的地位的认识，根据观点不同可以分为两种，一种为谦抑派，另一种为行动派，前者主张法院应当尊重民选的立法机关的决策权，不参与到政策决定过程中，只承担解释法律的职责，后者则认为法院的职责是保证宪法的实施，追求正义的实现，如果立法机关的行为不利于正义的实现，法院要在自己的职权范围内主动作为。第二，看他属于自由派还是保守派。自由派主张实现社会正义，更加代表社会弱势群体利益，强调加强政府干预；而保守派往往主张强调市场的作用，减少政府管控等。用这两个维度来看法官的判决，行动派和自由派的法官更可能支持原告的诉讼请求，而谦抑派和保守派的法官更倾向于维持现有教育财政政策，有研究者对德奥尔夫案中的7名法官的之前的判决结果、公共场合的讲话、公共发表以及人生履历进行分析，判断各位法官的价值立场，比较准确地预测了法官在判决中的立场选择，4个行动派法官支持原告，3 个谦抑派法官不支持原告的诉讼请求 [32]。同样的教育财政诉讼案件发生在威斯康星州的文森特案，因为当时 7 个法官，其中有 4 个属于保守派，法院最终认为州的教育财政政策不违反宪法。法院的判决除了受法官价值偏好的影响之外，还受到机构之间潜在冲突的影响，即法官会考虑州议会和州长对于法院判决可能的执行程度。如果法官认为州议会和州长不太可能执行自己的判决，那么他们也会审慎地判决州教育财政政策违宪，因为如果州议会和州长不执行法院判决的话，一般情况下，法院可采取的手段有限，很可能越过宪法规定的边界，而且如果这件情况发生的话，也会使法院在民众中的权威和地位受到影响。就像德奥尔夫案法院最后面临的困境，面对坚决不执行法院判决的议会和州长，法院最后也不得不放弃对教育财政政策的司法管辖权。

7.1.5　立法机关与行政机关对原告胜诉的教育财政诉讼案件的回应

法院是审判机关，并不是直接的政策制定机关，更不是政策的执行机关，法院的判决是否最终影响各州的基础教育财政政策取决于州议会与州长如何回应法院的判决 [34]。当州的教育财政政策被州法院宣布违反宪法之后，州议会和州长如何回应呢？一般而言，如果一个州的教育财政政策被州法院宣布违宪，根据美国的政治规则，州议会必须进行回应，也就是要进行教育财政政策改革。但一般法院不会具体规定议会该如何改革，即使法院有一些指导性的建议，但是这对于州议会没有必然的约束力，因为根据三权分立的原则，政策制定权在于州议会，法院只享有司法权。教育财政改革的具体措施选择权存在于州议会，议会的教育财政改革的力度则取决于州议会成员的政治构成，也包括州长的政治态度，州长有政策制定的一票否决权。下面通过几个例子来说明州议会或者州长如何应对法院的判决 [35]。

　　俄亥俄州的德奥尔夫案原告在州最高法院以 4∶3 的表决胜诉，州教育财政政策被法院宣布违宪后，法院要求州议会重新制定教育财政政策，但并没有具体的要求，而且保留法院的管辖权，即审核新改革的方案是否符合宪法，反对方三名法官认为教育财政诉讼属于非司法管辖的案件。判决出来后，多数议员认为应当遵守法院的判决，但有些保守的议员建议通过修宪剥夺法院对于此类案件的司法审查权，更有甚者建议弹劾做出该判决的法官。根据州议会自己的测算，需要增加 100 亿美元的州政府拨款才能达到宪法所要求的最低水平。判决出来以后，州仅增加 3 亿美元的教育拨款，虽然对州教育拨款政策进行了修改，但只是细微的调整，没有进行实质性的改变，而且州企图通过增加消费税来增加教育拨款的方案经全民公投被拒绝了。此后原告又将议会起诉到法院，州政府认为他们已经做了很多的工作执行法院的判决，只是需要等待新的教育财政政策的效果显现。但法院出具的第二轮判决认为该州新教育财政政策仍然不满足宪法的要求，但也承认应当由议会的权力来解决这一问题。该判决出来以后，议员、州长和公众有很多的反对声音。不过议会还是又增加 10 亿美元教育拨款，虽然与 100 亿美元还是有差距。有法官在媒体中评论如果议会不能完全执行法院的判决，法官可以以藐视法庭罪对相关主体处以罚金和刑期。原告再次起诉，法院发布第 3 个判决，依然认为现行的教育财政政策不合宪，并且明确指出了一些具体调整。舆论普遍认为这已经超越了法院的职能边界，后来法院又进行了第四次判决，虽然法院依然认为州教育财政拨款方案不合宪，但其放弃其对进一步管辖的权力，法院认识到自己在政府三个分支机构能力所受到的限制。

　　另外一个案例是华盛顿州的 2012 年麦克利里案，法院判决认为华盛顿州的教育财政政策不满足州宪法的要求，违反宪法规定，责令其重新制定教育财政政策，而且法院保留对此案持续的司法管辖权，即州议会要向法院实时报告执行法院判决的进度，法院要对新政策的合宪性进行审查。之后州议会的改革进度一直进展缓慢，在原告的申请下，法院对州议会下达了最后通牒，让议会解释法院不判决其藐视法庭判决的理由。议会解释说协商一个符合宪法规定的教育财政政策还需要时间，而且在此类案件中还没有法院宣布州议会藐视法院判决的先例。2014 年法院对此答复不满意，做了一个在美国史无前例的决定：判决州议会藐视法院判决罪，而且从 2015 年开始，如果议会还没有新的满足宪法要求的教育财政改革方案出台，将面临每日 10 万美元的罚金。在 2016 年的年度报告中，议会承认教育财政资金的缺口，并承诺在 2017 年的财政预算中解决这一问题。最高法院对这一报告并不满意，判决惩罚依然有效，但是同意议会在 2017 年年底之前解决。2017 年 6 月州通过年度预算方案，将在接下来四年时间增加教育投入 73 亿美元，以满足法院判决的要求。针对州议会提交的报告法院还有一个方面不满意，认为州 2019—2020 年度之前全额承担教师工资的经费不满足其要求的，在 2018 年 9 月之前要求州议会继续进行改革，并指定州议会在 2018 年做预算时解决这一问题。2018 年议会确实做到了对教师工资的预算改革，2018 年 6 月法院认可了州议会完全履行了其 2012 年的判决，撤回对其司法管辖权，并以连续累积的罚金 1050 万美元成立特殊的基金资助基础教育的发展。

有些州议会对法院的判决执行速度和力度比较快，力度也比较大，比如 1989 年肯塔基州法院判决州教育财政政策违反宪法之后，肯塔基州议会在 1990 年对教育财政制度进行全面改革，显著地增加了州政府教育财政拨款，尤其是对于贫困学区的教育拨款[36]。另外的例子是马萨诸塞州，州最高法院在麦克杜菲案中宣布州教育财政政策违反宪法的三天之后，州全面的教育财政改革方案经州长签字通过，不过在法院判决之前议会已经通过该方案，因此，说法院的判决促进该改革方案的形成则有些牵强，但是诉讼本身确实产生了影响[37]。1997 年 2 月，佛蒙特最高法院在布里格朗案中判决州教育财政拨款政策违宪，1997 年 6 月州议会就通过一个全方位的基础教育财政方案，设立了州资产税，显著提高了州政府承担基础教育财政支出责任的比例[38]。虽然在 1995 年的克莱尔蒙特 I 案的判决中新罕布什尔州的教育财政政策就被州最高法院宣布违宪，但是直到 1997 年在克莱尔蒙特 II 案再次被判决违宪之后，州立法机关和行政机关才于 1998 年通过新教育财政改革方案，新教育财政政策极大地提高了州政府承担基础教育财政支出的比例[39]。综上所述，州议会与州长是否真正执行以及在何种程度执行州最高法院的判决存在变数，一个原告胜诉的案件并不必须带来原告所期望的教育财政政策改革，也并不完全或及时满足其原告的诉讼请求或者法院判决所期望的效果。

7.2　美国基础教育财政改革

美国的基础教育系统是自下而上经过漫长的时间建立起来的[4, 40]。这一过程从 19 世纪初一直到 20 世纪初，其早期的基础教育财政收入绝大部分是来源地方政府，即学区或者市县，20 世纪 20 年代之后教育财政体制经历过两个阶段的改革，第一阶段主要是从 1930 年到 1970 年，这一阶段州教育财政投入占教育总投入的比例有了较大幅度提高，从 17% 提高到 40%，其改革的方案主要是采用生均教育经费拨款和生均基准法。这一阶段的基础教育财政改革主要是州议会主动改革来完成的，改革主要在 20 世纪的 30 年代和 40 年代，州通过新增所得税和消费税获得财政收入来完成了这一阶段的改革。第二阶段的教育财政改革是发生在 20 世纪 70 年代以后，相较于前一阶段的教育财政改革，这一阶段的改革呈现以下特点：其一，改革的幅度较小，从整体上来讲，州教育财政投入占比从 40% 只增长到 45%，除几个州进行了较为激进的改革之外，大多数州改革的步伐都较小；其二，这一阶段的改革，教育财政诉讼和法院系统起到重要的作用，比如加利福尼亚、肯塔基、新泽西、新罕布什尔都是在法院宣布州教育财政政策违宪后进行的改革；其三，这一阶段的改革更加精细化，更加强调不同特征的学生，不

同特征的学区，在教育需求和供给能力方面的差异，进而更加精细地设计相应的教育财政拨款制度。州政府承担的基础教育财政支出的比例与州政府的基础教育财政拨款公式是美国基础教育财政政策的重要内容，本小节将先从这两个维度对美国的各州基础教育财政政策改革的整体历程进行描述，然后再通过两个个案来描述美国基础教育财政改革的具体情况。

7.2.1 各州基础教育财政改革的基本情况

7.2.1.1 基础教育财政改革与州的基础教育财政责任

美国基础教育财政改革的一个重要方面是贫困学区推动州政府承担更多的支出责任，因此，州政府基础教育财政资金投入占教育财政收入的占比能够反映州基础教育财政政策变化的情况。接下来，本书将分两个阶段来描述美国各州州政府教育经费投入占比的情况，第一个阶段为 1918—1986 年，第二个阶段为 1986—2015 年，以此反映各州教育财政政策的变化情况。

7.2.1.1.1 1918—1986 年

接下来将使用 1918—1986 年州政府教育财政支出数据描述各州承担基础教育责任的变化情况，其中包括 1918—1976 年每两年一次数据，1977—1986 年中每年的数据（缺 1982 年数据）❶。根据这期间州教育财政经费占比变化的特征，

---

❶ 1918—1958年的数据来自美国联邦原教育署每两年发布一次的《美国教育调研报告（双年版）》（*Biennial Survey of Education in the United States*）的1916—1918年版和1956—1958年版，《美国教育调研报告》是美国联邦教育署根据教育统计调查为基础撰写的教育发展数据统计报告。1960—1986年数据来自《美国教育统计报告》（*Digest of Education Statistics*）（1962—1988年），《美国教育统计报告》是《美国教育调研报告》升级版，以上报告可以从网上（https://nces.ed.gov/fastfacts/display.asp?id=932）获取。

将美国各州 ❶ 州政府教育财政支出占比增长趋势分为四种类型：跃升型、缓慢增长型、稳定型和波动型。26 州属于跃升型，14 个州属于缓慢增长型，4 个州属于稳定型，4 个州属于波动型。

跃升型的州是指州政府教育财政支出占比的增长是在 1 ~ 4 年内短期大幅度提升完成的。图 7-6 首先呈现的是跃升型州中的 14 个州州政府基础教育经费投入占比增长趋势图。由图 7-6 可知，1932 年之前完成跃升的州有 3 个，特拉华州在 1920—1922 年完成跃升，佛罗里达州是在 1928—1932 年完成，北卡罗来纳州是在 1930—1932 年完成跃升。从 1932 开始跃升的州由 6 个，加利福尼亚、印第安纳、密西西比、俄克拉荷马和西弗吉尼亚州是在 1932—1934 年完成，俄亥俄州是在 1932—1936 年完成的。有 5 个州在 1932 年之后开始跃升，包括肯塔基、密歇根、密苏里、新墨西哥、南卡罗来纳，其都是在 1934—1936 年完成跃升。另外可以看到的现象是这些州在完成州政府教育投入占比跃升之后，在接下来的时间里，有些州的教育经费投入占比有些许下降，如特拉华、密歇根、密西西比。有些州有些许提高，如印第安纳、肯塔基，其他州长时段里有些起伏，比如俄克拉荷马和西弗吉尼亚。但总体而言，这些州在州政府教育财政支出占比跃升之后，能够保持相对稳定的水平。在此组 14 个跃升的州中，有 12 州的跃升是发生在 1932 年。为什么这么多的州政府在此期间提高州政府教育财政投入的占比？很容易想到在此期间发生的重要事件是美国的经济大萧条。经济条件的严重恶化影响了包括学区在内的地方政府筹集资金维持学校运行的能力[41]，促使州政府承担更多在基础教育上的财政支出责任。另外，州政府在此期间开始设立了一些新税种[42]。图 7-6 中实心圆代表该州设立消费税的时间，空心圆代表设立个人所得税的时间。比如 1933 年加利福尼亚政府首次设立了 2.5% 的州政府的消费税[43]，1935 年设立了州政府的所得税。1930 年，密西西比州在全美首次

---

❶ 阿拉斯加和夏威夷于1959年才正式成为美国的州级行政单位，数据有残缺，未包含在此次分析中。

设立消费税。1933 年北卡罗来纳州设立了 3% 的州消费税。印第安纳、密歇根、密苏里、俄亥俄、西弗吉尼亚也是通过设立消费税来实现州教育财政拨款的增长。

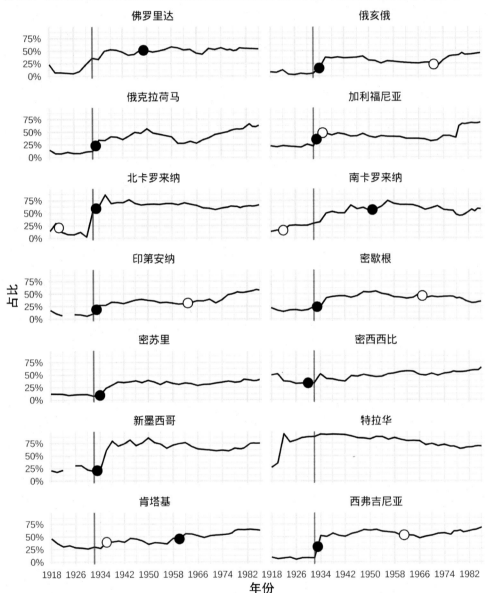

图 7-6　州教育财政拨款占比变化图（1918—1986 年，跃升型 I）

数据来源：US Office of Education, Biennial Survey of Education in the United States (1916–18 to 1957–58). NCES, Digest of Education Statistics, 1962–1986。

图 7-7 是另外 12 个跃升型的州州政府基础教育财政支出占比在 1918—1986 年变化的趋势图。由图 7-7 可知，在 12 个州当中，除俄勒冈在 1942—1944 年，内布拉斯加在 1968—1970 年完成跃升之外，另外 10 个州州政府基础教育财政支出占比的跃升都在 1946—1950 年完成。为什么这么多州在此期间提高了州政府教育财政经费的投入占比？可以想象的发生在此期间的重要事件是 1945 年日本投降，第二次世界大战结束，战后人口的快速增加，促使州政府提高其对基础教育的投入 [41]。另外，可以看到的现象是在完成首次跃升之后，有些州还出现第二次跃升，比如艾奥瓦、堪萨斯、明尼苏达、北达科他、蒙大拿、内华达、内布拉斯加、科罗拉多。俄勒冈州州政府教育财政经费投入占比在跃升之后保持稳定，罗得岛州的呈现波动上升，田纳西州的有所下降，康涅狄格州的有所起伏。在康涅狄格、明尼苏达、北达科他、罗得岛和田纳西州，消费税的设立与州教育经费支出增加的时间吻合。在明尼苏达、田纳西和罗得岛州州政府教育经费投入的增长与该州个人所得税的设立时间也比较吻合。

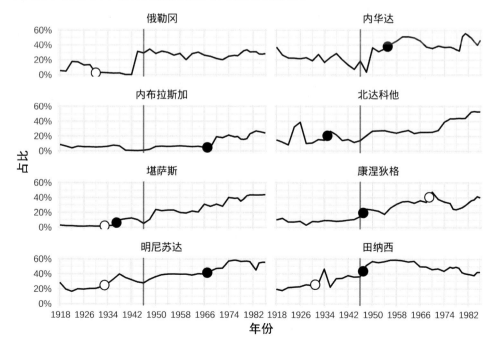

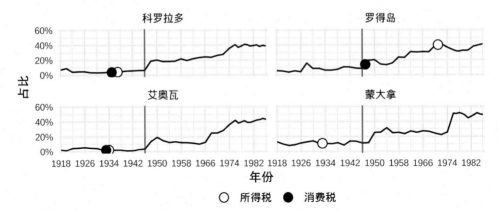

图 7-7　州教育财政拨款占比变化图（1918—1986 年）（跃升型 II）

数据来源：US Office of Education, Biennial Survey of Education in the United States (1916–18 to 1957–58). NCES, Digest of Education Statistics, 1962–1986。

　　图 7-8 呈现的是州教育财政支出占比变化趋势表现为缓慢增长型的 14 个州，该类型的州政府教育财政支出占比呈现出在一个较长的时段持续增长的特点。其中，亚拉巴马、堪萨斯、佐治亚、路易斯安那、华盛顿和纽约是 1930—1946 年期间完成了增长，宾夕法尼亚是 1930—1958 年完成，伊利诺伊、马萨诸塞和威斯康星是在 1946—1976 年缓慢增长。马里兰、犹他和佛蒙特在 1946—1986 年出现缓慢较小幅度的增长。亚拉巴马、阿肯色、佐治亚、爱达荷、路易斯安那和纽约在州政府教育经费投入开始增长之前设立了个人所得税。华盛顿、宾夕法尼亚和马萨诸塞在州政府教育经费投入占比开始增长前设立了消费税。

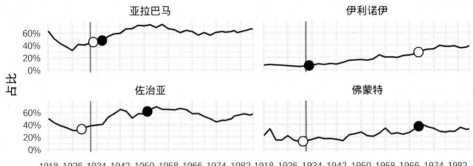

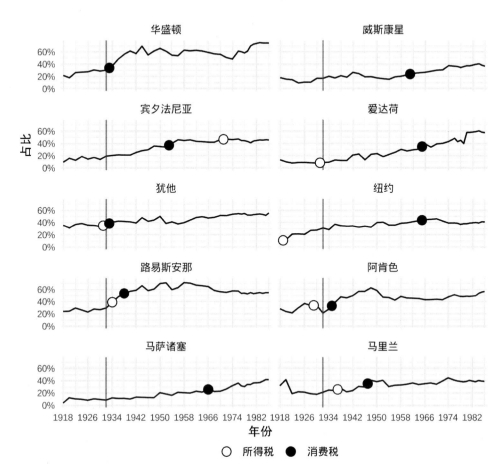

图 7-8 州教育财政拨款占比变化图（1918–1986 年，缓增型）

数据来源： US Office of Education, Biennial Survey of Education in the United States (1916–18 to 1957–58). NCES, Digest of Education Statistics, 1962–1986。

图 7-9 呈现的是州政府基础教育经费支出占比发展趋势表现波动型和稳定型的 8 个州。波动的州包括亚利桑那、怀俄明、缅因、新泽西和南达科他。其中，亚利桑那州政府基础教育经费投入占比在 1932—1946 年出现了较大幅度的波动，而且在 1966—1982 年又呈现波动状态。怀俄明州在 1940—1948 年州政府教育经费投入占比出现一个凹陷期，在此期间前后也有些波动。缅因和新泽西州州政府教育经费投入占比的发展趋势较为相似，1918 年都有一个较高的起点，而后

逐步下降，缅因在 1942 年最低，新泽西在 1938 年最低，而后在 1966—1986 年缓慢增加到 1918 年时的水平，这期间州政府设立了个人所得税。南达科他州州政府教育经费支出占比，也经历了一个先减少再增长的过程，1918—1946 年整体呈现下降趋势，1948 年有个跃升，而后有所下滑，1966 开始又缓慢提升。州政府教育经费投入占比表现稳定的州包括新罕布什尔、弗吉尼亚、得克萨斯。1918—1986 年，这些州州政府教育投入占比情况整体水平变化不大，但过程表现有所不同，新罕布什尔除在 1948 年有个跃升而后骤降之外，一直处在稳定的低水平。弗吉尼亚在 1930—1946 年有些许缓慢增长，在 1946—1978 年又有些许下滑，但变化幅度不大。得克萨斯州州政府教育财政支出占比在 1918—1966 年一直处于波动状态，即短时段的增长与下降。

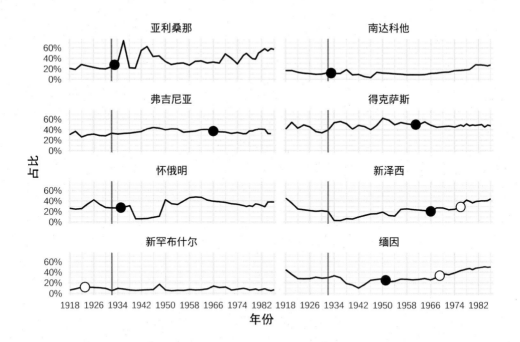

图 7-9　州教育财政拨款占比变化图（1918—1986 年，波动与稳定型）

数据来源：US Office of Education, Biennial Survey of Education in the United States (1916–18 to 1957–58). NCES, Digest of Education Statistics, 1962–1986。

总结美国各州州政府 1918—1986 年在教育财政支出占比情况的发展趋势，可以发现以下特点。其一，这一时期基础教育财政政策最显著的变化是州政府教育经费投入占比逐步增加。其二，州政府教育经费占比的增加在多数州是通过短时间内大幅度提升的形式完成的。其三，州教育经费投入占比增加主要集中在相似的时间节点或周期内，比如 1932 年之后，1946 年之后的时间；另外一个集中增长的时间在 1966—1976 年，比如俄克拉荷马、科罗拉多、艾奥瓦、明尼苏达、堪萨斯、北达科他、爱达荷、伊利诺伊、缅因和新泽西的增长发生这一时期，这期间的增长和发生在这一时期"资产税反抗"运动有关，部分州通过立法限制地方政府的资产税的税收权力，因而州政府被迫承担更多的教育经费支出责任。

7.2.1.1.2　1986—2015 年

20 世纪 80 年代中后期美国基础教育财政政策整体趋于稳定，但是各州还是存在变化并且存在差异。接下来将呈现各州教育财政投入占比是 1986—2015 年的趋势图，教育财政诉讼在这一阶段的教育财政改革中扮演着重要的角色，在图 7-10 中标示出各州基础教育财政诉讼的结果信息。为了更加清楚地看到这一比例的变化，根据各州呈现趋势的不同特征，将州分四种类型：下降型、平稳型、跃升型和波动型。

首先呈现的是州政府基础教育投入占比呈下降趋势的 15 个州，由图 7-10 可知，相对于 1986 年而言，15 州的州政府占教育财政收入的占比在下降。有 9 个州属于平滑下降型（B 图），如华盛顿州 1977 年进行了一次很激进的改革，显著提升了州的占比，但该州在 1988 年以后，州教育财政投入占比一直在下降，降幅达 10% 以上，一直到 2008 年经济危机后有所增长。降幅高于 10% 的州还有西弗吉尼亚、肯塔基、路易斯安那和缅因。另外 6 个州属于波动下降（A 图），如伊利诺伊、佐治亚。这些州下降幅度均超过 10%。整体而言，州教育财政投入占比下降的州其初始占比也比较高。这一类州中 1986 年州教育财政投入占比超过 60% 的有 8 个州，超过 50% 的有 12 个州。另外，这 15 州中有 9 州是要么没有教育财政诉讼，要么是教育财政诉讼原告败诉的州。

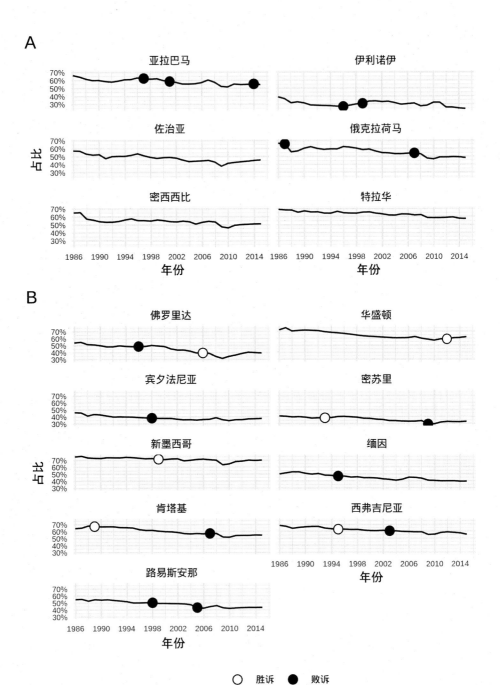

图 7-10　州教育经费投入占比变化图（1986—2015 年，下降型）

数据来源：NCES, Digest of Education Statistics, 1988–2018。

图 7-11 是州教育财政支出占比相对稳定的州，由图 7-11 可知，1986—2015 年，8 个州的州教育财政收入占比相对比较稳定。其中田纳西、俄亥俄、马里兰、科罗拉多州属于较为稳定的，期间波动也比较小，虽然有一些小的波动，但是增减的幅度并不是很大。新泽西、纽约、亚利桑那和北卡罗来纳四个州的州教育经费投入占比在这期间经过一些大的波动，但州教育财政投入占比最终还是维持 80 年代的水平。总体而言，这 8 个州中，除北卡罗来纳之外，州教育财政投入占比在 38% ~ 50%。8 个州曾经历过教育财政诉讼，7 个州有原告胜诉的情况。这包括田纳西（1993，2002）❶，俄亥俄（1997，2000，2001，2002），马里兰（2005），新泽西（1985，1997，2009），纽约（1995），亚利桑那（1994），北卡罗来纳（1997，2000），在这些胜诉之后州教育投入占比都有些许提升。

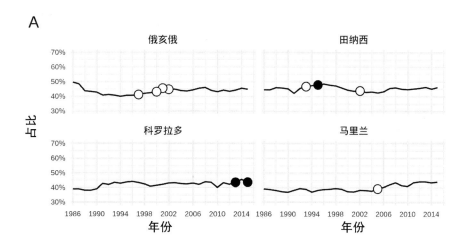

A

俄亥俄 　　　　　　田纳西

科罗拉多 　　　　　马里兰

占比

年份　　　　　　　年份

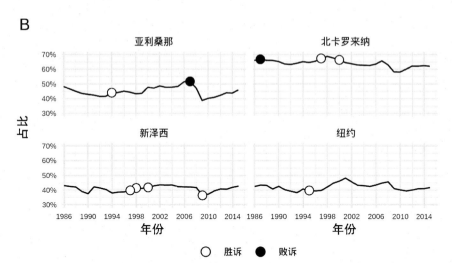

图 7-11　州教育经费投入占比变化图（1986—2015 年，稳定型）

数据来源：NCES, Digest of Education Statistics, 1988–2018。

　　图 7-12 是州教育财政支出占比波动比较大的州，由图 7-12 可知，1986—2015 年，15 州的州政府教育财政投入占比存在波动。有两种波动的类型。一是波动的时间跨度比较短，但波动比较频繁，这些州包括怀俄明、南卡罗来纳、得克萨斯、康涅狄格、罗得岛，前三者这一特征表现比较典型。二是波动时间跨度比较长，但不太频繁的波动。这样的州包括阿拉斯加、加利福尼亚、印第安纳、马萨诸塞、内华达、阿肯色、爱达荷、艾奥瓦、犹他。其中，阿拉斯加和内华达经历长时段的先降再升的过程。马萨诸塞和蒙大拿经过了一个降升降的过程。15 个波动的州中有 13 个州存在教育财政诉讼，这包括怀俄明（1995，2001），南卡来罗纳（1999，2014），得克萨斯（1989，1991，1992，2005），康涅狄格（1996），阿拉斯加（1999，2012），加利福尼亚（1986），马萨诸塞（1993），阿肯色（1994，1998，2004），爱达荷（1993，1996，1998，2005）。

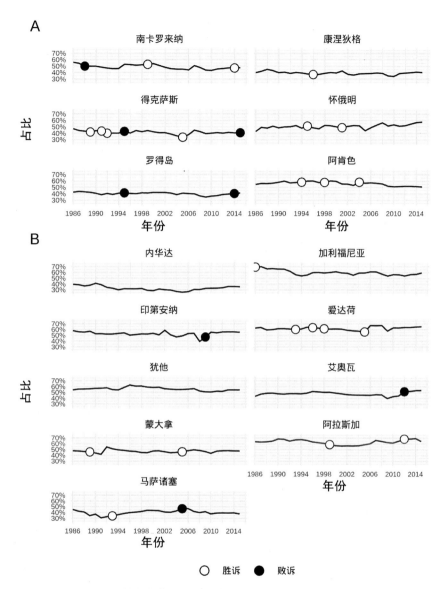

图 7-12　州教育经费投入占比变化图（1986—2015 年，波动型）

数据来源：NCES, Digest of Education Statistics, 1988–2018。

图 7-13 呈现的是州教育财政投入占比存在跃升的州，由图 7-13 可知，1986—2015 年，11 州的州政府占教育财政收入的比例有较大的提升。这类州可以再分为两类，一类是州教育财政投入提升 10% 左右的州，包括明尼苏达、内

布拉斯加、南达科他、弗吉尼亚、威斯康星。其中明尼苏达的州教育财政投入占比增长持续 5 年时间,另外四个州的增长基本在 2 ～ 3 年内完成。另一类是州教育财政投入占比提升达 20% 左右的州,包括佛蒙特、堪萨斯、新罕布什尔、密歇根、俄勒冈、北达科他。其中,佛蒙特、新罕布什尔、密歇根的增长是 1 年之内完成的,俄勒冈经历一个 7 年的持续增长,北达科他经过了一个 5 年的持续增长。堪萨斯经过两次较大幅度的跃升。整体而言,这 11 州在 1986 年时州教育财政投入占比都比较低,除明尼苏达和北达科他的占比超过 50% 之外,其他的州都在 50% 以下,8 个州在 40% 以下,4 个州在 30% 以下。11 州中有 4 个州在此期间发生了原告胜诉的教育财政诉讼,这包括佛蒙特(1997),堪萨斯(2003,2005,2006,2014),新罕布什尔(1993,1997,1999,2002,2006)和明尼苏达(2015)。在原告没胜诉的 7 个案件中,4 个州在跃升期间或前期没有正在进行的教育财政诉讼,有 3 个州(堪萨斯、密歇根、俄勒冈)在跃升期间或前期有正在进行的教育财政诉讼,这说明力度较大的教育财政改革的动力并不完全来自于教育财政诉讼的压力。

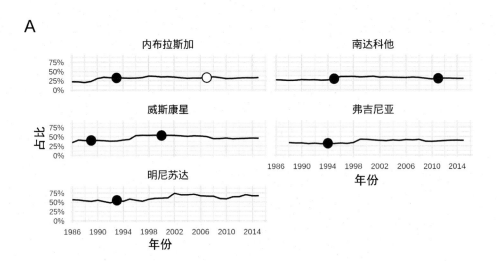

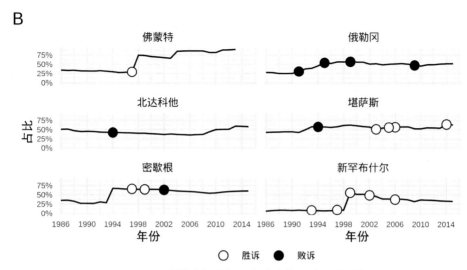

图 7-13　州教育经费投入占比变化图（跃升型）

数据来源：NCES, Digest of Education Statistics, 1988–2018。

图 7-14 可以从整体上看美国各州的州教育财政投入占比的变化情况。1986—2015 年，不考虑几个极端的州，比如夏威夷、佛蒙特、新罕布什尔，州教育财政投入占比在终点比起点稍微聚集一些，说明在这个指标上，2015年各州之间的差异变小了一点，但是从变化的量度来说并不大，在 1986 年和2015 年绝大多数州都还是在 30% ~ 70%。这样的结果，并不是说明各州在教育财政投入占比没有多大变化，通过以上分类的分析，可以发现这样的结果产生的原因是有些州教育经费投入占比增长了（11 个州），有些州教育经费投入占比（15 个州）减少了，其他州占比保持不变。另外可看到一个现象是 2009年的经济危机给各州对教育经费投入的占比都产生了一个负向的影响，之后有所回升（印第安纳和北达科他教育投入占比的降低是发生在 2008 年，其他各州基本都发生在 2009 年），它反映出州政府对教育经费的投入容易受全国性的经济波动的影响。

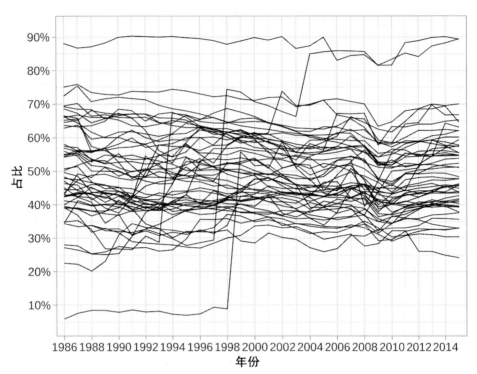

图 7-14　全国各州教育经费投入占比变化图（1986—2015 年）

数据来源：NCES, Digest of Education Statistics, 1988–2018。

7.2.1.2　基础教育财政改革与教育拨款公式的变化

　　基础教育拨款公式是州政府确定给予学区基础教育财政拨款数额的计算公式。根据第 6 章的介绍，单个拨款公式有四种：生均定额、生均基准、税基保障和全额拨款模式。有些州混合使用这几种模式，混合的类型主要是生均定额加生均基准，生均定额加税基保障，生均基准加税基保障。州教育拨款公式的调整是教育财政改革的重要表现形式。图 7-15 是 1976 年、1991 年、2007 年和 2015 年各州使用拨款公式情况❶。由图7–15可知，使用全额拨款公式的州一直是夏威夷。除此之外，1976年6个州只使用生均定额的拨款公式，16个州使用生均基准公式，3个州使用税基保障公式，24个州使用混合模式。1991年，只有北卡罗来纳一个州单独使用生均定额的拨款公式，使用生均基准公式的州增到26个，单独使用税基保障公式的州增加到7个，使用混合模式的州下降到15个。2007年，还是只有北卡罗来纳使用单独生均定额公式，使用生均基准公式的州增长到38个，单独使用税基保障公式的州下降到3个，使用混合公式的降到7个 [14]。2015年较2007年的情况变化不大，单独使用生均基准的州减少一个，单独使用税基保障公式的减少一个，而使用混合公式的增加2个。概括而言，在教育拨款公式的选择过程中，生均基准公式受到越来越多的青睐，生均定额公式和州全额拨款模式被使用的最少。使用混合模式的州1976—2007年一直在下降，2015年时有所上升，另外税基保障公式被单独使用的频次一直不大。

---

❶　戴维和佩恩在研究教育财政改革时对1976年和1991年美国各州的教育财政拨款公式进行了统计，见文后参考文献[44]，本书中1976年和1991年教育财政拨款公式的数据来自他们的论文。2007年度与2015年度数据均来自沃特斯根，见文后参考文献[15]，在1990年、2007年、2011年、2015年、2018年通过各教育财政官员与财政专家对美国各州的教育财政拨款公式进行了全景式的描述性研究，本书中2007年与2015年的关于教育拨款公式的数据提取于沃斯特根的全国性调查数据，数据可从网站获取（https://schoolfinancesdav.wordpress.com）。

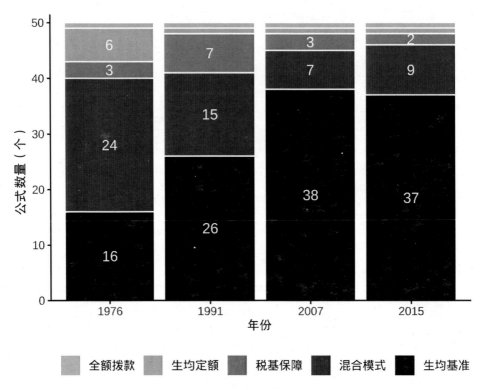

图 7-15 各州教育财政拨款公式使用的变化情况

几种拨款公式中，全额资助模式比较特殊，只有夏威夷州使用，混合模式是生均定额、生均基准和税基保障三个公式的组合使用，为了比较全面看这三种模式被使用的情况，下面将混合模式中的单个公式拆开进行统计。图 7-16 是四个拨款方式在 1976 年、1991 年、2007 年和 2015 年被使用的情况。生均定额在 1976 年被 28 个州使用，1991 年减少到了 12 个，2007 年和 2015 年只有两个州在使用，一个州单独使用，另一州与其他拨款公式混合使用。生均基准公式的使用则是逐年增加，这四年依次是 33 个、38 个、45 个、46 个州在使用，而使用税基保障公式的州的数量有所波动，这四年依次是 14 个、16 个、10 个和 11 个州在使用，有一定的使用量，结合图 7-15 的情况可知，其主要是和其他模式混合使用。

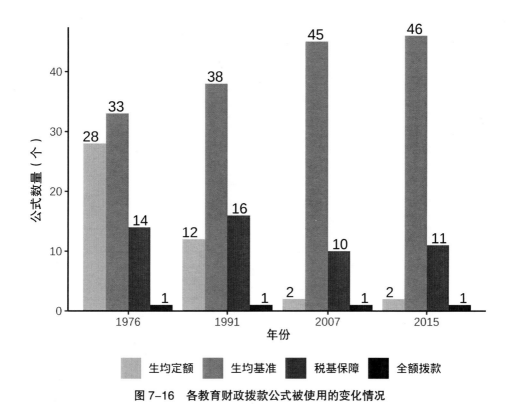

图 7-16　各教育财政拨款公式被使用的变化情况

表 7-1 呈现的是各州教育财政拨款公式的变化情况。根据各州拨款公式的变化情况，可将其划分为四类：稳定型、废止定额、税基保障转向生均基准和不稳定型。稳定型的州有 14 个州，比如夏威夷州一直是州政府全额资助模式，北卡罗来纳州一直是生均定额模式，威斯康星州一直是税基保障公式，伊利诺伊和蒙大拿州一直采用混合模式。而亚拉巴马、阿拉斯加、内华达等州一直采用的是生均基准公式。定额废止型的州有 16 个州，有两种表现形式。一是将原来单纯的生均定额拨款公式改革为生均基准模式，比如亚利桑那、阿肯色、新泽西。二是将生均定额与生均基准的混合模式中的生均定额部分废止，只保留生均基准部分，比如加利福尼亚、佛罗里达、艾奥瓦。税基保障转向生均基准模式的共有 10 个州，这部分州主要表现在是将原先的税基保障公式改革为生均基准模式，这部分州里面还有部分州在此期间将财政拨款公式中的生均定额部分废止，

比如科罗拉多、俄亥俄。引入税基保障模式是指州教育拨款公式以生均基准定额为主，后来又增加税基保障模式，将生均基准与税基保障公式结合起来使用，这类型的州有 6 个，得克萨斯和佐治亚是在 1991 年之前引进了税基保障模式，马里兰和肯塔基在 2005 年以前引入了税基保障模式，路易斯安那和犹他在 2005 年之后引入税基保障模式。有 4 个州属于波动型。这部分州在此期间至少有两次变更，华盛顿、密苏里、纽约州经历了采用税基保障公式又废止的过程，佛蒙特期间引用了生均基准模式，后又调整为税基保障公式。

表 7-1　各州教育经费拨款公式变化表

	州名	1976 年	1991 年	2007 年	2015 年
稳定型	北卡罗来纳	1	1	1	1
	亚拉巴马	2	2	2	2
	阿拉斯加	2	2	2	2
	爱达荷	2	2	2	2
	内华达	2	2	2	2
	新墨西哥	2	2	2	2
	北达科他	2	2	2	2
	田纳西	2	2	2	2
	西弗吉尼亚	2	2	2	2
	怀俄明	2	2	2	2
	威斯康星	3	3	3	3
	夏威夷	4	4	4	4
	蒙大拿	2-3	2-3	2-3	2-3
	伊利诺伊	1-2-3	1-2-3	1-2-3	1-2-3
废止定额型	亚利桑那	1	2	2	2
	阿肯色	1	2	2	2
	新泽西	1	2	2	2
	南达科他	1	2	2	2
	佛罗里达	1-2	2	2	2
	明尼苏达	1-2	2	2	2
	密西西比	1-2	2	2	2
	内布拉斯加	1-2	2	2	2

（续表）

州名		1976 年	1991 年	2007 年	2015 年
废止定额型	新罕布什尔	1-2	2	2	2
	俄勒冈	1-2	2	2	2
	南卡罗来纳	1-2	2	2	2
	弗吉尼亚	1-2	2	2	2
	加利福尼亚	1-2	1-2	2	2
	艾奥瓦	1-2	1-2	2	2
	印第安纳	2	1-2	2	2
	俄克拉荷马	1-2-3	2-3	2-3	2-3
税基保障转向生均基准	科罗拉多	1-3	2	2	2
	俄亥俄	1-3	2	2	2
	缅因	2-3	2	2	2
	康涅狄格	1	3	2	2
	堪萨斯	3	3	2	2
	宾夕法尼亚	1-3	3	2	2
	马萨诸塞	1-3	3	2	2
	密歇根	3	1-3	2	2
	特拉华	1-3	1-3	2	2
	罗得岛	1-3	3	3	2
引入税基保障模式	得克萨斯	1-2	2-3	2-3	2-3
	佐治亚	2	2-3	2-3	2-3
	马里兰	2	1-2	2-3	2-3
	肯塔基	1-2	1-2	2-3	2-3
	路易斯安那	2	2	2	2-3
	犹他	2	2	2	2-3
波动型	华盛顿	2	3	2	2
	纽约	1-2	1-3	2	2
	密苏里	2	1-2-3	2	2
	佛蒙特	1-3	1-2	3	3

注：1= 生均定额；2= 生均基准；3= 税基保障；4= 全额拨款。

7.2.2 教育财政改革的案例分析

上文从全局的角度介绍了美国基础教育财政改革的情况，但并不能详细地呈现各州教育财政改革的细节，接下来将介绍两个州的基础教育财政改革，以使读者更加清楚地了解美国基础教育财政改革的过程与内容。

7.2.2.1 加利福尼亚州的教育财政改革

加利福尼亚州的基础教育财政政策在 1971 年被州最高法院宣布违宪之后，州政府对教育财政政策进行了调整。改革之前加利福尼亚州实行的是生均基准模式的教育财政拨款政策，学区以资产税为收入来源承担主要的责任，州政府承担了 35.2% 的教育财政投入。此次改革方案称为 SB90，提高了生均基准定额的标准，比如小学及初中提高 115%，高中提高了 95%，这样提高了低支出学区的支出水平。另外，引入了收入限额的规定，对于学区收入大于生均基准的学区，学区每年的教育经费收入最多只增长 6%，对于学区收入小于生均基准定额的学区，其教育收入限额每年最高可增长 15%，学区可以通过公投的方式突破这个限额。另外新的改革方案增设了一些专项财政拨款项目，根据学区面临的特殊困难进行专项补助，比如针对贫困人口、母语非英语学生等。1974 年，加州上诉法院判决该方案并不能通过合宪性审查，并判决学区之间的基本教育支出差异应控制在 100 美元以内。1976 年加州最高法院肯定了上诉法院的判决。为应对 1974 年的判决，州议会通过 SB220 方案，再次提高了生均教育经费基准，另外对学区决定额外征收的资产税，州政府实行保障税基的方式进行补助，即保障做出相同税收努力的学区有相同的收入。为了应对 1976 年的判决，州议会通过 AB65 方案，不过在该方案生效之前，加利福尼亚选民通过了第 13 提案宪法修正案。该宪法修正案规定对于包括居民和商业资产在内的资产征收资产税的税率不能超过 1%，另外资产的估值每年只能增长 2%，资产只有在进行交易、转移所有权或者新建时才能进行重新估价。州政府和地方政府不得征收超过 1% 限额之外的资产税，经辖区内 2/3 的选民投票通过可以征收特种税。这一宪法修正案使得加利福尼亚在 1978 年的资产税收入下降 70 亿美元，为了应对因此产生的收入减少，加州政府制订 SB154 应急方案，该方案将 1% 税率产生的资产税 44 亿美元，再加当时财政收入盈余 41 亿美元用为补偿资产税下降所带来的缺额。1979 年制订了长久应对方案 AB8，这一方案包括增加州政府的教育拨款，填补学区因资产税下降所减少的收入。学区的收入限额根据每年州政府确定生活成本指数进行调整。这项改革之后，因为每个学区的资产税税率都是 1%，州政府在补助各学区收入限额与 1% 税率资产税收入之间差额。因此，每个学区的生均教育支出的决定权基本上从学区收到州政府。另外，专项教育财政拨款项目则继续保留，1990 年，这一项目的支出占教育财政支出的近 1/5。

7.2.2.2 密歇根州的基础教育财政改革

密歇根州的教育财政政策在 1994 年进行了一次大的改革。改革之前，密歇根州地方政府基础教育财政投入占基础教育经费总投入的 65.2%，这一比例在当时全美 50 州中排第三位。因为地方政府投入占比较高，而且地方政府的收入来源是资产税，资产在各学区之间存在巨大的不平均，因此产生学区之间的投入不均等和税率不均等等问题。改革前州政府的教育拨款实行的是税基保障公式，也就是州政府保障一个必要的税基，1994 年生均经费为 102500 美元，如果学区的实际税基低于此数，州政府则补助学区实际资产税基与保障税基的差额与学区确定的税率之积。在此基础上，每生还获得生均 400 美元的财政拨款。对于资产税基超过 102500 美元的学区，州的教育财政拨款的计算方式是先算出保障税基与实际税基之间的差值（0 或负值），然后将其乘以学区确定的税率，再将这个数与 400 美元加和，如果是正值，则是州政府的拨款数额；如果是负值的话，没有任何州政府拨款。1994 年，占 42% 学生的 39 个学区的实际税基超过保障税基，也就是说他们只能收到少量的或者没有任何州政府的拨款。在改革之前，多数学区对现行的教育财政制度不满，对贫困的学区而言，他们税基少，生均支出少；对富裕学区而言，他们获得很少或者没有获得州政府的拨款。虽然对教育财政政策不满，但是州对于如何改善这一现状，没有统一认识。1972—1993 年，先后有 12 次关于减少以资产税来保障教育经费的方案在全民投票中被选民拒绝。比如，1993 年一个提案是提议增加所得税收入以降低资产税收入，这一方案得到当时州长约翰·恩格勒（John Engler）的大力支持，但是只获得 45% 的赞成票，没有通过。州长还想通过改变对资产的评估方式来减少对资产税的依赖。已经宣布参与竞选民主党州长候选人的参议员戴比·施塔贝诺（Debbie Stabenow）提出了大胆甚至有些反常的提议，即废除一切资产税，对于资产税废除之后，通过何种其他税收来源来保障教育财政投入则没有规定。当时普遍认为她的这个提案是表明如果没有替代方案，单纯废除资产税的方案是比较可笑的，但是这个方案却神奇地被参众两院通过了，州长恩格勒立即签署了该法案。这也就意味着 1995 年，如果州政府没有其他替代方案的话，公立学校要关门了。经过州长和议会一系列协商，最后提出了两种方案让选民进行投票，最后选民选择了提案 A。该方案是将消费税从原来的 4% 增长到 6%，所得税税率由原来的 4.6% 降低到 4.4%，房产交易税由 0.10% 升到 0.75%，烟税由每包 0.25 美元增长到每包 0.75 美元。在资产税方面，将资产分两个类别，一类是自有住房，即自己拥有产权且作为日常居住的房产，另一类是除自有住房之外的其他资产，包括租用的房产。对于自有住房，全州统一征收 6‰ 的资产税，对于其他资产，征收统一的 24‰ 的税率，其中州税 6‰，地方政府税 18‰。而所有的资产税在改革之前税率由地方政府确定，所以各地不一致，但改革前的平均税率是 34‰。改革前生均教育支出超过 6500 美元的学区可以自己决定是否对自己区域的非自有住房资产征收额外的资产税，但征税总额有一定限制。上述财政税收的增收部分统一归结为教育财政专项收入，包括 60% 除增量之外的消费税收入，14.4% 的所得税收入和一些小的税种的收入。这些专项收入构成州教育财政支出的大部分，比如1997年教育专项财政收入占据州基础教育财政投入的88%，剩余部分来自于州的一般性财政收入。

关于教育财政拨款方式，密歇根实行的是生均基准式的拨款政策，但与一般的生均基准拨款模式不同，它不使用统一的州生均基准额度，而根据学区改革前的生均定额来确定改革后的基准定额，其将学区分为三类，改革前生均教育支出低于3950美元的学区，其生均基准定额为4200美元，该额度称为最小生均定额。学区的18‰的非自有住房资产税用于教育，其不足部分由州教育财政专项收入支付，这部分包含了全州29个学区。对改革前一年生均教育支出在3950美元与6500美元之间的学区，共44个学区，根据以下公式确定：0.961×1994年的生均教育支出+414.35，这样计算下来，这个类别的学区的生均定额数量是其改革前实际生均教育支出的基础上增加160美元到250美元不等的额度。之前生均教育支出越低的学区增加得越多，生均教育支出越高的学区增幅越小。对这部分学区根据规则确定的生均支出定额，学区18‰的非自有住房资产税用于支付教育，其余不足部分由州教育财政专项收入支付。对于1994前生均教育支出超过6500美元的学区，其生均基准定额为州政府保证其中的6660美元，学区的18‰的非自有住房资产税用于支付教育，其余不足部分由州教育财政专项收入支付。为了保证学区不因改革而使这部分学区生均教育投入有所减少，州政府允许其征收资产税，在6660美元的额度之上增加教育投入，但是生均教育支出的增额必须保持在1994年的实际生均教育支出加160美元之和。

除了最小生均基准定额之外，还有一个基本生均基准定额，1995年是5000美元。最小生均基准定额与基本生均基准定额逐年增长，计划在2000年以前，使最小生均基准定额与基础生均基准定额相同。基础生均基准定额的调整是根据教育专项财政收入系数进行调整。某一年的教育专项财政收入系数是指该年全州生均教育专项财政收入除以 1995 年的教育财政专项财政收入。这样的话，教育财政改革之后，原先的高生均支出学区与低生均支出学区的教育支出均有所增长，但是低生均教育支出的学区增长更快，所以低生均教育支出与高生均教育支出的学区之间的差距会逐渐缩小。另外，有一点需要说明的是，这次教育财政改革只是针对教育常规支出，对于教育支出的资产性部分依然由学区自主决定，即学区通过发行地方政府债券的形式解决，债券通过学区自己征收的资产税进行偿还，法律对于用于此类支出的资产税没有限制。总的来说，这次改革，提高了贫困学区的生均教育支出，也缩小了学区之间在生均教育支出之间的差异。另外一个重要的变化是它改变了在教育支出上州政府与学区之间的权力分配，改变之前学区自主决定每年的教育财政预算总额，州政府起到补助的责任，而改革之后，对于很多学区而言，学区每年的生均教育支出则由州政府确定，除了改革前生均支出超过 6500 美元的学区拥有一定限度的自主征税权。在税收的负担上，自有住房的税率从改革前平均税率 34‰降至 6‰，当然居民的消费税有所增加。

8 美国基础教育财政政策的理论与实证研究综述

　　财政经费是基础教育发展的物质基础，教育财政是公共财政的重要组成部分。因此，基础教育财政问题得到教育政策和公共财政领域学者的广泛关注，对其中涉及的重要问题进行了广泛的理论与实证研究，本章将首先介绍美国基础教育财政政策相关的理论问题与重要的理论假设，进而介绍基础教育财政改革的实证研究，总结其形成的基本结论。

8.1　美国基础教育财政政策的理论研究

8.1.1　基础教育财政政策研究的理论问题

　　基础教育财政研究关注基础教育财政经费的筹措、分配与使用问题。美国教育财政体制涉及三个层次的主体：联邦政府、州政府和地方政府。因此，美国的基础教育财政研究是研究联邦政府、州政府和地方政府筹措、分配和使用教育财政经费的问题。具体而言，在联邦政府层面，虽然联邦宪法未将基础教育的供给和管理权力赋予联邦政府，但随着实践的发展，联邦政府使用一部分财政资金资助各州的基础教育。联邦政府财政资金主要用于特定对象的教育和特定的教育项目，比如资助贫困学生、特殊教育和职业教育项目等，不是针对教育的一般性拨款。联邦政府在基础教育财政政策上主要面临以下三个问题：联邦政府每年拿出多少财政资金资助各州基础教育？资助基础教育哪些项目的发展？联邦政府用于基础教育的财政经费如何进行分配？在州政府层面，基础教育财政涉及的主要问题是：州政府每年要承担基础教育经费投入责任的比例是多少？州政府的基础教育财政资金以何种方式分配给地方政府？此外，因为承担基础教育财政支出责任的首要责任主体是州政府，行政上地方政府隶属于州政府，州政府对于地方政府在基础教育经费的筹措、分配和使用方面可以做出相关规定，涉及学区筹措资金的水平和决策程序。投入水平的规定涉及筹措资金的来源、税种、最低或最高税率的限制、资产估值方式、税收资金限额、是否可以收取使用费用等。财政决策的程序包括每年度教育财政经费收入决策主体和程序，比如，什么条件下学区委员会独立决定，什么条件下需要全民投票决定；如果选民投票决定，是由半数选民支持通过，还是2/3选民支持通过等。因此，州政府需要决定的第三个问题是对地方政府的基础教育财政决策行为做出哪些规定？在地方政府层面，基础教育财政涉及以下事项：第一，确定每年地方政府筹措的地方基础教育财政经费的水平。因为地方政府教育财政收入的来源主要是资产税，所以对于地方政府而言，就是确定地方政府资产税的税率问题。第二，地方政府每年要从州政府和联邦政府获得用于基础教育财政的拨款，地方政府在收到拨款时如何应对，是地方政府需要决策的另一个重要事项。第三，作为基础教育的直接供给者，地方政府需要决定每年教育投入支出结构，即教育支出各科目的支出水平。

地方政府是基础教育服务的直接提供者，地方政府辖区内的居民是基础教育公共服务的直接受益者。因此，关于基础教育财政的理论研究主要是聚焦于地方政府所面临的财政决策问题。简单来说，地方政府所面临的核心教育财政决策是在已知上级政府教育财政拨款政策或者可预期的拨款数额的前提下，如何确定本级政府财政投入水平的问题或者基础教育财政投入的总体水平问题？理解地方政府对于上级政府财政资金的反馈行为有助于权衡上级财政拨款政策后果，进而重新设计上级政府的财政拨款制度，这样也有助于回答上级政府面临的基础教育财政决策问题。另外，在回答有上级政府财政拨款的前提下地方政府如何决定基础教育投入之前，需要解决的问题是在没有外界拨款情况下，如何预测地方政府的基础教育财政投入水平？因此地方政府教育财政决策问题有两个：一是地方政府对上级政府基础教育财政拨款的反馈问题，二是地方政府基础教育财政投入的决定要素的问题。针对这两个理论问题，研究者进行了深入的研究，并提出一些值得思考的理论。

8.1.2 地方政府基础教育财政投入水平的决定因素

基础教育是由地方政府直接提供的公共服务。假定地方政府决策机关的决策努力反映辖区内选民的教育需求，分析地方政府作为一个集体的教育需求，逻辑的起点是分析辖区内每个选民的教育需求。根据经济学在预测个体消费者需求的基本假设，决定消费者对一项产品或服务的需求水平的决定因素是产品或服务的价格、消费者的收入水平和消费者对于该产品或服务的偏好。服务或产品的价格由提供这种产品或服务的成本和供需关系决定，消费者收入水平是可直接观察的指标。消费者对于该产品或服务的偏好如何度量？比如说如何估量人们对于教育的偏好，经济学的方法是假定消费者在可以自由选择的情况下，用其自愿购买的服务支出的多少来度量其消费偏好。如果假定基础教育是一种由市场提供的服务，那么预测一个消费者的教育需求是看其在一定收入水平和确定的基础教育单位价格的情况下，其自愿消费教育服务的水平。但是基础教育作为一种公共服务，不同于私有服务，基础教育服务需求的决定机制与私有产品的决定机制存在差异。第一，一个行政区域内的教育需求水平必须是单一的，即辖区内的全体居民要决定一个单一的教育需求水平，辖区内每个居民消费同样水平的教育服务；第二，提供公共产品的成本并不是通过谁消费多少谁承担多少的机制决定的，公共产品的成本是通过税收来实现的，居民个体承担的成本份额是根据其拥有的税基和辖区确定的税率决定的，因为地方政府用于支付基础教育成本的主要税收收入是资产税，资产税的税率采用的是固定税率，因此居民承担的基础教育成本由其拥有的资产数量占全辖区内总资产的占比决定。第三，集体基础教育消费水平的决定主体与程序与个体决定私人消费水平不一样，个人的消费需求是单个人根据自己的收入水平和服务价格来决定，基础教育需求水平的决定是集体通过一定机制进行决定的，这可以是全体居民通过选举出来的学区委员会通过投票决定，也可以是学区内全体选民通过直接投票决定。

那么，基础教育作为一种公共服务的需求水平是由什么因素决定的呢？有一个回答该问题的重要理论是中位选民理论（Median Voter）。中位选民理论首先是作为一种解释与预测政府集体决策行为的理论提出的 [45, 46]。决定基础教育投入是政府的一项重要集体决策行为，因此中位选民理论也被运用到对地方政府教育投入的解释与预测当中 [47, 48, 49]。该理论首先假定辖区内每一位选民的教育需求是一个单峰值的函数，即只有一个最优值，多于或少于这个值都不是其最优选。第二个假设是被决定的事项是一个单维度的事项。第三个理论假设是集体决策的形式是由一个代议制的决定主体或全体选民以简单多数形式民主投票决定。在符合这些假设条件下，辖区的基础教育水平的需求则是辖区内各选民基础教育需求水平的中位数。这是因为只有这个水平才能够争取到超过半数的选民的支持。那么如何找到基础教育需求水平的中位数？因为每个个体的教育需求由教育价格和个体的收入决定，基础教育需求的水平则由一个具有中位数收入水平和承担中位数教育价格的居民的基础教育需求水平决定。

另外一个解释地方政府基础教育财政投入理论是议程操纵者理论[50-52]。该理论是在对中位选民理论批判的基础上提出来的，该理论的提出者认为理解地方政府公共服务财政投入水平时要考虑该决定的决策体制。地方政府财政预算过程并不像中位选民理论所设想的那样，由议员或选民自由选择教育投入的水平。学区的决策机制虽然在各州有所差异，但是一般的决策机制是由学监提出预算案，再由学区委员会的委员或者学区内选民投票决定通过或者不通过，如果该预算案没有通过，州法律往往规定了一个既定规则，确定应急预算水平。在启用应急预算方案之前各州允许的投票次数不太一样，有的最多允许一次，有的允许两次，少数允许多次。该理论认为学监及其代表的行政管理人员具有自利动机，这种动机促使他们追求自身利益的最大化，即尽量将预算做得足够高，而不是努力地反映中位选民的教育需求，而财政预算的决策程序给了自身利益最大化的行政管理者可以利用的机制。假定行政管理者知道学区选民的教育需求的中位需要水平是多少和每年既定应急方案的教育投入水平，如果中位选民的教育需求高于应急方案的教育投入水平的话，行政管理者提出的预算方案将会高于中位选民的教育需求水平，因为，如果学区委员会或学区选民否决该方案的话，学区选民会面临一个低于自己理想的教育投入水平，而且应急方案中的教育投入水平越低于中位选民的理想教育投入水平，实际通过的预算方案越高于中位选民的理想教育投入水平，因为学区委员会或选民否决行政官员的预算案的代价越大。如果应急方案的教育投入水平高于中位选民的教育投入水平的话，学区行政官员会提出等于或高于中位选民的方案，因为应急方案已经高于中位选民的教育投入水平，学区委员会或选民如果按中位选民理论预测的话会否决该方案，而启动应急方案中的教育投入水平，法定的应急教育投入水平即成为实际的教育预算投入水平，该投入水平高于中位选民的教育需求水平。因此，在现有的预算决策程序要求下，最终通过的教育预算投入水平是高于中位选民的教育需求水平的（除非中位选民的教育需要水平与应急方案中的教育投入水平相等，这时通过的预算水平即是中位选民的教育需求水平）。

8.1.3　地方政府对上级政府财政拨款的反应机制

美国基础财政投入的重要一部分来自州政府和联邦政府的财政拨款。这种拨款有三种形式。一是一般性财政拨款，学区可以自由支配用于教育的各个方面，州政府通过生均基准拨款公式下发给学区的财政拨款属于这种。二是配套拨款，如果学区想获得这类拨款，学区需要加大对教育的投入，上级政府根据学区新增支出的一定比例进行拨款，州政府通过税基保障公式下拨给学区的财政拨款属于这一种。三是专项拨款，针对教育的特定活动或功能进行拨款，比如针对交通费用、新建校舍、免费午餐等项目的专项拨款，这些拨款数量根据特定项目实际需要进行估算，也被要求用于特定项目，美国联邦政府对于教育的拨款多属于专项拨款。

地方政府既是基础教育的提供者，也是基础教育经费重要来源。那么，当地方政府收到上级政府的财政拨款时，其实际的应对方式既影响着上级政府财政拨款政策目标的达成与否，也关系到地方政府是否真正反映辖区选民教育需求的问题 [53]。地方政府对于上级政府的财政拨款可能有三种处理方式 [54]。就教育财政拨款而言，地方政府可以将其用在教育上，可以将其用在医疗、培训等其他政府公共服务上，也可以减少原来的地方税收收入的形式发给居民。但是地方政府在何种情况下实际做出何种反应是一个很重要的理论问题。根据个体消费者的需求理论和中位选民理论，可以得出地方政府对于上级政府的财政拨款会采取以下反应。根据上级政府财政拨款的形式不同，可以产生如下论断：第一，一般性的教育财政拨款对于地方政府教育财政投入影响与将该部分资金按该地方政府辖区内选民以各自承担的税收价格比例分发给选民时的影响一样[55]，即选民工资按比例增长总额与上级政府拨款数量一样时所带来的相应的地方政府教育经费投入水平的增加与上级政府的一般性拨款成效一致。根据经济学对于个人收入增加对教育投入的影响的实证研究，一般个体会拿出 10% 左右的收入增长投入教育中来，因此，当上级政府拨款给下级政府时，下级政府仅会将约 10% 的上级政府一般性财政拨款资金用于教育，而另外 90% 的资金则以减税的形式返给个人并用于个人的私有产品的消费。第二，配套性教育经费拨款对地方政府教育财政投入的刺激效应比一般性教育财政拨款的刺激效应更强，即相同数量的配套性教育经费拨款比一般性的教育经费拨款给地方教育经费支出带来更多的增长[48]。这是因为配套性教育经费拨款不仅提高了地方政府的财政收入水平，产生工资效应，也降低了地方政府提供教育服务的边际价格，产生价格效应，该效应促进地方政府增加教育投入，而一般性教育财政拨款仅具有工资效应。第三，专项教育拨款对于地方政府教育财政拨款的影响与一般性教育财政拨款对地方政府教育经费投入的影响一致，除非地方政府在没有该专项拨款的情况下用于该专项的原本教育投入低于该专项拨款，如果这样的话，该专项拨款会以其总额为限提高地方政府在该专项上的教育投入。

虽然上述关于上级政府财政拨款影响效应的理论推断适用于各个政府公共服务领域，比如医疗、道路建设等，因为美国是以学区为单位供给与管理基础教育的，鉴于学区的单功能政府的属性，上级政府财政转移支付对学区基础教育投入的影响成为上述理论进行实证研究较为适宜的领域[52]。大量的实证研究表明证实了上文的论断二和论断三[54, 56]，但是论断一却与大量的实证研究不一致。实证研究表明一般性教育财政拨款对地方政府教育财政投入的增长效应远高于学区内选民收入总额等额增长的效应。居民工资增长1美元，可以带来0.1美元教育投入的增长，而上级财政拨款增加1美元，最终可能带来教育投入0.3~1.0美元的增长，使用不同样本和方法的估算水平有高有低。地方政府将上级政府一般性财政拨款大部分或全部用于增加公共服务供给的现象被称为粘蝇纸效应。上述理论预测一主要是对消费者需求理论与中位选民理论的综合运用，可称之为等效性理论。很显然粘蝇纸效应的存在与等效性理论的预测不一致。

为此研究者提供了许多解释粘蝇纸效应的理论假设[47, 53, 57, 58]。第一，可能是在评估居民收入对教育投入影响效应时低估了居民收入的影响效应，比如说在进行回归分析时忽略同时与居民收入和教育投入需求相关联的因素，比如社区居民的受教育水平。还有就是地方政府通过税收的形式增加教育投入时，其过程中是有成本的，而直接来自于上级政府的转移支付是没有成本的，因此上级政府的财政拨款的促增效应比居民等额收入增加的促增效应大[59, 60, 61]。但是对居民工资效应低估而带来的拨款效应与居民工资效应的差异并不能完全解释实证研究中二者之间的差异水平[53, 58]。第二，等效性理论认为上级政府拨款是完全外生的，但上级政府的拨款可能与地方政府的教育投入需求有关联，如果这种关联存在的话，关于上级政府财政拨款的促增效应也会有所偏差。但是利用一些特殊的政策场景解决内生性的问题之后，能够减少部分的"粘蝇纸效应"，但不能完全解释[62, 63]。第三，关于"粘蝇纸效应"的另外一种解释是选民在财政信息获得或认知上出现了问题。选民在进行教育投入需求评估时可能并不以教育公共服务的边际成本来衡量，而是该服务的平均成本，虽然上级政府拨款没有带来教育公共服务边际成本的减少，但是确实影响了教育公共服务的平均成本，因此选民因为平均成本降低而增加了对基础教育公共服务的需求[64]，但是在控制了平均成本价格与边际成本价格的情况下，"粘蝇纸效应"并没有消失，说明该理论也不能完全解释"粘蝇纸效应"[65, 66]。第四，上文提到议程设定者理论对上级政府财政拨款的效应提出的解释是因为利益最大化的行政官员并没有完全告知选民上级财政拨款实际水平，影响了选民对于自身教育需求的评估[67]，也可能选民像行为经济学家假设的存在损失厌恶倾向，心理上对财政拨款资金与个人资金有着不同的价值评估[58]。第五，有些"粘蝇纸效应"的解释理论开始从反思财政转移支付政策制定过程入手，比如有可能是利益团体的影响，如果上级政府财政拨款的多少受了地方政府利益团体游说的影响，一旦拨款下来，即使该拨款是以一般性转移支付的形式下拨的，对于地方政府没有太多限制，但是地方政府与利益团体存在一种潜在的约定，将该拨款全部或大部分用于利益团体所代表的公共服务领域。如果地方政府不采取这种行为的话，会影响地方利益团体今后游说活动的动力，也会影响地方政府获得上级政府财政拨款的数量[63, 68]。第六，另外一种解释是从地方政府与上级政府之间的财政关系的角度来分析，虽然下级政府可以通过各种手段将上级政府的一般性转移支出资金转化成为可通用的资金，在保持原有公共服务水平不变的情况下，以降低地方税的方式将上级财政拨款发给本区域的选民，但是地方政府如果采取这种方式，将面临下一年上级政府的财政拨款可能会减少的风险；如果上级财政拨款减少，地方政府依然要保持原有的公共服务投入水平，则意味着要提高地方税的税率，税率的反复调整是有很大经济与政治成本的。因此，为了规避这类风险，地方政府更倾向于将上级政府的财政转移支付资金尽量多地用在相应的公共服务投入上。

8.2　美国基础教育财政政策的实证研究

美国基础教育财政的实证研究主要涉及对于基础教育财政政策的影响的研究。研究的对象有一般教育财政拨款政策，比如生均定额政策、生均基准政策等，也有专门针对具体的基础教育财政政策的，比如基建投入政策、特殊教育政策等。既有一般性评估某项财政政策设计的研究，也有专门针对某次财政改革成效的研究。从研究的范围来讲，可以分为以全国为样本的研究和以单个或若干个州的教育财政政策或改革为对象的个案研究。

如何来评价基础教育财政政策的影响？它包含两个层面，基础教育财政政策或改革给教育带来了什么变化？基础教育财政政策或改革给非教育领域带来了什么变化？评估基础财政政策给基础教育带来的影响，主要有两个价值维度，即教育财政投入的公平与充足的问题。评估基础教育财政改革对于非教育领域的影响主要是关注基础教育财政政策的外溢效应。以教育公平为视角的研究，涉及选择何种客观的指标来度量公平，这涉及以教育的输入端指标进行度量还是以教育的输出端指标进行度量的问题，输入端指标主要指教育经费投入，即以生均教育支出计算如 GINI 系数之类的平等指标，输出端指标是指教育产出，比如学生的标准化成绩、毕业率、升学率，考虑再长远一些，学生在劳动力市场上的表现。这类研究主要看不同的教育财政制度和教育财政改革措施是否缩小不同群体之间的教育产出的差异。以教育充足为视角的研究主要关注的是生均教育经费投入水平或学生学业成绩水平。基础教育财政改革的重要目标是满足每一个孩子最基本的教育需求，衡量这个最基本的教育需求最常见的指标还是生均教育支出，当然也可看学生在标准化成绩上的表现。

针对教育财政政策外溢效应的研究是研究基础教育财政政策对教育系统之外

产生的辐射效应。基础教育财政政策并不是一个封闭的体系，其与州政府的税收制度具有重要联系，可以说教育财政制度的改革必然伴随着税收制度的改革。因此，有一部分教育财政研究则关注教育财政制度的变革对税收制度的影响，比如说对地方政府资产税税率的影响。资产税税率的变化以及教育财政改革所带来的教育质量变化，也会影响到居民对房屋和学区的选择，因此，教育财政改革可能影响到房地产的估值，社区生活成本的提高可能引起社区成员的流动，进而可能影响社区成员的经济社会条件构成。有教育财政研究者研究教育财政改革对房地产估值和社区人员构成的影响。

8.2.1 基础教育财政政策对教育投入水平的影响

8.2.1.1 单个州教育财政改革的研究

提高贫困学区的基础教育经费支出水平是基础教育财政改革的重要目标，基础教育财政改革对教育经费支出水平，特别是贫困学区的教育经费支出的影响，得到许多研究者的关注。关于单个州教育财政改革对教育经费支出水平的研究可以细分为三个层面的问题：州基础教育财政改革对贫困学区、富裕学区、全部学区平均教育支出的影响。针对贫困学区而言，已有研究发现有些州的改革给贫困学区的生均教育支出带来显著增长，有些州的改革并没有带来贫困学区生均教育支出水平的增长。针对富裕学区和全部学区的平均效应而言，基础教育改革对生均教育经费支出水平的作用方向因不同州的改革措施而各有不同，有些为正，有的为负，有的没有显著影响。具体个案的实证研究结论如下。

加利福尼亚在 1978 年通过第 13 提案宪法修正案之后，极大地限制地方政府的税收权力，实质上将教育支出的责任承担和政策制定权力提到州政府层面。该项改革影响了教育财政投入增长的速度，1981—1991 年，加利福尼亚的生均教育支出增长 13.07%，而同时期美国全国生均教育支出增长了 30%。有研究表明，州生均教育投入之所以减少，主要是因为富裕学区生均教育投入减少，而贫困学区的生均教育投入没有多少变化[69]。华盛顿州在州法院❶宣布其教育财政政策违宪之后进行了一系列的财政改革，州政府教育拨款根据教师人数进行计算，20个学生配备一个教师，3 个教师配备 1 个助教；设定地方政府财政收入的限额，学区增收的资产税收入不得高于州政府确定的基本教育经费标准的 10%；通过对改革前教师工资比全州平均工资高的学区设定相对较低的教师工资增长比例，对教师工资在全州平均工资以下的学区设定更高的增长比例，以此来缩小教师工资在地区之间的差异。1981 年改革时华盛顿州的教师平均工资高于全国平均工资 17.6%，改革后的 1990 年，华盛顿州的教师工资比全国平均水平少 2.2%。富裕学区的教师工资基本上保持不变，如果考虑通胀因素，实际不升反降，这导致1991 年涉及全州一半教师的大规模教师罢课行动[70]。1993 年马萨诸塞州进行了教育财政改革，研究发现该项改革提高了州政府对于教育的财政拨款，该项拨款在一定程度上提高了富裕学区的生均拨款，但较大幅度地增加了改革之前的低教育投入学区的生均教育经费支出[71]。具体而言，这项改革提高了低教育投入学区 7% 生均教育支出（556 美元根据 1996 的美元货币价格测算）。如前文所述，密歇根州 1994 年实施激进的教育财政改革，提高州政府承担教育经费支出占比，限制了地方政府的基础教育财政权力，该政策改革得到了研究者较为集中的关注。使用 1992—2000 年的数据，并以 DID 研究设计发现密歇根州的教育财政改革确实促进了薄弱学区财政收入的增加[72]。对密歇根的教育财政政策的长期效果进行追踪，发现 1995 年之后密歇根州的生均教育经费水平有所增长，但是在2002 年之后，出现持续下降趋势[16]。2008 年宾夕法尼亚州实施了一项基础教育

---

❶ Seattle School Dist. No. 1，Etc. v. State，473 F. Supp. 996（W.D. Wash. 1979）.

财政改革，其主要内容是提高州政府对贫困学区拨款水平，州政府根据学区的学生特征确定生均基本支出标准，对于学区生均支出与州政府确定的标准差距较大的学区，州政府确定了渐进的额外拨款政策，以期在 6 年内将二者之间的差距减少 50%。但因政府人员的调整这一政策实施三年后被废止。研究发现，相对于没有收到州政府额外拨款的学区，收到州政府较多额外拨款的学区更多地降低了其资产税的税率，且这些学区的生均教育支出并没有因为州政府的额外拨款而增加[73]。

8.2.1.2 使用全国性样本的研究

上述关于基础教育财政改革对生均教育支出影响的研究主要是针对单个州的基础教育财政改革，还有部分研究者使用美国全国性数据研究了各州教育财政改革的平均效应。这些研究发现基础教育财政改革提高了贫困学区的生均教育支出水平。比如，使用全国性样本数据，研究发现 20 世纪 80 年代的教育财政改革增加了州政府对贫困学区的拨款，相应提高贫困学区的生均教育支出，州政府增加 1 美元的财政拨款，可以提高生均支出 30 ～ 65 美分[44]。使用 1989—2010 年的全国数据，研究发现在法院压力下进行教育财政改革的州的最为贫困的学区的生均教育收入增加了 11.5% ～ 12.1%[74]。以 1990 年之后的基础教育财政改革为研究对象，根据各州学区 1990 年人口普查的平均居民收入水平将其学区进行 5 等分，将第一等分点的学区定义为低收入学区，第五等分点的学区定义为高收入学区，然后数据在年份与州的维度进行求平均，形成州与年的面板数据，使用事件分析的研究设计，研究发现教育财政改革对低收入学区的州政府教育财政拨款以及教育财政总收入都有增加效应，对高收入学区并没有统计学意义上的显著增长效应[75]。

不同于其他使用全国性样本的研究者将各州的教育财政改革看成一个同质事件，有研究者分析了各州不同教育财政改革措施，从中提出四个重要的因素：统一要求的学区最低资产税率、州政府筹集教育拨款而征收的所得税或消费税率、固定生均拨款数额、税收价格[76]。其研究目的是分析这四个因素对生均教育支出的影响。使用 1970 年和 1990 年全国的学区层面数据，其发现最低资产税率对生均教育支出有显著负向的影响，用于教育的所得税或消费税税率对生均支出影响不显著，税收价格对于生均支出有显著负影响，固定的生均拨款对生均支出没有显著影响。因此，某一种财政改革对生均教育支出的影响取决于该教育财政拨款在设计时所产生的最低资产税的税率和学区居民承受的税收价格的变化。比如说，如果某项基础教育财政改革带来的最低资产税率增长的负面效应超过了税收价格减少的增量效应，那么该项教育财政改革则会带来州生均教育支出的降低。同时，研究发现过于极端的均衡化教育财政改革不仅会拉低州的生均教育支出，甚至也会拉低贫困学区的生均教育支出。

8.2.2 基础教育财政改革对教育支出结构的影响

基础教育财政政策改革不仅会影响教育投入水平，也可能影响教育支出结构。基础教育投入增加之后，学区如何使用新增的资金是一个非常重要的研究问题，它与新增资金的使用效率息息相关，理解学区的支出项目优先度是解释教育投入增加是否带来教育产出增加的中间一环，所以该问题也得到了部分学者的关注。使用 1992—2002 年的全国数据，研究发现财政诉讼所促成的财政拨款的增加主要是用在提高教师的工资待遇上，其次是用于聘用新教师和提高支持性服务的支出，且提高工资主要是针对老教师，而非针对新进教师[77]。肯塔基州 1990年实施了教育财政改革，使用 1990—1993 年数据发现学区的教育财政拨款有所增加，但学区对新增加拨款的使用延续之前的支出结构，即新增的拨款基本按照改革之前的支出比例被分配在教学、管理、运行、维护、交通、健康等领域功能科目中[78]。研究发现密歇根州 1993 年的教育财政改革促进了薄弱学区财政收入的增加，且学区将增加的经费投入了教师工资的提高和班额的减少上 [72]。另有对密歇根教育财政改革的研究发现，相对于低支出学区而言，高收入学区提高了用于教学的比例，减少了用于支持性服务的比例 [79]。1993 年马萨诸塞州的教育财政改革带来的新增的教育财政投入被较多地投入在教学、支持性服务与资产性支出等方面 [71]。2013 年，加利福尼亚实施了新的教育财政改革，州的拨款方案更多地考虑弱势学生的教育成本，而不仅仅是地方资产税的多少，还给予地方政府更多经费使用上的自主权。有研究发现新增的教育拨款使得平均的学校生师比下降，提高了教师的平均工资和教学性支出 [80]。使用 1987—2012 年的全国数据，研究发现基础教育财政改革带来了州政府对贫困学区教育拨款的增加，有些学区将此类拨款的大部分用于教育，而另外有一部分州的贫困学区，将大部分州政府的新增拨款用于减税 [81]。那么是什么因素导致这两种不同的反应呢？研究发现州教师工会力量的强弱影响着来自州政府新增拨款的走向，具体而言，在一个教师工会力量很强大的州，因教育财政改革而带来的新增加州政府拨款几乎被 1:1 的比例使用在教育上，大部分使用在教师的工资待遇提高上。教师工会力量较弱的学区将大部分新增州政府教育拨款用于减税，将余下的部分用于聘任新的教师。

8.2.3　基础教育财政改革对教育公平的影响

促进学区间基础教育经费投入公平是基础教育财政改革的重要目标之一。基础教育财政改革的实证研究证明实现了这一目标。20 世纪 70 年代末，加利福尼亚的教育财政改革极大地改善了学区之间的生均教育支出之间的差异，生均支出变异系数从 1972 年的 0.23 降低到 1987 年的 0.11[82, 83]。华盛顿州 1981 年的基础教育改革前 95% 位点学区的生均教育经费比 5% 位点的学区的生均教育经费高

70.8%，改革后的 1990 年时这一比例变成了 41.1%，即改革减少学区之间教育经费投入的差异[70]。研究发现 1990 年肯塔基的教育财政改革缩小了富裕学区与贫困学区生均教育支出之间的差异[84]。密歇根 1994 年的教育财政改革缩小贫困学区与富裕学区之间的生均教育支出差距[85]。2004 年马里兰实行的教育财政改革也缩小了贫困学区与富裕学区生均教育经费支出之间的差距。使用全国性的样本，对发生在 1972—1992 年的教育财政改革的效果进行研究，发现法院判决压力下的教育财政改革显著地降低了州内学区之间的教育支出差异[86]。根据不同的测量差异的指标，这一下降幅度为 16% ～ 38%。而且州内教育支出水平差异减少主要是通过增加贫困学区的教育投入，保持富裕学区的教育支出不变实现的。州政府在增加教育投入的同时，并没有减少其他政府财政支出，揭示其用于增加教育投入的资金来自新的税收收入。从政府间的责任比例上来讲，法院判决压力下的教育财政改革促使州政府的教育财政投入增加，而地方教育财政投入则没有变化。与此同时，在没有法院判决的压力下，州议会自发通过的教育财政改革方案对学区间的教育财政支出差异并没有显著影响。同样使用全国性的样本，研究发现，20 世纪 80 年代教育财政改革降低了贫困学区与富裕学区在生均教育支出上的差异[44]。

8.2.4　基础教育财政改革对于教育产出的影响

基础教育财政改革的目标并不仅仅是提高教育经费支出的水平与公平性，更为重要的是通过经费投入的变化实现教育产出提高及结果公平，衡量教育产出的最主要标准是学生的标准化成绩、高中毕业率、毕业后工作情况。基础教育财政改革是否实际提高教育产出结果及实现教育结果的公平，实证研究未形成一致的结论。下面分别综述关于这个问题的个案研究和全国样本的研究。

8.2.4.1 单个州的研究

研究者们对加利福尼亚、堪萨斯、肯塔基、马萨诸塞、马里兰、密歇根、北卡罗来纳、纽约等州的基础教育财政改革对教育产出的影响进行了研究，其基本研究结论综述如下。20 世纪 70 年代，加利福尼亚州的基础教育改革并没有减少贫困学区的学生与富裕学区学生之间成绩的差距[82]。1990 年早期肯塔基实施了教育财政改革来提高贫困学区的教育支出，缩小学区之间教育支出的差异。研究发现，生均教育经费支出如果增加 20%，可以使学生接受高中后教育的可能性提高 5%[87]。1997—2006 年堪萨斯州实施了一系列教育财政改革，但这些改革带来的财政拨款增加并没有对学生的成绩提高产生作用[88]。肯塔基州 1990 年的教育财政改革未对学生成绩的提高以及富裕学区与贫困学区学生的成绩差距产生影响[84]。针对 1994 年的马萨诸塞的教育财政改革的研究发现，州政府每增加 1 美元的财政拨款，会提高 50 ～ 75 美分实际生均教育支出的增长，教育拨款的增长对四年级学生的成绩有积极的正向显著影响，但对 8 年级学生的成绩没有影响，4 年级平均成绩的提高主要是通过提高差生成绩实现的[89]。使用 1992—2004 年的数据，发现密歇根基础教育财政改革增加的财政收入确实使学生的数学成绩有所提高，这个效果对于改革前学业成绩表现不理想的学区效果更大[90]。使用 1992—2000 年的数据和不同的模型，对于密歇根州的教育财政改革研究发现，因教育财政改革所带来的经费增长对四年级学生的数学成绩有显著影响，60% 的生均经费增长可以带来一个标准差的学生成绩增长[72]。但是这项改革对于薄弱学区的学生 ACT 成绩以及参加 ACT 考试的比例却没有产生影响[85]。使用学生的面板数据，研究发现密歇根的提案 A 教育财政改革所带来的资金增长对学生的本科入学率以及获得高中后学位证书的比例有促进作用，如果生均经费提高 1000 美元，进入大学的可能性提高 7%，获得高中后学位的可能性提高

11%，这种增长效应主要发生在非农村学区、富裕学区和改革前成绩较好的学区[91]。2004年马里兰实行的教育财政改革并没有带来贫困学区与富裕学区之间学生成绩差距的缩小[92]。北卡罗来纳2004年实施一项专门针对薄弱学区的财政支持计划，即根据薄弱指标划定16个学区，给予生均250美元的额外补助。每个学区的薄弱指数根据学区教师的流动情况，有经验的教师数量，贫困家庭学生数量以及学业达标学生的数量确定。使用断点回归设计，研究发现此项改革对学生的标准化成绩的平均边际效应为0.133个标准差，对于学困生的成绩影响是0.098个标准差[93]。这个幅度相当于成绩处于前列与处于末端的平均学生成绩之差的1/3。2008年纽约实行一项教育财政改革，其中有一个重要规定，即学区不因学生人数的减少而减少之前的州政府拨款总额，因此对于学生人数减少的学区，其生均经费就增加了。研究发现新增的财政拨款对学生的成绩有促进作用[94]。如果生均经费增加1000美元，学生的数学成绩可提高0.047个标准差，英语成绩提高0.042个标准差。研究发现加利福尼亚2013年的教育财政改革所带来的经费增长对学生的高中毕业率和学生成绩都有显著的促进作用[80]。如果学生在10~12年级期间经历1000美元的经费增长，高中毕业率可以提高5.9%。对于贫困家庭的学生而言，1000美元的教育经费增长可带来0.19个标准差的数学成绩增长，0.08个标准差的阅读成绩增长。

8.2.4.2 使用全国性样本的研究

由于关于教育结果的数据多数只存在于州层面，因此基础教育财政改革对教育产出的影响的全国性研究较少，已有的主要是利用SAT成绩，NAEP数据，收入调查数据（Panel Study of Income Dynamics，PSID）等全国性数据。使用全国性抽样的高中生调查数据发现20世纪70年代和80年代法院判决压力下的教育财政改革并没有对学生平均成绩和成绩的分布产生影响[95]。相反议会自主启动的教育财政改革却提高了学生的平均成绩，且对于改革前州拨款占学区财政收入较大比例的学校，其成绩提高效应更高。使用全国样本的 SAT 数据，[44] 研究发现基础教育财政改革带来的生均教育支出差异的减少也降低了高教育家庭与低教育家庭在 SAT 成绩之间的差异。使用 NAEP 数据，研究发现教育财政改革对学生成绩有持续的增长效应，即使在改革之初，效应不太明显，但随着时间推移，增长效应在逐步增加[75]。但教育财政改革对高收入学区的学生成绩没有显著效应。最后研究者以贫困学生与非贫困学生的成绩差距，少数族裔与白人之间的成绩差距为结果变量，发现教育财政改革对于二者没有显著影响。这主要是因为贫困学区与贫困学生在空间上并不是完全吻合的。虽然 1/4 的少数族裔学生、1/3 的贫困家庭学生住在贫困学区（平均收入位于第一五等分点的学区），而 10% 左右的少数族裔学生和贫困学生住在富裕学区（平均收入位于第五等分点的学区）。使用 PSID 的数据，利用各州教育财政改革发生时间的外生性，使用工具变量和 DID 设计，研究发现如果生均教育支出保持 12 年内每年 10% 速度的增长的话，该学区的学生的受教育年限可提高 0.31 年，毕业的工资可以提高 7%，沦为贫困人口的概率要降低 3.1%[96]。使用 1989—2010 年的全国数据，研究发现在法院压力下进行教育财政改革的州最为贫困的学区的高中生毕业率提高 6.8% ~ 11.5%[74]。另外，其还发现教育经费增加提高了贫困学区的高中毕业率，对富裕学区的没有影响，且对严重贫困地区的增长效应比对一般贫困的学区要高。

8.2.5 基础教育财政改革的外溢效应

8.2.5.1 对社区居民异质性的影响

美国的基础教育财政改革改变了地方居民决定教育财政投入的自主权，也改变了其承担公共教育成本的水平。因此，对人们选择社区的行为也可能产生影响。比如，如果将贫困学区的生均教育经费支出提高到富裕学区的水平，原来居住在富裕地区的选民就可能会因为可以不用承担富裕学区的房价压力而选择迁移到贫困学区去，这样就可以享受相同的教育资源[40]。另外，许多教育财政改革限制学区在学区教育投入上的决定权，也会影响一部分家庭去选择另外的学区。根据蒂博特（Tiebout）理论，每个家庭都会选择与自己能力和需要相符的社区，即社区的税负是自己能够承担的，提供的公共服务水平是自己所需要的[97]。如果某个社区的税收政策和公共服务的组合不能够满足其需要，社区居民则会"用脚投票"，选择新的社区。因此，在地方财政由地方决定的情况下，各个地区的人口会在收入水平与公共服务需求等方面越来越同质化。当然，影响社区选择的因素有很多，并不会达到完全的均质化。比如说一个家庭的孩子成人以后，那么增加教育投入，对他们而言就不会受益，因此，可以推论出如果一个社区老年人的比例偏高，那么其教育投入则偏低，有研究者通过实证研究也证明了这一点[98]。教育财政改革对学区的税收结构以及提供的教育服务水平都带来了影响。因此，可以预期教育财政改革对社区成员的收入结构、年龄结构会产生一些影响。密歇根在实施教育财政改革之后，学区内居民在收入水平与教育水平上的变异变大[99]。具体而言，对低支出学区而言，居民收入水平与教育水平的变异性在增大。而对于高支出的学区，居民收入水平和教育水平的变异却在减少，这可能是因为即使在改革之后，人们对高支出学区的住房需求一直比较高。使用全国的数据，对 20 世纪 70 年代和 80 年代的教育财政改革对学区人口收入结构的影响的研究发现在法院判决压力下改革的州中整体收入偏低学区，其低收入家庭占比在减少，而在法院判决州教育财政拨款合宪的州，收入偏低学区的低收入家庭占比在增加[100]。这说明，教育财政改革所带来的地方政府财政自主权的减弱影响了居民的社区选择。当低收入学区能够获得更多教育资源，提高教育质量的同时，也吸引了高收入家庭。教育财政改革对居民收入构成的影响在高收入的学区表现不明显。

8.2.5.2 对社区房产价格的影响

如果假定增加的教育投入意味着教育质量提高的话，贫困学区增加的财政拨款则会带来教学质量的提高，同时它的资产税也较低，这就会吸引其他学区的居民迁移过来。根据房地产供求关系的变化，教育财政改革则有可能提高房地产的价格。使用全国学区层面的数据，研究发现法院判决压力下的教育投入增加提高了学区内房产价格与租金水平[101]。密歇根的教育财政改革对底特律（Detroit）的房价造成了显著的影响[102]。使用 1975—1990 年的数据，研究发现 20 世纪 80 年代，加利福尼亚的改革确实影响了房价，改革使学区的教育资源趋势走向平均，学区间的房屋价格差距也在缩小[103]。2002 年马里兰教育财政改革所带来的生均教育支出的增加也促进了房价的增长，州教育财政拨款每增加 1000 美元，资产的价格则有 5% ~ 13% 的增长[92]。上文提到的霍克斯比的研究也发现过于极端的均衡化教育财政改革也会带来资产价格的降低[76]。产生这一现象的原因在于极端教育财政改革往往是资产富裕的学区将财富分享给资产贫困的学区，但资产的贫富与学校的质量有相关性，即资产的价格里资产化了一部分学校的质量，人们正因为学校质量好才选择购买较贵的资产，均衡化的教育财政改革打破了资产与学校质量之间的关系，惩罚了愿意更多投入教育的人，因此产生了负向激励。

8.2.5.3 对地方资产税的影响

教育财政诉讼与教育财政改革的动因除了贫困学区认为其学区的教育财政投入不足或者与富裕学区之间差异过大之外，另外一个原因是贫困学区纳税人认为其所承担的资产税税率过高，存在税收政策方面的不平等。那么教育财政改革是否降低了富裕学区与贫困学区在资产税税率方面的差异呢？有研究者研究阿肯色的教育财政改革，发现教育财政均衡化改革确实使贫困或薄弱学区的资产税率有所下降，且与富裕学区之间的资产税负担的差距也有所减少[104]。1999 年，新罕布什尔在州法院判决的压力下通过教育财政改革法案，显著地提高州政府承担教育支出的比例，研究发现学区将州政府新增的财政拨款的约 90% 的用于本地区的资产税减免。新罕布什尔的财政改革呈现这一结果，很可能是和新罕布什尔学区的教育财政预算的决策方式有关，其每年的财政预算由乡镇大会全民投票决定，所以其更加能够反映选民的教育需求，更加符合中位选民理论的预测[105]。1993 年，密歇根教育财政改革主要是针对学校的常规性支出，不包括资产性支出，尤其对于学区收入限额的规定不包括学区筹集的基建资金，这部分经费学区可以决定以资产税的方式征收。因此，对于一些相对富裕的学区而言，其教育投入需求受到了州教育收入限额的制约，财政改革后这部分学区通过发行政府债券来筹措用于基建的拨款的可能性显著提高，预示地方政府政策制定者有意在规避州政府的教育财政政策[106]。

8.2.6 基础教育财政具体改革措施的影响

8.2.6.1 基础设施建设经费改革的影响

学区的基建投入一般由学区通过发行债券的方式筹集，部分州政府为了促进财力薄弱学区的基础教育设施改善，采取了一些政府层面的财政措施。比如，为了改善学校建设条件，1997 年，得克萨斯实施了教学设施建设项目，1999 年实施了债务偿还拨款项目，前者是为资助学区的教学设施建设，后者的政策目的是减轻学区的资产税负担。相对没有收到债务偿还拨款的学校，研究发现接收到债务偿还项目拨款的学区降低了债务相关的税率，同时增加了日常运行经费方面的税率，总体对资产税的税率没有影响[107]。对于教学设施拨款项目，研究发现其确实提高了接收学区的基础设施建设投入[107]。1997—2011 年，俄亥俄实施了一项学校建设拨款项目，研究发现基建拨款增加的前几年学生数学与阅读的达标率有所下降，但之后则持续增长。基建拨款的增加对学区内房价的影响也是这样，先是有所下降，而后持续增长[108]。康涅狄格州的纽黑文市在 1998—2014 年实行了校舍新建及修缮项目，各个项目的竣工时期不同，以学生入住期限开始计算，研究发现新校舍被入住 6 年以后，学校的阅读成绩提高 0.15 个标准，但对于数学成绩没有显著影响。研究还发现新校舍建设促进了学校周边房价 10% 的提高，也增加了学校的学生人数[109]。因为基建拨款往往是学区全民投票决定是否发行债券筹集，一般是超过半数算通过，这提供了一个使用断点回归研究设计的机会。使用加利福尼亚的数据，研究发现通过基建筹款方案可以正向提高学区内房屋的价格[110]。使用断点回归的技术和密歇根州 1996—2009 年的数据，研究发现基建投入的增加对学生标准化考试达标率的提高有正向影响[111]。使用得克萨斯 1997—2010 年的数据，研究发现增加基建筹款投入对学生的学业成绩没有影响[112]。

8.2.6.2　收入或支出限制条款的影响

为了促进教育公平，在教育财政改革策略的选择中有些州选择通过立法限制学区用于教育的税收收入和支出的增长。为了减轻居民的资产税负担，有些州对地方政府的税收增长或税率也进行了限制，学区作为地方政府的一种，同时也受到了影响。这些限制表现为资产税税率的最高限额、资产税收入的增长比例、生均支出的增长比例限制等。有些州规定学区可以全民投票的形式突破这些比例限制，有些州没有此类例外规定。在规定可以通过全民投票突破这些限制的州中，有些州规定学区选民多数票通过即可，有些州则规定需要 2/3 选票通过才行。使用 1988 年学校与教职工调查（Schools and Staffing Survey）全国性的样本数据，研究发现对地方政府的征税与收入权力限制影响了学区的教育投入，表现为权力限制改革之后更高的生师比与更低的教师起薪，但并没有降低教育管理方面的经费支出[113]。这些限制措施也对学生在数学、科学、社会科学、阅读等标准化考试产生了不利影响。1990年，俄勒冈对地方政府征收资产税的权力进行了限制，使用1987—1993年数据，研究发现该项政策提高了生师比[114]。1991年伊利诺伊州实施了专门针对5个县的税收收入增长率限制，使用1988—1994年数据，发现该项限制措施只对3年级的数学成绩有显著但较小的负向影响，对阅读成绩并没有影响[115]。对地方税收或支出权力的限制有时是教育财政改革的重要内容之一，有时单独存在，有人研究了二者之间的交互效应，发现只有在权力限制措施同时存在的情况下，教育财政改革才会带来地方教育财政收入的减少[116]。即使没有法院判决压力的教育财政改革，限权措施也会减少地方政府的教育财政投入，但是其效果比财政改革与限权措施同时存在时效果要小一些。但当二者同时存在时，州政府的教育财政支出会更高。而且限权措施与法院判决压力的教育财政改革都会独立地增加州政府对于教育的投入。使用1970—2000年州层面的数据也证实限权措施对生均教育经费支出有负向的影响，要求全民投票时采用绝大多数决策机制对教育经费增长的负面影响更大[117]。

8.2.6.3 Title I 项目

Title I 项目拨款作为联邦政府基础教育拨款的重要组成部分，该项目是否能够增加生均教育经费支出，提高教育生产效应，是研究者比较关注的话题。Title I 项目拨款公式是根据各州的贫困人口的比例来测算的，且是按国家统计局每10年的项目统计数据计算，可以将新数据调整所带来的联邦政府拨款增加的影响与各州因贫困数据连续变化带来的拨款增加的影响分离开来，利用这一事实，使用工具变量的方法，研究发现在接收 Title I 拨款第一年，每1美元的联邦拨款可以增加学区实际支出约 1 美元，但两年之后，这种促增效应就消失了，说明学区将联邦的拨款用于减税或他用 [62]。理论上联邦拨款有助于消除各州生均教育支出的差异，通过分析各州教育拨款与贫困学生比例的关系，发现 Title I 降低了贫困学生数量对生均教育支出的影响力度，但各州生均教育支出的差异由更为重要的因素决定，比如各州人均收入，因此，联邦政府的拨款可能在缩小各州之间的生均教育支出的作用力度相对比较小 [118]。有人研究了 Title I 拨款在 1965 年实施时对南方州教育支出的影响，发现 1 美元联邦教育拨款的增加可以提高学区生均教育支出 0.5 美元 [119]。对于减税空间较小的学区，这个增长效应会更高一些。Title I 带来的生均教育经费增加很有可能降低了白人高中生的辍学率，但是对于黑人的辍学率则没有影响，说明学区在使用联邦拨款时偏离了联邦政府的政策目标。

9 美国基础教育财政政策的特点与启示

通过对美国基础教育财政收入与支出数据的呈现，对美国基础教育财政政策决策体制，教育财政拨款政策的内容与变革的描述，以及学术界对于美国基础教育财政改革的理论与实证研究的介绍，可较为全面地了解美国基础教育财政政策的具体内容与形成机制。作为全书的最后一章，本章将在前述章节的基础之上，总结美国基础教育财政制度的显著特征，并结合美国基础教育财政改革的正反经验，谈谈对于我国基础教育财政政策改革的启示。

9.1　美国基础教育财政政策的特点

9.1.1　非中心化是美国基础教育财政政策的显著特征

非中心化是美国基础教育财政体制最为主要的特征，非中心化是指在决定基础教育财政政策方面下级政府具有较独立的权力。这表现在两个方面，在联邦政府与州政府的关系上，基础教育财政政策的主体是州政府，联邦政府只决定联邦政府对于基础教育拨款的事项，比如 Title I 拨款项目、特殊教育项目、Head Start 项目等。这种基础教育体制有其有利的一面。

第一，各州可以根据自身经济发展水平和居民教育需要有针对性调整基础教育的供给水平，进而更有效地安排资源。比如说美国州政府教育财政拨款占基础教育财政收入总额的比例最低为 30%，最高的州为 90%。为何差距如此大，主要是因为美国各州税收制度不一样，当然还与各州居民对于基础教育财政保障责任在政府之间分配的理解有关。第二，基础教育财政政策如何才能满足民众对公平、有质量的基础教育需要，需要考量多种因素，在政策实施之前，很难预测其实际结果。由各州独立地设计自己的基础教育财政政策，提供了一种试错机制，如果某个州采纳一种基础教育财政政策，被证明是行之有效的，其他州就可以学习跟进；如果某州采取一种财政政策被证明是失败的，其他州则可避免该类措施。比如基准定额的拨款模式，20 世纪 30 年代开始被采用之后，渐渐地现在美国有 37 个州政府使用该拨款模式。反面的例子就是基础教育财政拨款中采用的反向补助条款，虽然在若干州被采用，比如威斯康星、新罕布什尔，但是实行不久即被废除，后来的财政改革中较少被使用。

美国基础教育财政机制中联邦政府与州政府之间的分权体制存在的重要弊端

在于其无法解决基础教育资源在各州之间分配不均的问题。就生均教育支出而言，生均教育支出最高的纽约 2016 年为 24047 美元，生均教育支出最低的爱达荷为 7570 美元。虽然联邦政府采取了一些专项资助项目，针对贫困和残疾学生群体，但是联邦政府的基础教育财政拨款，一则份额较小；二则部分财政拨款有很高比例的挤出效应，很难平衡现有教育资源在州与州之间的差距。另外联邦政府如果想采取平衡州与州之间的教育财政资源差异的措施，在政策制定过程中，面临来自富裕州的巨大阻力。联邦政府与州政府在基础教育财政上的权力关系由美国联邦宪法确定，没有迹象表明美国当下有修改联邦宪法以调整联邦政府在基础教育上的权力的可能。

非中心化另外一个表现在于州政府与地方政府在基础教育财政事务的决定权上，地方政府享有很大的自主决定空间。从法律上讲，基础教育财政相关的权力完全来自州政府，地方政府是州政府创设的机关，权力最终属于州政府。但是从基础教育财政政策的发展史来看，早期基础教育财政政策最初的决策权都在地方政府，地方政府决定着基础教育投入的水平和征收税收的多少。虽然随着州政府逐步介入地方政府的基础教育财政事项中来，比如规定基准定额、最低税率、收入限额等。但是在对基础教育财政投入水平上，地方政府仍然具有较大的自主权。这体现在两个方面：其一，确定基础教育的投入水平，除极少数州有着严苛的基准定额要求之外，学区每年的教育支出水平由学区自主决定。即使基准定额要求比较严格的州，也规定了一些例外条款，允许部分高收入的学区自主决定教育投入水平。且虽然很多州对学区最高收入水平做了限额规定，但是很多州也赋予了地方政府可以通过全民投票的形式突破这种限制。其二，地方政府在基础教育财政的自主权体现在对基础教育财政资源的使用上。比如决定学校的建立，聘用的教师数量，教师的工资，基础设施的建设与投入等。因为美国学区是运行与管理学校的基础单位，除了一些财政附属于县市镇政府的学区以外，美国学区在基础教育财政事项的权力的独立性还体现在，其作为单功能独立政府，不受其他地方政府（市县乡）的制约。美国学区享有的自主权力不仅仅是来自法律的授权，更来自美国基础教育发展过程中所保持的一种传统价值，即地方主义（Localism）。通俗地说，地方的事项由地方解决，这一价值诉求在美国基础教育财政诉讼当中也扮演着重要的角色，法院判决原告败诉的多数基础教育财政诉讼案子中，法院判决维持州政府现有的依赖地方税的基础教育财政政策，是因为由地方资产税支持基础教育发展是地方主义的物质基础，如果改革这一物质基础，地方主义则不复存在[28]。

9.1.2 民众参与基础教育财政决策的途径多元化

基础教育财政涉及教育经费从哪儿来到哪儿去的问题，如何确定一个合理的教育财政政策并不是一个纯粹的科学问题，是涉及不同价值观念和对教育功能的认识问题。没有一个完美的教育财政政策能够满足所有人的价值诉求，但是美国的基础教育财政体制能够让不同的价值诉求得到表达，并在一定程度上可以影响决策，这主要表现在以下三个方面。

首先，美国基础教育财政政策在三级政府都是以立法程序来决定的。因为基础教育财政是州政府和地方财政收入的重要组成部分，是居民重要物质利益的再分配，是一项重要的权力。这类权力的行使必须有严格的程序限制，最大限度保障受该项政策影响群体的诉求机制和通道，因此以立法的程序决定基础教育财政的政策和以立法的程序决定每年度拨款数量的多少。教育财政拨款问题交给立法机构通过立法程序决定的过程中有两种机制可以反映利益团队的诉求。第一，可以通过向代表自己学区、学校的议员或者学区委员会委员表达自己的价值诉求，并以其投票权影响议员或学区委员的决策。第二，美国立法与预算程序中都有立法或预算听证程序，公众可以提前看到法案或预算草案，并到达现场，直接面向议会或学区委员会反映自己的利益诉求。

其次，违反宪法审查制度给贫困学区提供了另外一个表达意见的渠道。基础教育财政政策事项由议会或学区委员会决定，存在弊端，它可能损害少数弱势群体的利益。正是对于大多数决策形成的基础教育财政政策不满，20 世纪 60 年代开始贫困学区或贫困学区的家长提起了基础教育财政诉讼。原告不满的州基础教育财政政策是由州议会制定的。贫困学区在州议会中代表人数不能形成大多数，因此通过议会这一途径无法满足其利益诉求。而违反宪法审查制度是一种保护少数弱势群体基本权利的制度。宪法确立一些基本权利，比如受教育的权利，宪法禁止议会通过大多数决的形式剥夺公民的这些基本权利，法院作为宪法的解释者和捍卫者，有利于制衡议会的权力。美国基础教育财政发展过程中出现的基础教育财政诉讼案件正是这一机制在发挥作用。

最后，民众表达诉求的另一机制是全民公投制度。在基础教育财政政策方面，这一制度在州层面以及学区层面均有反映。在州政府层面，主要表现为公投修宪和公投立法两种形式。前者是指通过联名请愿的形式提起宪法修正案，并由全体选民表决通过，对基础教育财政改革影响深远的加利福尼亚州第 13 号提案即是这类形式。后者是指公民也可以通过联名请愿的形式启动一项立法，交由全体选民投票通过。全民公投在地方政府层面的表现形式也有两种：一种是在部分州，比如纽约、缅因、新罕布什尔等，其学区每年的预算案是由学区全体选民投票通过；另外一种是在预算由学区委员会通过的学区，其超过法定限额外的征税方案，以及用于基建的特殊征税方案也需要全体选民投票通过。全民公投的形式保障一部分选民无法通过议会或法院来表达价值诉求的空隙，为利益相关者表达价值诉求提供了另外一种机制。教师工资是基础教育成本中比例最高的一部分，美国基础教育财政制度中另外一项制度给教师提供表达价值诉求的专门渠道，即教师的集体谈判制度，法律允许教师与学区通过集体谈判的形式确定适用于全学区或区域内的教师工资表。

总而言之，议会决策制度、违反宪法审查制度、全民公投制度、集体谈判制度并非完美，也并非必然有效，但这些制度提供了可以通过理性对话的形式解决价值冲突的机制，它有利于利益相关者表达利益诉求，也有助于找到解决价值冲突的方案。

9.1.3 美国基础教育财政政策建立在准确全面数据的基础之上

教育财政涉及经费的筹措、分配与使用问题，因此，科学合理的教育财政拨款政策必须建立在真实有效的数据基础之上。针对教育财政改革成效的评估也必须建立在大量真实有效的数据基础之上。美国教育财政改革之所以能相对完善，与其注重教育统计数据的收集有关。教育财政数据的收集是一项复杂和繁重的工作，它涉及收入与支出两方面，需要设定科学合理的科目。为了加强教育财政收入统计工作，美国较早地建立了教育收入与支出的分类科目系统❶。再者，建立了统一的地方政府财力的评估方式。基础教育经费中的地方教育经费的来源主要是资产税，因此，对于学区财力的评估主要是学区内资产总量的统计问题。州政府加大对地方政府的基础教育投入时要考虑地方财力的大小，所以后来逐步完善了对资产的分类、评估主体与评估方法的规定，以使对于学区资产的评估标准统一，在此之前，由于资产税属于地方税，由地方征收，各学区之间在资产归类、评估主体与估值方法等方面存在重要差异，后来随着州财政改革的推进，资产税的估算方法在全州实现了统一。居民资产的多少是其支付的一个重要表征，但不

---

❶ 参见附录1。

是全部。后来部分州的拨款公式中将居民的中位收入逐步纳入财力评估的公式当中，最为重要的是美国的财税统计系统为这两个方面提供了翔实的数据。在收集基础教育财政政策所需要的数据方面，美国联邦政府教育部及统计局扮演了重要角色。比如说美国联邦政府与州政府很早就开始做学区财政数据统计调查［The Local Education Agency（School District）Finance Survey（F-33）］，还有美国联邦教育部与国家统计局合作测算各学区的贫困人口数量，这些数量为联邦政府基础教育财政拨款公式的实施提供了翔实的数据基础。联邦政府收集、整理、分享的部分数据同时也被各州运用到自己州的教育财政拨款公式当中，比如说贫困学生的确定方法，残疾人的认定标准等。对于数据的重视还表现在拨款项目设计本身，比如美国联邦政府的 Head start 和 Title I 项目中都专门给联邦政府预留一部分资金用于项目实施过程的信息收集工作。

9.1.4 美国基础教育财政发展过程中既有激进的改革，也有渐进的发展

美国基础教育财政的改革较为激进的一面发生在 20 世纪 30 年代和 40 年代，多数州在一两年的时间内完成州政府基础教育投入的急剧增加，并带来州政府与地方政府之间的税收关系的大调整，这种急剧的改革在 20 世纪 70 年代之后也有发生，比如加利福尼亚、密歇根和佛蒙特的基础教育财政改革，通过一次性的改革，将基础教育财政权力很大程度上收到了州政府。但美国基础教育财政的发展也有渐进的一面，这表现在州政府基础教育财政拨款的分配方式上，早期主要是按学生数以生均定额拨款的形式。再往后，州政府在拨款的时候开始考虑到地方政府的财力不同而选择反向确定拨款数额，基本的原则是给予财力较弱的学区以更多的拨款。在地方财力估算时，先是仅考虑总资产数，后来开始考虑居民收入情况。再往后基础教育财政改革不仅仅考虑地方政府的财力，逐渐开始考虑不同

学生的教育成本的差异，这包括不同学生和不同学区特征所带来的成本差异，学生特征有贫困学生、残疾学生、学习困难学生、天才学生、英语能力欠佳的学生，学区特征包括学区学生规模，学生人口的空间分布等。教育成本的差异还表现在不同区域的人力成本的差异，美国部分州的教育财政改革后来在教育财政拨款公式中加入了调整人力成本差异的参数。

9.2 对中国基础教育财政改革的启示

9.2.1 基础教育财政改革要充分把握教育公平与效率之间的关系

教育公平与效率之间存在很强的对立关系。在教育财政方面，这一关系反映在教育财政支出责任在不同层级政府的分配上。如果进一步提高教育财政支出政府的层级，由更高一级政府统筹分配资源，更有利于促进教育公平。如果由较低一层政府单独承担，则低层政府之间的财力差异会体现在教育供给水平的差异之上。因资源、地理环境及社会历史发展等原因，地方之间的经济发展水平不平衡必然会产生不同地方教育供给水平的差异。

表面来看，教育公平似乎成为一种普遍的价值诉求。孩子不因地域、家庭经济条件、性别、民族等因素不同而受歧视，平等地享受公共教育资源。如果不考虑教育成本的承担问题的话，没有人会反对这一美好的价值诉求。但是如果考虑教育成本承担的话，人们是否会以自己的实际行动支持这一理念则是另外一个问题。提高承担基础教育供给主体的政府层级，能够在更大区域范围内实现教育供给水平的差异的缩小，但也意味着这一级行政区划之下的不同政府之间财力的平均共享，政府的财力归根结底来自该行政区划范围内居民创造的财富的一部分。不同行政区划范围内的居民是否愿意分享财富用于教育，即较富裕区域的人们是否愿意用自己的财富去为贫困地区的人的教育埋单，较富裕的家庭是否愿意为贫困家庭子女的教育埋单，是衡量教育公平在多大程度上得以实现的深层价值基础。如果没有这种价值基础的认同，抽离地探讨教育公平只是虚妄的理想。

教育效率强调教育财政制度安排能够产生正向激励，产生更多的教育经费投入和更高的资金使用效率。虽然可以提高基础教育经费承担主体政府的层级来促进教育公平的实现，但是教育经费过多地由更高的政府层级来承担，则有可能降低教育财政支出的效率。其一，经费承担主体政府的层级越高，富裕地区或家庭的财富被摊薄的程度越大，越影响这类群体投入教育的意愿。因为他们看不到自己的投资给自己的家庭与社区带来的效益，如果他们的投入只服务于他们自己的社区、自己的学校，那么他们会更愿意投资教育。他们这些意愿通过民意的传导机制容易影响教育的最终决策，降低区域内教育投入。其二，经费承担主体政府的层级越高，其所提供的公共服务责任越多，政府不同的财政支出事项的冲突与博弈的可能越多。因为基础教育经费投入的收益周期较长，教育经费投入更可能被其他公共服务支出影响，造成基础教育经费投入的减少。其三，政府财政资金主要来自政府的税收收入。税收收入来自普通公民、公司和其他组织。当税收的收缴向更高层级的政府集中，基础教育服务的提供者却是低层政府。政府的基础教育财政经费经历一个上缴和下拨的过程，这一过程需要消耗成本。其四，如果上级政府下拨的资金附带种种限制，也影响了资金灵活使用的效率。比起使用本级政府的财政资金，使用上级政府的财政资金更容易产生腐败与浪费。因为经费不是直接来自于本区域纳税人，所以本区域内纳税人监督资金使用过程与使用效率的动力不足。其五，如果教育经费的承担主体放在低层政府的话，可以形成相互竞争的环境，提高资金使用效率。假如地方政府之间的教育支出从某一特定起始点是公平的。但是区域间的教育管理水平与师生的努力程度不同，因此基础教育的产出也会不同。教育管理水平高和师生努力程度高的区域，教育产出就会更高，同样会影响该区域的经济生活成本。迁移是需要成本的。这样的话就会吸引更多的富裕家庭过来，这些家庭会再以税收的形式反哺这些高质量的学校。相反，如果一个区域的教育管理水平低下、师生努力水平也不够，学校教育的产出水平也较低，那么该区域也会聚集更多的贫困家庭，他们的收入水平影响所在地政府的收入水平，也会最终拉低教育投入的水平。因此，即使在某一时间节点实现教育支出的公平，但是随着时间推移，公平结果也注定逐渐被打破。这种教育支出公平被打破的过程与机制在价值上并没有什么不正义的。而且其形成了一种机制，激励管理者提高管理水平和资金使用效益，也激励教师更加努力地工作，学生更加努力学习。但是如果将基础教育经费承担主体的政府层级提高，这样不同行政区域间的激励反馈机制将失效。因为，学校管理者与教师努力与否，其获得的经济收益是一样的。

因此，教育公平与效率之间必然地存在着某种冲突。这种价值冲突实质上表现为无差别的享受教育资源和根据付出程度相应享受资源之间的价值冲突。在基础教育财政政策的设计上，这种价值冲突在一定程度上反映在教育经费承担主体责任在不同层级政府之间的分配上。教育经费承担主体的政府层级越高，越有利于统筹资源，越有利于促进教育公平；教育经费承担主体政府层级越低，投入回报的链条越近，奖勤罚懒的激励机制作用越大，越有利于促进教育生产效率的提高。如果教育公平与教育效率是我们都需要追求的价值诉求的话，不同层级的政府在基础教育经费上都应承担一定责任，全部由上级政府来提供，全部由基层政府来提供都是不合理的。那么如何确定不同级政府之间的承担比例，这并不是一个科学问题，而是一个价值选择的问题。它取决于一个社会的个体是更倾向于赞成无差别地享受教育资源，还是更倾向于按付出比例享受教育资源，这两类不同价值观念的人在社会中的比例某种程度上决定着基础教育经费不同层级政府承担比例的问题。

9.2.2 完善基础教育财政决策机制，开拓利益相关者表达利益诉求的渠道

基础教育财政支出的主体是政府，教育财政支出是政府财政支出的重要组成部分，教育财政经费的支出与筹集关系千家万户，是重要的民生问题。基础教育财政政策涉及公平与效率等非常复杂的价值冲突与观念碰撞。公平方面的冲突包括区域性、省际的、市际、县际、校际、城乡的，还涉及不同学生主体，比如贫困家庭与富裕家庭的学生。从财政收入来源的角度上讲，不同税种的设计也会关系到不同纳税主体之间的平等性问题，因为缴纳所得税、消费税、增值税的主体是不同的。效率的问题涉及资金的配置上，不同政府间决策权的配置、在不同支出科目中的分配权。价值冲突问题解决的过程是教育财政政策影响到的每一个个体的参与、对话、沟通、妥协和形成共识的过程。因此，教育财政政策制定过程中必须充分倾听受政策影响的人的声音，建立有助于人们主动发声的途径和机制，比如加强人大在审议政府基础教育财政预算中的主体作用，同时建立预算听证制度，预算听证制度可以充分保障受预算影响的个体有表达意见与诉求的渠道。保障利益相关者知情权，即在预算草案送交人大审议的同时，要向社会公布，利益相关者只有知道可能的预算安排时才能够表达自己的诉求和意见。

9.2.3 加强基础教育数据统计与公开，为基础教育财政政策设计 与研究提供数据支撑

基础教育财政政策涉及具体数量的经费分配问题，需要全面准确的数据支撑，才能设计与评估相关财政政策的合理性与科学性。如果没有数据的基础，再好的价值理念也无法体现在具体的财政政策设计上。因此，必须进一步完善我国

基础教育财政制度的数据基础。这包括两个方面的数据。其一，基础教育财政数据，即关于我国基础教育的收入与支出数据。虽然我国有教育经费统计报告，但是统计科目还有需要改革的空间。现有公开的教育财政统计数据是以省为单位的，教育财政数据应当以县为单位统计公布。在教育财政数据统计的收入端，首先区分教育财政来源的政府层级，中央、省、市、县及非政府收入来源，这有助于评估当下基础教育经费保障责任在不同层级政府间的分配结构。同时每级政府财政来源要明确拨款属性与来源，区分一般性政府拨款和专项政府拨款。专项政府拨款，要明确哪些专项。对于县级政府的财政拨款要明确财政收入的来源，比如来自何种税收。在教育财政支出端，一要进一步细化现有的经济科目分类，二要实行功能科目分类统计。其二，进一步完善基础教育事业统计数据。加大对影响教育培养成本的学生特征的统计，比如学生的残疾、贫困情况，还应包括影响教育成本的学校特征的信息，比如学段、班额、是否寄宿，以及包括教师的特征信息，比如岗位性质、职称、教龄、学历等信息。除上述数据之外，教育行政部门还应当收集反映教育结果的数据，比如学生成绩、学生毕业后的就业质量与收入信息等，这样有助于研究教育财政投入的使用效率。

政府部门在统计基础数据的同时要建立基础教育数据的强制公开制度。基础教育财政数据公开是促进教育效率与公平的重要保障。基础教育财政数据公开，公共监督才有依据，可防止教育财政资金的滥用或挪用，提高资金使用效率。数据公开，研究者可以利用数据评估教育财政政策的合理性与有效性，提高教育财政政策的执行效率。另外，基础教育财政数据公开，让公众知晓，公众就可以通过各种通道寻找促进公平的渠道，促进教育公平。同时提高基础教育数据公开的质量。要在保护隐私与公众知情权之间达到一种平衡。教育数据公开要坚持用户友好型与技术性的统一，既能满足一般公众的阅读需求，也能满足具备统计基础的学术研究需要。前者要求简单、可视化，后者要求数据便于统计分析，即提供主流统计软件能够识别的数据。

9.2.4 建立健全地方政府财力测算制度，为建立均衡性教育财政政策提供基础

如果地方政府财力相对平均的话，单独由地方政府承担基础教育的投入责任并不必然导致不同地区之间的教育投入差距，或者如果地方财力能够独立承担基础教育财政供给的责任，也不再需要上一级政府的教育财政拨款。但是很显然的事实是地方政府的财政收入能力差异较大。为了通过上级政府的差异化拨款政策促进教育投入公平，需要建立一整套地方政府财政收入的统计系统，全面掌握地方政府的收入来源与质量。不考虑地方政府财力基础的话，讨论不同级政府在基础教育责任分配的问题则没有多大意义。即使不同地方政府财力之间存在较大差异，为了促进教育公平的实现，除了增加针对基础教育的拨款之外，还有一种政策选择，提高地方政府获得财政收入的能力。比如如果省政府的财力较弱的话，中央可以赋予其更大税收权力。如果县级政府财力较弱的话，可以赋予县级政府更大的税收权力。无论是增加上级政府的拨款，还是赋予地方政府更大的税收权力，都必须对于地方政府现有的财政收入能力要有准确的把握。这需要对地方政府的税基、税种、实际收入水平有准确数据。我国现行的基础教育财政政策在生均公用经费的承担比例上已经开始考虑了同级不同政府之间的财力差异，但其确定财力差异的规则较简单。比如全国被划分为东中西三类区域，根据不同区域确定中央与地方的分担比例。但是东部各省份之间与西部各省份之间的差异却并没有被考量。生均公用经费在省市县之间的承担比例也缺乏较为准确的依据。为了促进和保障教育公平，必须对不同层级的地方政府财力有准确的把握，教育财政支出端的改革必须与财政收入端的改革同步，没有教育财政收入端的改革，教育

财政支出端的改革将成无源之水。

9.2.5　加强基础教育成本差异的测算工作

学生的禀赋、家庭以及生活的社区存在着差距，如果达到相同的教育效果，其所需的时间、精力、经费也不相同，这是美国基础教育财政政策改革逐渐认可的基本事实。用经济学的术语来讲，就是不同特征的学生的教育培养成本之间存在差异。如果教育的结果公平是我们最终的价值诉求的话，那么在测算生均教育支出成本的过程中必须考虑不同学生的培养成本差异。哪些因素会造成学生教育成本的差异呢？根据美国基础教育财政改革经验，与普通学生相比，特殊教育的学生、家庭经济困难的学生、学习困难的学生、天才学生、母语非英语的学生的培养成本更高。还有一些学校的特征也会带来培养成本的增加，比如学校规模、学段、区域劳动力成本差异。美国教育财政改革过程中逐步认可的影响培养成本的因素在我国也是存在的。比如家庭经济困难学生，因为家庭教育投入较少，需要更多学校教育的关注。学困生因为自然禀赋的问题也需要更多的关注。特殊教育的学生需要更专业的人员和更多的照顾。语言问题在我国的表现为少数民族的双语教学问题。学校所在区域所带来的成本差异，在我国的表现有小规模学校运行成本增加的问题。小学、初中与高中培养成本的差异问题，中职与普通高中培养成本差异的问题。教职工人员经费投入是基础教育投入的重要方面。因区域间的居民生活成本不同，所以人力成本也存在差异。以上这些问题是我国和美国一些共性的问题。我国现阶段还存在一些特有因素所带来的教育成本的差异，比如留守儿童与随迁子女问题，寄宿制学校与非寄宿制学校的问题，集中供暖地区与非供暖地区之间的生均公用经费的差异问题。为了制定更加公平的教育财政政策，则需大量数据的收集与研究，准确地测算这些因素所带来的培养成本差异，并将这些培养成本的差异考虑到上级政府教育财政拨款的核算中去。具体的操作方法，可加大针对此类因素的专项拨款，这种方式可监督地方政府专款专用。另外，先行核定普通学生的生均教育成本，对教育成本比普通学生教育成本高的学生确定一个额外增额比例，进而再核算一个区域的教育经费预算时提高该生的生均教育拨款的额度，这种办法便于操作，减少了行政成本，给予了地方政府使用上级财政拨款的自主权，但可能影响教育财政拨款的针对性。

9.2.6　确定基础教育经费不同政府间承担责任分配机制要考虑义务教育的综合教育成本

在美国的基础教育支出分类中，从支出的稳定性上来讲，基础教育支出分为常规支出和资产性支出。美国基础教育财政改革过程中在提高州政府承担基础教育财政投入的比例时，基本上都是以维持学校正常运行的常规支出为标准。后来有些州开始以专项拨款的形式确定了州政府在完善基础教育基础设施建设方面承担的责任及资助标准与依据。美国基础教育的常规支出主要是教职工的人员费用支出，包括其工资福利等。除了人员性支出之外，还包括行政管理支出、支持性服务支出等。常规支出是基础教育成本的重要方面，教师的工资福利支出占基础教育支出的 60% 以上。为了保障教育支出公平的实现，在确定基础教育财政支出的时要综合考虑基础教育的全部支出。我国现行教育财政支出分类将基础教育支出为分事业性支出和基建支出。其中事业性支出又分为人员经费支出与公用经费支出。前者主要是指教师的工资福利支出，是基础教育成本支出的主要部分。但是我国现有的基础教育财政保障机制主要涉及公用经费部分，对于基础教育教师工资的保障制度还缺乏具体有效的制度设计，在设计基础教育成本在不同层级政府之间的分担机制时，应当考虑的不是基础教育成本中的部分成本，而是综合考虑基础教育的总成本。

9.2.7　基础教育财政改革最好是增量改革

改革基础教育财政的策略选择有很多种，但是基础教育财政改革最好是基于增量的改革，不能减少或限制学校现有教育投入水平。美国教育财政改革从正反两方面说明了这一点。正面的经验是美国多数州的教育财政改革方案包含了"无损"条款，即如果按新改革的公式测算的拨款数量小于学区改革前获得的数额的话，州政府一般会以特例的形式维持原有水平不变。这类条款的制定从政治上阻力较小，相对比较容易通过。相反的经验是美国有些州的教育财政改革方案中存在的"反向补贴"方案，即要求一部分学区将其部分教育财政收入上缴给州政府，由州政府用于分配给贫困的学区。但是这类改革措施的生命周期都不太长，比如新罕布什尔、威斯康星的改革方案实施不久即被废止。这些方案直接地影响了部分学区的利益，所以他们通过议会、法院等机制去改革这些条款。从政治上来讲，这也是最容易激化矛盾的改革措施。因此，我国的教育财政改革不能够因改革而削弱学校现有的教育投入水平，要实行增量改革。基础教育财政改革必须要求政府开源，比如新泽西1976年为推行教育财政制度改革，首次引进了所得税，20世纪80年代加利福尼亚的教育财政改革是由于当时有大量的财政富余，佛蒙特的教育财政改革是设立州资产税，1994年密歇根的教育财政改革主要是提高了消费税和其他一些税种的税率，因此，增加教育财政投入，必须政府开源，实行增量改革。

9.2.8 进一步加大政府的基础教育经费投入水平

教育财政改革重要目标是缩小不同经济条件、不同民族的学生在学业表现、教育成就以及在未来社会竞争力之间的差异。教育财政改革的手段是增加对贫困学区的教育财政拨款。手段与目的之间存在一个重要假设。即增加对学校教育的投入可以提高弱势家庭孩子的学业表现及教育获得，能够缩小优势家庭与弱势家庭子女在劳动力市场的收入差异。美国的研究者对这些问题进行了持续不断的深入研究。虽然还有一些反例，但是越来越多的美国教育财政改革的实证数据表明，增加教育财政投入能够提高学生的学业表现，进而提高他们的教育成就以及未来在劳动力市场上的表现。因此，增加对贫困与落后地区的教育投入是促进教育公平的有效措施，从长远的角度考虑，增加贫困地区的教育投入也是扶贫的重要手段。现阶段，我国正在经历一场扶贫攻坚战，有意思的是美国联邦政府现行基础教育法案中的 Title I 项目即是当时联邦政府实施"战胜贫困"计划中的重要一环。因此我国在推进扶贫攻坚战中要加大对基础教育的投入，这是扶贫比较有效且可持续的干预手段。另外，在基础教育投入水平上，一些地区还不能满足学生基本的教育需求，比如大班额问题、结构性的教师编制不足、音体美课程开设不全等，这些问题的解决都需要政府加大对基础教育的投入。

附　录

附录 1　美国基础教育财政收支分类系统

　　教育财政数据分为收入和支出两项。为更详细了解教育财政经费收入来源和支出走向，必须对收入和支出进行较细致和科学的分类。为了使不同州的教育财政数据具有可比性，教育财政数据的科目设置必须统一。美国联邦政府在收集教育财政数据的过程中已经形成了较为成熟的教育经费统计科目分类信息系统。早在 1957 年美国联邦教育行政部门就编写了《州与地方学校系统财政会计手册》（以下简称《会计手册》），该手册根据统计和教育形势变化需要分别于 1973 年、1980 年、1990 年、2003 年、2009 年更新，最新一版为 2014 年版。《会计手册》在制定与修订过程中充分征询各级教育行政部门、会计行业等实务人士的意见，同时遵循了"政府会计准则委员会"（GASB）❶制定的会计准则标准。为了充分理解美国的教育财政数据，下文翻译了该《会计手册》中收入分类与支出分类的信息，其中收入分类系统分四级，编码中的每个数据代表一级分类，本书仅翻译了其中前三级。支出分类系统有两个维度，功能科目分类和经济科目分类，功能科目分类分为四级，本书仅翻译其中的三级，经济科目有三级分类，本书仅翻译了其中前两级。更详细的分类建议参看《会计手册》原书[120]。

美国基础教育财政收入分类系统

教育财政收入以其来源的政府层级或资金来源进行划分。下文科目分类的描述中，前面的数字是科目分类的代码，接着是科目名称及科目的内涵定义。

1000，来自地方的财政收入

- 1100，学区税收收入，学区为公共利益而强制性征收的税收收入。

  - 1110，财产税，学区在法定限额下依据享有的独立权限决定对学区内财产征收的税收收入，可能对不动产和动产分别征税，因财产税而产生的罚金及其孳息属于科目1140。

  - 1120，消费税或使用税，针对学区内商品和服务的销售与消费所征的税收。可以对辖区内所有商品或者服务，或者商品与服务征收，也可以对部分商品或服务，一般性消费税和专项的消费税可能有两个账户，因消费税而产生的罚金及其孳息属于科目1140。

  - 1130，所得税，针对个体净收入而征收的税，净收入是指毛收入

---

❶ GASB是一个制定会计与财政标准的私立组织，该组织制定的政府会计准则得到了政府认可，具有权威性。

与法定减免科目之差。征税对象可以是个人、公司或者其他组织。不同对象可以有不同账户。因所得税而产生罚金和孳息属于科目1140。

- 1140，因税而产生的罚金和利息，因延迟纳税而开的罚金及在此期间应纳税额产生的利息，不同税种的罚金和利息可能有分开账户。

- 1190，其他税收收入，学区征收的其他税收，比如执照税，不同种类的税收可能有不同账户。

— 1200，来自除学区之外其他地方政府的收入，其他地方政府的拨款，资金来自其他地方政府通过税收或其他途径获得且不特定用于教育的资金。这些拨款可能来自市、县和乡镇。如果是一个市区的学区，市区的拨款属于此项，而市所在县的拨款则属于中层政府拨款，归于2000科目之下。

- 1210，财产税，其他地方政府在法定限额下依据享有的独立权限决定对学区内财产进行征收的税收收入，可能对不动产和动产分享征税，因财产税而产生的罚金及其孳息属于科目1240。

- 1220，消费税或使用税，其他地方政府针对商品和服务的销售与消费所征的税收。可以对辖区内所有商品或者服务，或者商品与服务征收的，也可以对部分商品或服务，一般性消费税和专项的消费税可能有两个账户，因消费税而产生的罚金及其孳息属于1240。

- 1230，所得税，针对个体净收入而征收的税收，净收入是指毛收入与法定减免科目之差。征税对象可以是个人、公司或者其他组织。不同对象可以有不同账户。因所得税而产生罚金和孳息属于科目1240。

- 1240，因税而产生的罚金和利息，因延迟纳税而开的罚金及在此期间应纳税额产生的利息，不同税种的罚金和利息可能有分开账户。

- 1280，替代性税收拨款，其他地方政府使用一般性财政收入的拨款，以补偿学区因其他地方政府政策决定对特定个人拥有资产免税而对学区税收收入的影响，这些特定个人拥有资产按学区的政策是应当纳税的。

- 1290，其他税收收入，其他地方政府征收的其他税收，比如执照税，不同种类的税收可能有不同账户。

- 1300，学费收入，来自个人、福利组织、私有组织或者其他学区与政府用于公立教育的款项。

  - 1310，来自个人的学费，包括来自个人的暑期学校学费以及正常学期的学费两类。

  - 1320，来自本州内其他政府来款，包括本州内其他学区来款和本州除学区之外其他政府来款。

  - 1330，来自本州外其他政府来款，包括本州外其他学区来款。

  - 1340，来自其他民间实体（除了个人）的学费收入。

  - 1350，州或其他学区因教育券项目而提供的来款。

- 1400，交通收费，来自个人、福利组织、私有组织或者其他学区与政府因提供学生上下学或参加学校活动的交通而支付的款项。

  - 1410，来自个人的交通费用。

  - 1420，来自本州内其他政府的交通费用，包括本州内其他学区来款和本州除学区之外其他政府来款。

  - 1430，来自本州外其他政府来款，包括本州外其他学区来款。

- 1340，来自其他民间实体（除了个人）的交通费用。

– 1500，投资性收入，各种长期或短期投资产生的收益。

- 1510，投资利息收入，所有在政府债券、企业债券、储蓄账户、抵押贷款和其他收益型债券投资上的利息收入。

- 1520，投资分红，投资于股票的分红收益。

- 1530，出售投资性资产时的赢利或损失，出售投资性资产时扣减相应成本后的差值，可能是正值，也可能是负值。

- 1540，经营不动产的收入，比如房屋租金、使用费或者其他来自不动产的投资性收益。

– 1600，餐饮服务收益，出售食品给学生或成人获得的收益，包括食物价格返还收入。

- 1610，日常销售——可报销项目，日常销售早餐、午餐和牛奶，来自美国农业部的报销收入，联邦政府的其他报销不放在这儿，而应该放在4500科目下，州政府的报销也不放在这儿，放在3200科目下，包括国家免费午餐项目报销收入，国家免费早餐项目报销收入，牛奶补助项目的报销收入，以及放学后食品计划报销收入。

- 1620，日常销售——非报销项目，学生或成人购买非可报销早餐、午餐或牛奶时收入，包括所有来自成人的收入，销售额外食物给学生的收入。

- 1630，特定活动时食物收入，销售食品给学生、成人或组织时的收入，特定活动包括野餐、PTA资助的活动等。

- 1650，日常销售——暑期学校食品项目，暑期学校时销售食品给学生的可报销收入。

– 1700，学区组织活动收入，因学区组织的课外活动所收取的费用，学生活动经费收入也应当归于此，但学区需要有办法跟踪学生活动费用收入。

- 1710，入场费，学校组织的音乐会或橄榄球比赛门票收入。

- 1720，学校书店，学生或学生赞助书店的营收。

- 1730，学生组织会费与收费，针对学生组织成员收取的会费。

- 1740，杂费，从学生收取的各种杂费，比如储物柜、浴巾和器材使用费等，学费归于 1300 科目下，交通费归于 1940 科目下。

- 1750，经营性收入，来自自动售货机、学校商店等经营性收入，不包括与餐饮有关的收入。

- 1790，其他活动收入，学校或学区组织的其他活动收入。

– 1800，社区服务产生的收入，学区运行的社区服务产生的收益，比如，学区运营的向社区开放的滑雪场获得的收益，根据项目的不同，这个科目之下可设多个账户。

– 1900，其他来自地方的收入，来自地方且不能归于上述科目的收入。

- 1910，租金收入，出租学区动产或不动产所获得的收入，以投资为目标获得的租金收入归于 1540 科目下。

- 1920，民间捐赠收入，来自民间的捐赠，捐赠主体可以包括教育基金费、家校联合会、支持体育运动俱乐部或者个人。

- 1930，销售财产所获得的收益或损失，这一账户仅适用于财产性基金、信托性基金和机构整体性决算。政府性基金归于 5300 科目下。

- 1940，教科书出售或出租收入，教科书销售或出租产生的收入。

- 1950，向其他学区提供服务获得的其他收入，除了学费与交通之外，向其他学区提供其他服务带来的收入。比如说信息处理、采购、维护、清理、咨询或者指导等。包括本州内或州外其他学区。

- 1960，向其他政府提供服务获得的其他收入，除学区之外，向其他地方政府，还有州政府提供服务获得的收入，比如非学生交通费用，信息处理、采购、维护、清理、现金管理和咨询。

- 1970，向本组织内部其他部门提供服务获得的收入，比如打印或信息处理，本科目只用于内部服务基金管理，不要将内部服务收入信息归于本组织层面的报告中，除非收入来自学区以外的实体。向个人、商业机构或协会提供服务的收入归于 1990 科目下。

- 1980，往年资金返归，本年度之前支出返还获得的收入，今年支出返还收入不计入，只减少相应支出额。

- 1990，其他地方收入，不包括在其他科目下，来自地方的收入，比如向个人提供服务获得的收入，比如食品价格返还、优惠券返还或销售其他物品。

2000，来自中层政府的收入

- 2100，一般性财政资助，来自中层政府未指定具体用途，学区可以用作一切合法目的拨款，资金可能来自中层政府的一般性财政资金，也可是特定来源的资金，这两类资助可分开统计。

- 2200，特定用途财政资助，来自中层政府指定具体用途的拨款，如果此类资金使用不完，需归还相应拨款政府。资金可能来自中层政府的一般性财政资金，也可是特定来源的资金，这两类资助可分开统计。

- 2800，替代性税收收入，中层政府使用一般性财政收入的拨款，以补偿学区因其他地方政府政策决定对特定个人拥有资产免税而对学区税收收入的影响，这些特定个人拥有资产按学区的政策是应当纳税的。

- 2900，代为支付收入，中层政府为了学区利益而代为支付的费用或给予的物资，比如中层政府向学区雇员退休基金中支付的资金。本科目下可建立次级科目，以统计不同来源的收入。

3000，来自州政府的收入。

- 3100，一般性财政资助，来自州政府未指定具体用途，学区可以用作一切合法目的的拨款，资金可能来自州政府的一般性财政资金，也可是特定来源的资金，这两类资助可分开统计。

- 3200，特定用途财政资助，来自州政府指定具体用途的拨款，如果此类资金使用不完，需归还相应拨款政府。资金可能来自州政府的一般性财政资金，也可是特定来源的资金，这两类资助可分开统计。

- 3700，通过中间机构的州政府财政资助，州政府通过中间机构给学区的资助。

- 3800，替代性税收收入，州政府使用一般性财政收入的拨款，以补偿学区因州政府政策决定对特定个人拥有资产免税而对学区税收收入的影响，这些特定个人拥有资产按学区的政策是应当纳税的。

- 3900，代为支付收入，州政府为了学区利益而代为支付的费用或给予的物资，比如州政府向学区雇员退休基金中支付的资金。本科目下可建立次级科目，以统计不同来源的收入。

4000，来自联邦政府的收入。

- 4100，直接来自联邦政府的一般性转移支出，直接来自联邦政府的财政拨款，学区自主用于一切合法目的。

- 4200，通过州政府下拨的联邦政府一般性转移支出，联邦政府先下拨给州政府，州政府再下拨给学区的拨款，学区自主用于一切合法目的。

- 4300，特定用途联邦政府直接转移支出，联邦政府向学区直接拨付的特定用途的转移支出，如果学区使用不完，将归还联邦政府。

- 4500，通过州政府下拨的特定用途的联邦政府转移支持，联邦政府通过州政府下拨给学区用于指定用途的拨款。

- 4700，联邦政府通过其他机构下拨的转移支付，联邦政府通过其他中间机构下拨给学区的拨款。

- 4800，替代性税收收入，联邦政府使用一般性财政收入的拨款，以补偿学区因联邦政府政策决定对特定个人拥有资产免税而对学区税收收入的影响，这些特定个人拥有资产按学区的政策是应当纳税的。

- 4900，代为支付收入，联邦政府为了学区利益而代为支付的费用或给予的物资，比如联邦政府向学区雇员退休基金中支付的资金。本科目下可建立次级科目，以统计不同来源的收入。

5000，其他来源收入

- 5100，学区债券，学区通过发行销售债券获得的收入，不包括持续时间不超过 12 个月的短期债务收益。

  - 5110，债券本金收入，用于记录债券面值收入。

  - 5120，债券增益收入，用于记录高于债券面值的增值收入。这部分收入涉及利率的调整，放在科目 6200 下折损。

- 5200，基金转入，用于区分学区基金流动收入。

- 5300，报废资产时的收益，报废学校财物的收入或财物丢失获得的补偿，学校产权性基金或信托性基金的增益或损失归于 1930 科目下，本科目只包括处理一些价值不大的财产。

- 5400，放贷收益，超过 12 个月的贷款收益。

- 5500，租赁收益，财产租赁收益。

- 5600，其他长期债务收益，其他以上科目不能涵盖的长期债务收益。

6000，其他财政收入项目

- 6100，财产捐赠，个人、法人、政府或者附属组织捐赠的资产。

- 6200，发行债券价值减损带来的收益，本科目只用于财产性或信托性的基金，或者政府层面财务报告之中。

- 6300，特别项目，用于归类一些特别项目，以符合 GASB34 条的规定，比如重大交易或者在学区控制之下的重大事件，这些交易事件不同寻常或不常发生。对于一些学区来说，比如出售特定一般性的政府财产；出售石油或天然气等矿产；出售基础设施，重大金融机构债务的免除。特殊项目也包括一些学区控制下的重大事件，在政府性基金中，这些项目应该被分类标注或披露。

- 6400，特殊项目，用于归类一些项目，以符合 GASB34 条的规定，包括交易或者不在学区控制之下的事件，这些交易或事件既不寻常也不常见。对一些学区而言，它们包括因补偿火灾、洪灾、暴风、冰雹等自然灾害所获得的保险收入；或者用于补偿重大环境灾难的保险收入；或者一个人对一个小政府的大额捐赠。

美国基础教育财政支出分类系统

功能科目分类

功能是指服务或产品所支持的学校活动，学校的功能分为五类，分别是教学、支持性服务、非教学服务、基建与设备采购、债务。

– 1000，教学，涉及教师与学生之间的教学活动，包括教室内的教学活动，也包括在其他场所发生的教学活动，除了面对面的教学活动，也包括通过电视、广播、网络、电话、书信等其他媒介进行的教学活动，除了正规教师之外，也包括助理人员的教学活动，若教研室主任同时承担教学活动，与其相关的支出也包括在此科目下。全职教研室主任的相关支出则包括在支持性服务中的学校管理科目之中。

– 2000，支持性服务，包括为了服务和支持教学活动而采取一系列管理、技术和日常活动。这些活动是服务于教学、社会服务或产业活动，不作为一种独立的目的存在。

  • 2100，支持性服务——学生，评估与改善学生福祉与支持教学过程的活动。

    2110，出勤与社会工作，提高学生出勤与解决涉及家校社区的学生问题的活动。

    2120，咨询与指导服务，涉及向学生及家长提供的咨询服务，学生能力评估，学生职业生涯规划以及相关的计划与执行活动。

    2130，健康服务，涉及与教学无直接相关的身体与心理健康服务。

    2140，心理咨询，涉及学生心理健康测验与解读，学生行为信息追踪，学生心理问题干预措施的设计与实施，比如心理咨询。

2150，语言障碍服务，涉及认定、评估与处理具有听说等语言障碍学生的活动。

2160，职业心理咨询师服务，使用职业心理咨询师诊断和治疗有心理问题学生的活动。

2170，身体保健服务。

2180，视力残疾服务。

2190，其他学生相关支持性服务。

- 2200，支持性服务——教学，教学人员开展的为服务学生学习体验的内容选择与流程设计活动。

2210，课程开发与教学设计，教学人员开发课程促进学生学习的活动，包括课程开发、教学设计和职业发展。

2220，图书馆和多媒体，教学材料的选择与管理，教学材料的使用管理。

2230，教学相关技术，包括支持教学活动的所有支持性技术服务，比如学生电脑室，技术服务中心，信息处理与加工服务，硬件与系统运维，技术人员培训等。

2240，学生成绩测查，包括学区或州政府组织的学生成绩评估，不包括教师组织的课程考试。

2290，其他教学支持性服务，不能被以上各类涵盖的支持教学的活动。

- 2300，支持性服务——一般性管理，保障学区运行政策的制定与实施。

2310，教育委员会的活动，教育委员会履行法定职责所开展的相关活动，包括委员会开会、聘请法律与审计相关服务、委员会秘书与财务、委员会委员选举、税收评估与征收、人事管理、法务等。

2320，执行部门的活动，整个学区执行部门相关活动，包括学监办公室人员（副学监，助理学监等）人员费用和相关物质费用，与社区、州政府、联邦政府之间关系建设等。

- 2400，支持性服务——学校管理，学校层面的管理活动。

2410，校长办公室，涉及校长、副校长、校长助理等所有管理层所从事的一切活动，包括监督学校运行、评估教师、分配工作、工作记录、协调学校与学区的教学安排，还包括支持学校层面的为教学与管理提供的秘书活动。

2490，其他学校管理方面的支持性服务，包括毕业相关花费和全职教研室主任的活动。

• 2500，支持性服务——集中服务，支持其他的管理与教学职能的活动。

2510，财务活动，与学区财务相关的一切活动，包括预算、收款报销、财政与资产会议、工资发放、物资管理、内部审计、投资与基金管理。

2520，采购、存储、分发服务，学校或学区使用日常消耗品、家具、食品和物质等的采购、接收、分类和派发等。

2530，印刷、出版与复印服务，管理相关的文件资料的印刷与出版，包括年度报告、学校花名册、使用手册、宣传资料、通知等，不包括与教学相关资料复印。

2540，规划、科研、发展和评估服务，学区层面的规划、科研、发展和评估活动。包括发展目标的选择、路线图的拟定，对学区教育问题的系统研究与调查，教育项目的改进，基于数据的项目评估等。

2560，公共信息服务，采集、编写教育与管理相关信息，通过邮寄或者各种新媒体向学生、教师和一般公众分享的活动。

2570，人员服务，维持学校系统高效人事管理工作相关活动，包括人员信息的收集与统计，招聘分配，非教学人员的培训，调转，医疗服务等。

2580，管理性技术服务，支持包括管理信息系统和管理信息的处理等工作的活动，包括信息处理的管理与监管，信息的规划、分析与应用，网络与硬件的维护，信息管理人员的职业发展。

2590，其他集中类的支持性服务，不能划分为2500科目下以上类别的其他集中类的支持性服务。

- 2600，支持性服务——基础设施的运行与维护，使基础设施正常、安全运行的活动，保持操场、建筑和机器正常高效运转。

2610，建筑物的运转，涉及建筑卫生和正常使用，包括照明、暖气、空调和细小的维修，也包括房屋的租赁和资产保险等。

2620，建筑物的维护，建筑物的维修和预防性改善。

2630，地面维护，包括地面积雪清理、植被整理等。

2640，设备的维护，包括对学校使用的家具、机器和可移动设备的保养与维修。

2650，交通工具的运行与维护，学校持有的运输工具的检修与保养。

2660，安保服务，保障学生与教职工在学校、通勤或其他学校组织活动时安全的各种活动，安保监控装置的安装、安保人员配备，安保交通工具与通信工具的购买。

  2670，安全相关服务，保障学生与教职工在学校、通勤或其他学校组织活动时有一个安全的环境，包括灭火警报系统的安装与监测，过马路引导员的雇用等。

  2680，其他基础设施运维相关的支持性服务，不能划归到 2600 科目以下上述类别中的其他支持性服务。

- 2700，学生交通，依法提供运送学生服务相关的一切活动。

  2710，交通工具运行，运送学生的活动。

  2720，监测活动，包括学生上下车过程以及行进过程中对学生的照管。

  2730，交通工具的保养与维修，校车或校车部件的维修、清理、喷刷与检测等。

  2790，其他学生交通相关服务，不能包括在 2700 科目以下上述类别中的其他支持性服务。

- 3000，非教学性服务，不能划归在 2000 科目以下的所有其他支持性服务。

- 3100，餐饮服务，向师生提供食物的活动，包括准备和提供日常或临时用餐、午饭或零食。

- 3200，经营性活动，通过收费抵销投入的活动，比如学区书店。

- 3300，社区服务活动，向社区提供服务的活动，比如提供家长培训，运行社区游泳池、老人修养中心、幼儿养育中心等。

- 4000，基础设施的采购与建设。

- 4100，土地购买，新购与修整土地的活动。

- 4200，土地改善，对土地进行永久性的平整、填充和环境修复。

- 4300，建设工程规划，收购和改善地基与改善建筑物时建筑师与工程师的工作。

- 4400，教育设施规划达标，在规划期，对教育设施相关特殊要求的解读工作，主要是指与建筑师和工程师相关的活动。

- 4500，建筑物的收购与建设，与购买与修建建筑物相关的活动。

- 4600，场所改善服务，对建筑场所进行非永久性的改善，比如对栅栏、步行道、下水道及其他场所临时的修缮。

- 4700，房屋修缮，对建筑物加盖、改造和加装其他设备的活动。

- 4900，其他基础设施的采购与建设活动，不能包括4000科目以下上述科目中的其他基础设施的采购与建设活动。

- 5000，债务活动，学区长期债务相关的活动，包括支付债务的本金与利息，比如债券收益的支付，到期债券本金的支付，到期贷款的支付。不包括偿还期在一年之内的短期债务。

经济科目分类

经济科目分类是以经费支出所购买的商品或服务为对象而进行的划分方法。教育经费支出按经济科目分为九类：人员费用——工资、人员费用——福利、购买专业或技术服务支出、购买资产相关性服务支出、购买其他服务支出、消耗品支出、资产性支出、债务和其他支出、以及其他细目支出，以下将逐次介绍。

- 100，人员费用——工资，支付给固定或临时雇员的工资支出，学区工资报表中的工资［这个科目可以发生在除债务支出（5000）科目之外的任何功能科目内］。

  - 110，固定雇员工资，包括全职雇员、兼职雇员工资和学区固定雇员工作获得的延迟支付的报酬。（美国学区雇员分为三个类别：教师、助教、代课教师。科目100所有雇员工资科目下可再分三个科目：支出给教师的工资、支付给助教的工资、支付给代课教师的工资）。

- 120，临时雇员工资，包括临时性雇用的全职、兼职和此类人员工作获得的延迟支付的报酬。

- 130，加班工资，固定雇员或临时雇员在正常工作时间之外，额外工作而获得超出正常工资之外的工资收入。加班工资的多少由州政府或地方政府相关规定确定。

- 140，公休假期间的工资，学区支付给雇员在公休假期间的工资支出。

- 200，人员费用——福利待遇，学区为雇员代为支付的费用，此类支出是一种额外福利支出，虽然不直接支付给雇员本人，但是学区用人支出的一部分（200 所有雇员工资科目下可再分三个科目：支出给教师的福利、支付给助教的福利，支付给代课教师的福利）。

- 210，集体保险费用支出，任何保险方案中雇主应当承担的部分。

- 220，社会保障费用支出，学区作为雇主应当承担社会保障支出的一部分。

- 230，退休保障项目支出，学区支付给雇员的州政府退休或地方政府退休项目中作为雇主应当承担的部分，也包括联邦政府养老项目作为雇主应当承担的部分。

- 240，代为支付福利，州政府或其他政府代为学区支付学区雇员受益的支出，这类支出通常是州政府对学区人员退休待遇的配套支出。资金来源的不同，这些资金等量对应财政收入来源的科目2900、3900、4900。

- 250，学费报销支出，学区向雇员支付的学费报销费用，学费报销政策由学区确定。

- 260，失业补偿金，学区为其雇员支出的失业补偿金，这类费用应当根据工资支出被分配到合适的功能科目当中。

- 270，职工补偿金，学区为其雇员支付的职工补偿保险费，这类费用应当根据工资预算被分配到合适的功能科目当中。

- 280，健康服务待遇，学区为现职或退休雇员支付的健康服务费用支出，根据相应的工资支出，这些费用应当被分配到合适的功能科目当中。

- 290，其他雇员福利支出，除了上述福利之外的其他雇员福利，这包括车补、房屋补贴、迁居补贴、停车费补贴，根据相应的工资支出，这些费用应当被分配到合适的功能科目当中。

- 300，购买专业或技术服务支出，此类服务本质是需要具有特殊知识或技能才能完成的服务，服务中可能涉及物品的购买，但该项交易的主要原因是服务的提供。这包括来自建筑师、工程师、审计员、医生、律师、咨询师、教师、会计等人的服务。对于每一种提供给学区的服务应当建立一独立账户，从其他学区或政府机关获得的服务应当归类为590-592。

  - 310，行政管理服务，支撑学区政策制定与管理职能实现的服务，包括为学区的一般管理、事务与财务管理提供的管理咨询服务，学校管理支持性服务，选举相关的服务，税收评估与征收服务等。

  - 320，专业的教育服务，为教学项目及其管理提供的服务，包括课程改进服务、评估、咨询和指导服务，图书馆与媒体支持性服务，合同外包的教学服务（通常涵盖在功能科目1000、2100、2200、2300、2400）。

  - 330，雇员培养与发展服务，为学区教学、管理与服务性雇员提供的职业与技术提升报务。包括课程注册费（不包括学费报销），校外培训机构在学区内外举行的培训课程，或者其他第三方提供的培训与职业发展服务。不管培训课程或专业发展的种类与目的，所有花费都应当涵盖于此类别下。针对教学人员的培训应当归类于功能科目的 2213，非教学人员的培训应当归类于功能科目 2570。

- 340，其他专业性服务，除了支持学区运行的教育性服务之外的专业服务，比如医生、律师、建筑师、审计员、会计、银行职员、心理咨询师、听觉矫治专家、营养师、编辑、谈判专家、代理、系统分析师和规划师提供的服务（通常归在功能科目 2000，但也可归在功能科目 1000–4000）。

- 350，技术性服务，提供给学区的非专业性但需基本的科学知识或手工技能的服务，比如数据处理、采购与仓储服务、平面设计等（通常归类于功能科目 2000）。

- 400，资产相关性服务，为运行、维修、维护、和出售学区拥有的资产而购买的服务。这些服务由非学区雇员提供。服务中可能涉及物品的购买，但该项交易的主要原因是服务的提供。

  - 410，物质消耗服务，由公共机构或私人组织提供的除能源之外的其他物质消耗服务。包括用水或下水道服务。通信与网络服务包括在科目 530，而不在此（归类于功能科目 2600）。

  - 420，清洁服务，非由学区雇员实施的清理房屋卫生服务，包括但不限于处理废物、扫雪、保管和草坪维护服务（归类于功能科目 2600）。

  - 430，维修与保养服务，由非学区雇员提供的维修与保养服务（归于功能科目 2600 和 2700）。

  - 440，出租服务，与出租和抵押土地、房屋、仪器或交通工具相关的成本。

- 450，建设相关服务，支付给负责建设、修缮、改建房屋与配套设施的施工方的资金支出。这个科目也包括非固定性设施修建的支出，比如和房屋及房屋所在地相关的栅栏、人行道、道路等（仅归类于功能科目 4000）。

- 490，其他与资产相关的服务，不能包含在以上资产相关服务之外的其他与资产相关的服务，通信服务不包括在这里，而应当归于科目 530。

- 500，其他购买服务，用于支付给除学区雇员之外的提供服务的组织或个人的费用（不包括专业性与技术性服务，资产类相关的服务）。服务中可能涉及物品的购买，但该项交易的主要原因是服务的提供。

  - 510，学生交通服务，用于接送学生上学或参加活动的交通费用。

  - 520，保险费支出（非雇员福利），所有的保险费支出，包括资产保险、责任保险、雇员忠实保险。集体健康保险归于科目 200 之下（归于功能科目 2310、2610、2700）。

  - 530，通信服务支出，个人或机构提供的帮助学区传送或接收消息或信息的服务。包括电话与语音服务、为了建立和维持基于电脑的通信、网络运行而提供的通信服务，为建立或维持单向或双向的基于卫星、有线或其他设备的视频通信而提供的视频通信服务，为建立或维持邮政机器出租、快速送达服务而提供的邮政通信服务。还包括通过网络订阅研究材料等版权或收费支出。如果没有转化为资产，购买软件的支出归类于科目 650，如果软件可转化为资产则购买软件的支出归于科目 735（归于功能科目 1000、2230、2320、2410、2580）。

  - 540，宣传服务支出，用于在专业出版物、报纸或广播电视上发布消息而产生的费用。包括发布与人事招聘、法律服务、崭新与二手设备、资产出售相关的广告。专业性广告服务或公关服务不包括在此，而应包括在科目 340（通常归于功能科目 2300 或 2500）。

- 550，打印与装订服务，学区规定的打印与装订服务。包括设计与打印表格与海报，以及打印与装订学区出版物。复印表格的费用不归在此，应当归于科目 610（通常归于功能科目 2530，但也可以归于其他功能科目。课堂上使用材料的打印与复印应当归类于此，并归于功能科目 1000）。

- 560，学费，学区支出给为本学区具有法定义务支付学费的学生提供教育服务的其他教育机构的学费。

- 570，餐饮服务，非学区雇员经营的地方餐饮服务场所所发生的费用。包括食物准备、餐饮服务提供等相关的合同外包服务。学区因食物、耗材、劳动力与设备等产生的直接费用支出将归于合适的经济科目中（归于功能科目 3100）。

- 580，差旅支出，学区工作人员出差发生的交通、伙食、住宿和其他费用支出。按日包干的费用也归于此（归于除 5000 之外的其他功能科目）。

- 590，机构间购买服务支出，发生在教育机构之间除学费与交通之外的购买服务支出。这个科目还包括发生在学区与其他政府之间因服务而产生的费用（主要归于功能科目 2000，支付给其他学区或教育机构的教学人员的费用归于此类，且归于功能科目 1000）。

- 600，消耗品支出，被用尽、消耗、因使用折旧或通过编排或整合到不同的或更复杂物品中而消失独立存在的物品。

  - 610，一般消耗品，除以下科目中列举的物品以外的其他所有消耗品，包括货物运输费用。更完整的消耗品分类应当将其功能分类科目结合起来，比如视听消耗品或课堂教学消耗品（归于除 5000 之外的其他功能科目）。

- 620，能源费用，包括由公共或私人公司提供的天然气、石油、煤和汽油以及相关服务的费用支出。

- 630，食物费用，学校餐饮项目中采购的食物支出，教学项目中使用的食物归于科目 610（仅归于功能科目 3100）。

- 640，书籍与期刊费用，订阅公共使用的书籍与期刊支出，包括工具书。该科目包括工具书的成本、教科书的固定与修复、购买的供再次销售或出租的书籍。政府财务人员协会建议将软件费用支出归于资本性支出，归于经济科目 735 技术软件中（主要归于功能科目 1000 或 2200，供非教学人员使用的书籍与期刊应当归于功能科目 2590）。

- 650，技术相关的消耗品，指与技术性软件硬件配套使用的消耗品，比如 CD、移动硬盘、电源线或显示器支架。电子书阅读器和平板如果低于资本化阈值之下的话也应当归于此（主要归于功能科目 1000、2230、2580，但也可能归于 2620、2650、2730）。

- 700，资产支出，购买资产发生的支出，包括土地、建筑物或基础设施以及仪器。

  - 710，土地和土地改善支出，购买土地或改善土地发生的费用。空气或矿产权利的购买也归于此类。学区应当承担的资产改善项目的支出，比如街道、辅路或者排水系统的修建与维护所产生的费用也归于此。学区购买土地之后进行场地改善或周边道路的改善不包括于此，应当归于科目 450 或 340（主要归类于功能科目 4100、4200、

4600）。

- 720，建筑物，购买、新建、永久结构性改造、修缮建筑物或消防设施以及其他服务设施所产生支出。不包括支付给公共学校房屋机关或类似机关的费用支出（如果有终止期限和最终获得所有权的建筑物分期支出或租赁费用，扣除利息，归类于科目 831 和 832）。对于建筑物的修建、改建或修缮的合同外包支出归于科目 450。学区自己雇员实施的建筑物的建设、改建和修缮归于科目 100、200、610、730。房屋出租产生的费用归于科目 441（归于功能科目 4500 和 4700）。

- 730，大宗物品支出，仪器新购、增加或更换产生的费用，包括机器、家具和交通工具。

- 740，基础设施建设，学区购买基础设施资产的费用。这包括供水与下水道设施、道路、桥梁以及其他比固定资产更长使用寿命的资产。基础设施建设合同外包费用归于科目 450。学区雇员自己建筑的基础设施相关费用归于科目 100、200、610、730（仅归类于功能科目 4000，主要是 4200 和 4600）。

- 750，无形资产，不能归类于 734 和 735 科目之下的无形资产投资支出。

- 790，折旧与摊销，资产成本被分配在特定期间的一部分成本。折旧与摊销支出是将资产成本与清算价值之差按资产使用周期被分配在某一段时间内（归类于除 5000 之外的其他功能科目）。

- 800，债务支出及其他，除了上述科目之外的其他商品或服务支出。

- 810，会费费用，参加组织的会员费用，还有与学生有关的收费，比如学生参加比赛的注册费等。学费支出归于科目 560（归于功能科目 1000 与 2000）。

- 820，法院判决责任费用，法院判决由学区承担的款项，这些支出要除去由责任保险公司承担的部分，可以是可能已经被保险承担的部分。只有经法院判决学区承担责任的支出归于此类。法院判决学区偿还相关既有债务不归于此类，其归类规则应当按照原来债务的属性进行归类（仅归于功能科目 2310）。

- 830，其他债务相关支出，包括支付债券和长期贷款的支出，长期债务的利息支出，发行债券的相关支出，债务摊销与折扣方面的支出，短期债务的利息支出等。

- 900，其他细目，用于划分交易类型，不宜归类为经费支出，但需要学区控制与报告的特定细目。

 - 910，基金转出额，包括学区内部从一个基金转到另外一个基金的交易。

 - 920，债务废止的额外损失，主要包括发行债务时折扣额。低于债券面值以下的额外支出。

 - 930，资产性投资损失，损失包括投资成本与出售投资资本价款之间的差额。

 - 940，资产出售损失，资产的账面价值与实际出售价值之间的差值。

 - 950，其他细目，用于划分一些特别的细目，这包括很不正常或也很少发生的一些交易。比如有些学区因特定项目提前终止而支付给特定团体雇员的成本。

 - 960，极特殊细目，用于划分一些特别的细目，这包括既不正常也很少发生的一些交易，比如有些学区发生的因火灾、洪灾、飓风、冰雹等自然灾害所带来的损失。

附录 2　数据简介

美国联邦教育行政部门建立之初的重要职能是收集和传播教育统计数据。联邦教育部收集了关于美国基础教育的大量数据。负责数据收集、整理与发布的部门是国家教育数据统计中心（NCES）。NCES 官方网站对其实施的数据收集项目有详细的描述，提供下载数据的链接及使用说明，且发布了大量分析相关数据而形成的研究报告，本书大量数据来自该中心的原始数据及中心发布的报告。接下来简要介绍一下本书使用的数据项目。

核心基础数据

核心基础数据项目（Common Core of Data，CCD）起始于 1987 年，其前身是基础教育基础信息系统。CCD 数据包括美国全国学校与学区的基本信息，数据是通过汇总各州的行政管理数据而生成的。数据信息包括主数据和补充数据。其各自又包括非财政数据和财政数据。非财政数据包括学校、学区及州政府三个层级的数据。学校层面的数据包括学校地址、学校性质、涵盖年级、联邦政府拨款项目情况、分性别 / 年级 / 种族学生数、教师数量、符合减免午餐项目的学生数。学区层面的数据包括联系方式、性质、运行状态、涵盖年级、分性别 / 年级 / 种族学生数、教职工数（包括教师和教学辅助人员）、英语学习者以及学龄和学龄前特殊教育学生数。州层面包括教师与学生的数据。财政数据主要是学区与州层面的财政数据，以学区为例，学区层面的财政数据包括学区财政收入和支出数据两个方面，收入数据按地方政府、州政府及联邦政府三个层级划分，地方政府教育经费又按经费的来源进行划分，州政府教育经费按州政府的拨款方式进行划分，联邦政府的经费按拨款项目来源进行划分。教育财政支出信息有两种划分维度，按教育支出功能的不同，有三级分类，首先分为基建支出与日常性支出，日常支出划分为教学性、支持性学区等，支持性支出又划分为学生支持性服务、管理性支持服务等，具体分类科目参见附录一。经济类支出科目分为工资、福利、购买服务等，具体科目参见附录一。

学区层面的财政数据来自 NCES 与美国国家统计局（US Census）共同的调研项目地方教育机构（学区）财政数据调查［The Local Education Agency（School District）Finance Survey（F-33）］。F-33 调查开始于 1990 年。学区层面的财政数据（1990—2016 年）可以从 NCES 官网（https://nces.ed.gov/ccd/f33agency.asp）获得。州层面的教育财政数据来自 NCES 的全国公共基础教育财政数据调查（National Public Education Financial Survey，NPEFS）调查项目，该项目于 1989 年开始启动，包括以州为单位的教育财政收入与支出信息，收入信息按来源进行两级划分，支出信息按功能科目和经济科目进行划分。州层面 1987—2016 年的教育财政数据可能从 NCES 官网获得（https://nces.ed.gov/ccd/stfis.asp）。CCD 补充数据中的非财政数据包括高中辍学及学业完成率的信息，以及学校与学区的空间区位信息，补充数据中有学校财政数据信息和教师工资调查数据。

教育人口与地理数据

教育人口与地理数据（Education Demographic and Geographic Estimates，EDGE）是 NCES 与美国联邦统计局合作一个项目。该项目利用美国每 10 年度的人口普查数据与美国每年的美国社区调查数据（The American Community Survey，ACS），还有空间数据。整理、提供与学校、学区相关的人口学、空间与经济数据。空间数据包括学校位置、学区边界和学校接收学生空间区域的信息。EDGE 项目的人口学信息来自美国 10 年度的人口普查数据与美国每 5 年期的美国社区调查。2010 年以前的人口普查数据分为短调查和长调查数据，2010 年开始，人口普查只保留短调查，长调查整合到新的调查项目美国社区调查。EDGE 包含美国 1990 年和 2000 年人口普查中的长问卷数据和 2010 年短问卷中与教育有关的信息。信息包括人口数量、学龄人口特征、父母特征三个方面，统计单位包括国家、州与学区三个层面。ACS 是美国统计局 2005 年开始实施每年一次的大型调查，以取代之前的人口普查长问卷，涉及人口学特征、经济、社会与住房信息。NCES 与联邦政府统计局合作定制有关教育的数据包括人口、学龄儿童与学生父母特征的信息，统计单位包括国家、州与学区三个层面。EDGE 使用 ACS 的 5 年期估算数据。EDGE 人口学数据每年更新。EDGE 项目的经济数据包括学校社区贫困指数数据和教师工资区域差异系数数据，该两指标均是根据 ACS 调查数据估算而来的。EDGE 数据可从 NCES 官网下载（https://nces.ed.gov/programs/edge/Home）。

国家教育进步评测数据

国家教育进步评测数据（National Assessment of Educational Progress，NAEP）是国会立法授权 NCES 实施的调查美国中小学生学业成绩的全国抽样测试项目，开始于 1969 年，样本选择 4、8 和 12 年级的学生，测试的科目有阅读、数学、社会、经济、地理、科学、技术和工程等。不同年级、不同年份实施的科目不一样。基于上述数据，该项目每年会形成国家、州以及部分城市学区层面的学生学业成绩表现报告，以及提供分类别的学生成绩表现报告，比如不种族的学生的学业成绩表现报告。NAEP 数据可从 NCES 官网下载（https://nces.ed.gov/nationsreportcard）。

附录3　美国各州州名简称及中英文对照表

美国各州州名简称及中英文对照表

英文州名	中文州名	英文简称
Alabama	亚拉巴马	AL
Alaska	阿拉斯加	AK
Arizona	亚利桑那	AZ
Arkansas	阿肯色	AR
California	加利福尼亚	CA
Colorado	科罗拉多	CO
Connecticut	康涅狄格	CT
Delaware	特拉华	DE
District of Columbia	哥伦比亚特区	DC
Florida	佛罗里达	FL
Georgia	佐治亚	GA
Hawaii	夏威夷	HI
Idaho	爱达荷	ID
Illinois	伊利诺伊	IL
Indiana	印第安纳	IN
Iowa	艾奥瓦	IA
Kansas	堪萨斯	KS
Kentucky	肯塔基	KY
Louisiana	路易斯安那	LA
Maine	缅因	ME
Maryland	马里兰	MD
Massachusetts	马萨诸塞	MA
Michigan	密歇根	MI
Minnesota	明尼苏达	MN
Mississippi	密西西比	MS
Missouri	密苏里	MO
Montana	蒙大拿	MT
Nebraska	内布拉斯加	NE
Nevada	内华达	NV
New Hampshire	新罕布什尔	NH

（续表）

英文州名	中文州名	英文简称
New Jersey	新泽西	NJ
New Mexico	新墨西哥	NM
New York	纽约	NY
North Carolina	北卡罗来纳	NC
North Dakota	北达科他	ND
Ohio	俄亥俄	OH
Oklahoma	俄克拉荷马	OK
Oregon	俄勒冈	OR
Pennsylvania	宾夕法尼亚	PA
Rhode Island	罗得岛	RI
South Carolina	南卡罗来纳	SD
South Dakota	南达科他	SC
Tennessee	田纳西	TN
Texas	得克萨斯	TX
Utah	犹他	UT
Vermont	佛蒙特	VT
Virginia	弗吉尼亚	VA
Washington	华盛顿	WA
West Virginia	西弗吉尼亚	WV
Wisconsin	威斯康星	WI
Wyoming	怀俄明	WY

参考文献

[1] HIRSCHLAND M, STEINMO S. Correcting the record: Understanding the history of federal intervention and failure in securing US educational reform[J/OL]. Educational Policy, 2003, 17（3）: 343 - 364. http://epx.sagepub.com/content/17/3/343.short. DOI:10.1177/0895904803254484.

[2] SOLMON L C. Compulsory schooling legislation : An economic analysis of law and social change in the nineteenth century[J]. The Journal of Economic History, 1972, 32（1）:54 - 91.

[3] FISCHEL W A. Making the grade: The economic evolution of American school districts[M]. Chicago: University of Chicago Press, 2009: 1 - 11. DOI:10.2139/ssrn.1577200.

[4] SHOKED N. An American oddity: the law, history, and toll of the school ditrict[J]. Northwestern University Law Review, 2017, 111（4）: 945 - 1024.

[5] WALKER B D. The local property tax for public schools: Some historical perspectives[J]. Journal of Education Finance, 1984, 9（3）: 265 - 288.

[6] OWINGS, W., KAPLAN, L., PIRIM Z. The OKP state fiscal effort for education and elated social outcome variables database[Z]. Newport News, VA: OKP., 2016 (2016).

[7] HOUSE FISCAL AGENCY. A Legislator's Guide to Michigan's Budget Process: January[R/OL]. https://www.house.mi.gov/hfa/PDF/Alpha/approps{_}process{_}report. pdf.

[8] NATIONAL CENTER FOR EDUCATION STATISTICS. Allocating Grants for Title I[R/OL]. U.S. Department of Education Institute for Education Science, 2016: 1 - 41. https://nces.ed.gov/surveys/AnnualReports/pdf/titleI20160111.pdf.

[9] SNYDER T D, DINKES R, SONNENBERG W. Study of the Title I, Part A grant program mathematical formulas statistical analysis report[R/OL]. Washington, DC: National Center for Education Statistics, 2019. http://nces.ed.gov/pubsearch.

[10] SKINNER R R, ROSENSTIEL L. Allocation of funds under Title I–A of the Elementary and Secondary Education Act[R/OL]. Congressional Research Service, 2018. https://crsreports.congress.gov/product/pdf/R/R44461.

[11] U.S. DEPARTMENT OF EDUCATION. Fiscal years 2019–2021 state tables for the U.S. Department of Education[R/OL]. https://www2.ed.gov/about/overview/budget/statetables/21stbyprogram.pdf.

[12] MCFARLAND J, HUSSAR B, ZHANG J. The condition of education 2019[R]. Washington, DC: National Center for Education Statistics, 2019.

[13] CONGRESSIONAL RESEARCH SERVICE. Head start: Overview and current issues[R/OL]. https://fas.org/sgp/crs/misc/IF11008.pdf.

[14] VERSTEGEN D A. Public education finance systems in the United States and

funding policies for populations with special educational needs[J]. Education Policy Analysis Archives, 2011, 19: 21. DOI:10.14507/epaa.v19n21.2011.

[15] VERSTEGEN D A. How do states pay for schools? An undate of a 50-state survey of finance polices and programs[R].

[16] ARSEN D, DELPIER T, NAGEL J. Michigan school finance at the crossroads: A quarter century of state control[R].

[17] RILEY J C. School finance: Chapter 70 program[R/OL]. Malden, MA: Massachusetts Department of Elementary; Secondary Education, 2019. http://www.doe. mass.edu.

[18] DEPARTMENT OF PUBLIC INSTRUCTION. 2018-2019 allotment policy manual[R/OL]. Department of Public Instruction, 2019. http://www.ncpublicschools.org/ fbs/allotments/.

[19] PROGRAM EVALUATION DIVISION. Allotment-specific and system-level issues adversely affect North Carolina's distribution of K-12 resources[R/OL]. Program Evaluation Division, North Carolina General Assembly, 2016. http://www.ncleg.net/PED.

[20] DRILIAS E. State property tax credits[R/OL]. Wisconsin Legislative Fiscal Bureau, 2019. http://legis.wisconsin.gov/lfb.

[21] KAVA R, DRILIAS E. Local government expenditure and revenue limits [R/OL]. Madison, WI: Wisconsin Legislative Fiscal Bureau, 2019. http://legis.wisconsin. gov/lfb.

[22] KAVA R, PUGH C. State aid to school districts[R/OL]. Wisconsin Legislative Fiscal Bureau, 2019. http://legis.wisconsin.gov/lfb.

[23] JENSEN R M. Advancing education through education clauses of state constitutions[J]. Brigham Young University Education and Law Journal, 1997, 1997 (1): 1 - 47.

[24] FIGLIO D N, HUSTED T A, KENNY L W. Political economy of the inequality in school spending[J/OL]. Journal of Urban Economics, 2004, 55（2）: 338 - 349. http://linkinghub.elsevier.com/retrieve/pii/S0094119003001244. DOI:10.1016/j.jue.2003.10.006.

[25] THRO W E. Third wave: The impact of the Montana, Kentucky, and Texas decisions on the future of public school finance reform litigation[J/OL]. Journal law and education, 1990, 19（2）: 219 - 250. http://heinonlinebackup.com/hol-cgi-bin/get{_}pdf.cgi?handle=hein.journals/jle19{\&}section=19.

[26] OBHOF L J. Rethinking judicial activism and restraint in state school finance litigation[J/OL]. Harvard Journal of Law and Public Policy, 2004, 27（2）: 569 - 607. http://heinonlinebackup.com/hol-cgi-bin/get{_}pdf.cgi?handle=hein.journals/hjlpp27{\&}section=32.

[27] BRENNAN W J. State constitutions and the protection of individual rights[J]. Harvard Law Review, 1977, 90（3）: 489 - 504.

[28] SHELLEY F M. Local control and financing of education: a perspective from the American state judiciary[J]. Political Geography, 1994, 13（4）: 361 - 376. DOI:10.1016/0962-6298（94）90004-3.

[29] O'NEILL C M. Closing the door on positive rights: State court use of the political question doctrine to deny access to educational adequacy claims[J]. Columbia Journal of Law and Social Problems, 2009, 42（4）: 545 - 585.

[30] SITORIUS M. Nebraska Coalition for Educational Equity & Adequacy v. Heineman, 273 Neb. 531, 731 N.W.2d 164（2007）-The political question doctrine: A thin black line between judicial deference and judicial review[J]. Nebraska Law Review, 2008, 87（3）: 793 - 820.

[31] THRO W E. To render them safe: Tthe analysis of state constitutional provisions in public school finance reform litigation[J]. Virginia Law Review, 1989, 75（8）: 1639. DOI:10.2307/1073248.

[32] KOSKI W S. The politics of judicial decision-making in educational policy reform litigation[J]. Hastings Law Journal, 2004, 55（5）: 1077‑1234.

[33] PATT J S. School finance battles: Survey says? It's all just a change in attitudes[J]. Harvard Civil Rights-Civil Liberties Law Review, 1999, 34（2）: 546‑575.

[34] BAKER B, WELNER K. School finance and courts: Does reform matter, and how can we tell?[J]. Teachers College Record, 2011, 113（11）: 2374‑2414.

[35] DAVIS M. Off the constitutional map: breaking the endless cycle of school finance litigation[J/OL]. Brigham Young University Education & Law Journal, 2016, 2016（1）: 117‑159. http://search.ebscohost.com/login.aspx?direct=true{\&} db=a9h{\&}AN=114681482{\&}site=ehost-live{\&}scope=site.

[36] HUNTER M A. All eyes forward: Public engagement and educational reform in Kentucky[J/OL]. Journal of Law and Education, 1999, 28（4）: 485‑516. http://heinonline.org/HOL/Page?handle=hein.journals/jle28{\&}id=495{\&}div={\&} collection=journals.

[37] THRO W E. Judicial analysis during the third wave of school finance litigation: The Massachusetts decision as a model[J]. Boston College Law Review, 1994, 35（3）: 597.

[38] BUZUVIS E E. "A" for effort: Evaluating recent state education reform in response to judicial demands for equity and adequacy[J]. Cornell Law Review, 2001, 86（3）: 644‑645.

[39] LEWIS J M, BOROFSKY S E. Claremont I and II-Were they rightly decided, and where have they left us?[J/OL]. University of New Hampshire Law Review, 2016, 14

（1）. http://www.nhhra.org/sites/default/files/cr.pdf.

[40] FISCHEL W A. Chapter 21 the courts and public school finance: judge–Made Centralization and Economic Research[M]. HANUSHEK E A, WELCH F,edi. Handbook of the Economics of Education. Elsevier B.V., 2006: 1279 – 1325. DOI:10.1016/S1574–0692（06）02021-6.

[41] BENSON C S, O'HALLORAN K. The economic history of school finance in the United States[J]. Journal of Education Finance, 1987, 12（4）: 495 – 515. DOI:10.4324/9781351013796-2.

[42] HOWE E T, REEB D J. The historical evolution of state and local tax systems[J]. Social Science Quarterly, 1997, 78（1）: 109 – 121.

[43] HENDRICK I G. The impact of the Great Depression on public school support in California[J]. Southern California Quarterly, 1972, 54（2）: 177 – 195. DOI:10.1177/002200946900400405.

[44] CARD D, PAYNE A A. School finance reform, the distribution of school spending, and the distribution of student test scores[J/OL]. Journal of Public Economics, 2002, 83（1）: 49 – 82. http://www.sciencedirect.com/science/article/pii/S0047272700001778.

[45] BOWEN H R. The interpretation of voting in the allocation of economic resources[J]. The Quarterly Journal of Economics, 1943, 58（1）: 27. DOI:10.2307/1885754.

[46] DOWNS A. An economic theory of political action in a democracy[J/OL]. The Journal of Political Economy, 1957, 65（2）: 135 – 150. http://www.jstor.org/stable/10.2307/1827369.

[47] BAILEY S J, CONNOLLY S. The flypaper effect: Identifying areas for further

research[J]. Public Choice, 1998, 95(3–4): 335－361. DOI:10.1023/A:1005053921709.

[48] BRADFORD D F, OATES W E. Towards a predictive theory of intergovernmental grants[J/OL]. American Economic Review, 1971, 61（2）: 440－448. http://www.jstor.org/ stable/10.2307/1817026. DOI:10.2307/1817026.

[49] GRAMLICH E M, RUBINFELD D L. Micro estimates of public spending demand functions and tests of the tiebout and median–voter hypotheses[J/OL]. Journal of Political Economy, 1982, 90（3）: 536－560. http://www.journals.uchicago.edu/doi/ abs/10.1086/261073. DOI:10.1086/261073.

[50] NISKANEN W A. Bureaucrats and Politicians[J].The Journal of Law & Economics,1973, 18（3）: 144–157. DOI:10.4324/9781315714141–10.

[51] ROMER T, ROSENTHAL H. Bureaucrats versus voters: On the political economy of resource allocation by direct democracy[J/OL]. The Quarterly Journal of Economics, 1979, 93（4）: 563－587. http://qje.oxfordjournals.org/content/93/4/563.short.

[52] ROMER T, ROSENTHAL H. The elusive median voter[J/OL]. Journal of Public Economics, 1979, 12: 143－170. http://www.sciencedirect.com/science/article/ pii/0047272779900100.

[53] INMAN R P. The flypaper effect[Z/OL]（2008）. http://arxiv.org/abs/ arXiv:1011.1669v3. DOI:10.1017/CBO9781107415324.004.

[54] TSANG M, LEVIN H. The impact of intergovernmental grants on educational expenditure[J/OL]. Review of Educational Research, 1983, 53（3）: 329－367. http:// rer.sagepub.com/content/53/3/329.short.

[55] BRADFORD D F, OATES W E. The analysis of revenue sharing in a new approach to collective fiscal decisions[J/OL]. The Quarterly Journal of Economics, 1971, 85（3）: 416－439. http://www.jstor.org/stable/1885931.

[56] FISHER R C, PAPKE L E. Local government responses to education grants[J/OL]. National Tax Journal, 2000, 53（1）: 153 - 168. http://www.jstor.org/stable/41789446.

[57] FISHER R C. Income and grant effect on local public expenditure the flypaper effect and other difficulties[J/OL]. Journal of urban economics, 1982, 12: 324 - 345. http://www.sciencedirect.com/science/article/pii/0094119082900213.

[58] HINES J R J, THALAR R H. Anomalies: The flypaper effect[J/OL]. The Journal of Economic Perspectives, 1995, 9（4）: 217 - 226. http://www.nber.org/papers/w14579.

[59] DAHLBY B. The marginal cost of public funds and the flypaper effect[J]. International Tax and Public Finance, 2011, 18（3）: 304 - 321. DOI:10.1007/s10797-010-9160-x.

[60] DAHLBY B, FEREDE E. The stimulative effects of intergovernmental grants and the marginal cost of public funds[J]. International Tax and Public Finance, 2016, 23（1）: 114 - 139. DOI:10.1007/s10797-015-9352-5.

[61] HAMILTON J H. The flypaper effect and the deadweight loss from taxation[J]. Journal of Urban Economics, 1986, 19（2）: 148 - 155. DOI:10.1016/0094-1190（86）90036-7.

[62] GORDON N. Do federal grants boost school spending? Evidence from Title I[J/OL]. Journal of Public Economics, 2004, 88（9-10）: 1771 - 1792. http://linkinghub.elsevier.com/retrieve/pii/S0047272703001373 http://www.sciencedirect.com/science/article/pii/S0047272703001373. DOI:10.1016/j.jpubeco.2003.09.002.

[63] SINGHAL M. Special interest groups and the allocation of public funds[J/OL]. Journal of Public Economics, 2008, 92（3-4）: 548 - 564. http://linkinghub.elsevier.

com/retrieve/pii/S0047272707000898. DOI:10.1016/j.jpubeco.2007.05.005.

[64] COURANT P N, GRAMLICH E M, RUBINFELD D L. The stimulative effects of intergovernmental grants: Or why money sticks where it hits[M/OL]. MIESZKOWSKI P, OAKLAND W H, Edi.Fiscal Federalism and Grants-in-aid.. http://www.warreninstitute. berkeley.edu/faculty/rubinfeldd/Profile/publications/stimulative{_}effects.pdf.

[65] TURNBULL G K. Fiscal illusion, uncertainty, and the flypaper effect[J]. Journal of Public Economics, 1992, 48 (2) : 207 – 223. DOI:10.1016/0047-2727 (92) 90027-D.

[66] WYCKOFF P. The elusive flypaper effect[J/OL]. Journal of Urban Economics, 1991, 30: 310 – 328. http://www.sciencedirect.com/science/article/ pii/0094119091900529.

[67] FILLIMON R, ROMER T, ROSENTHAL H. Asymmetric information and agenda control[J/OL]. Journal of Public Economics, 1982, 17: 51 – 70. http://scholar. google.com/scholar?hl=en{\&}btnG=Search{\&}q=intitle:Asymmetric+information+and+a genda+control{\#}9.

[68] DOUGAN W R, KENYON D A. Pressure groups and public expenditures: The flypaper effect reconsidered[J]. Economic Inquiry, 1988, 26 (1) : 159 – 170. DOI:10.1111/j.1465-7295.1988.tb01676.x.

[69] FERNANDEZ R, ROGERSON R. Education finance reform and investment in human capital: Lessons from California[J/OL]. Journal of Public Economics, 1999 (74) : 327 – 350. http://www.sciencedirect.com/science/article/pii/S0047272799000468.

[70] THEOBALD N, PICUS L. Living with equal amounts of less: Experiences of states with primarily state-funded school systems[J/OL]. Journal of Education Finance, 1991, 17 (1) : 1 – 6. http://www.jstor.org/stable/10.2307/41575622 http://www.jstor.

org/stable/41575622.

[71] DEE T, LEVINE J. The fate of new funding: Evidence from Massachusetts'education finance reforms[J/OL]. Educational Evaluation and Policy Analysis, 2004, 26（3）: 199 – 215. http://epa.sagepub.com/content/26/3/199.short.

[72] CHAUDHARY L. Education inputs, student performance and school finance reform in Michigan[J/OL]. Economics of Education Review, 2009, 28（1）: 90 – 98. http://linkinghub.elsevier.com/retrieve/pii/S0272775708000514. DOI:10.1016/j.econedurev.2007.11.004.

[73] STEINBERG M P, QUINN R, KREISMAN D, e tal. Did Pennsylvania's statewide school finance reform increase education spending or provide tax relief?[J/OL]. National Tax Journal, 2016, 69（3）: 545 – 582. DOI:10.17310/ntj.2016.3.03.

[74] CANDELARIA C A, SHORES K A. Court–ordered finance reforms in the adequacy era: Heterogeneous causal efects and sensitivity[J]. Education Finance and Policy, 2019, 14（1）: 31 – 60.

[75] LAFORTUNE J, ROTHSTEIN J, SCHANZENBACH D W. School finance reform and the distribution of student achievement[J/OL]. American Economic Journal: Applied Economics, 2018, 10（2）: 1 – 26. DOI:10.1257/app.20160567.

[76] HOXBY C M. All school finance equalizations are not created equal[J/OL]. The Quarterly Journal of Economics, 2001, 116（4）: 1189 – 1231. http://qje.oxfordjournals.org/content/116/4/1189.short.

[77] SIMS D P. Suing for your supper? Resource allocation, teacher compensation and finance lawsuits[J/OL]. Economics of Education Review, 2011, 30（5）: 1034 – 1044. http://linkinghub.elsevier.com/retrieve/pii/S0272775711000902. DOI:10.1016/j.econedurev.2011.05.006.

[78] GOERTZ M E, NATRIELLO G. Court mandated school finance reform: What do the new dollars buy?[M/OL]//Equity and adequacy in education finance: Issues and perspectives. http://www.nap.edu/openbook.php?record{_}id=6166{\&}page=99.

[79] CHAKRABARTI R, ROY J. Effect of constraints on Tiebout competition: evidence from a school finance reform[J]. Regional Studies, 2017, 51（5）: 765 - 785. DOI:10.1080/00343404.2016.1142666.

[80] TANNER R C J, SEAN. Money and freedom: The impact of California's school finance reform[R/OL]. http://www.cde.ca.gov/fg/aa/pa/pa1516rates.asp. DOI:10.1007/978-81-322-0535-7_11.

[81] BRUNNER E, HYMAN J, JU A. School finance reforms, eachers'unions, and the allocation of school resources[J]. Review of Economics and Statistics Just, 2019: 1 - 47. DOI:10.1002/0471667196.ess7028.pub2.

[82] DOWNES T A. Evaluating the impact of school finance reform on the provision of public education: The California case[J]. National Tax Journal, 1992, 45（4）: 405 - 419.

[83] PICUS L O. Cadillacs or Chevrolets The evolution of state control over school finance in California[J]. Journal of Education Finance, 1991, 17（1）: 33 - 59.

[84] CLARK M. Education reform, redistribution, and student achievement: Evidence from the Kentucky Education Reform Act[Z/OL]. http://www.mathematica—mpr. com/Publications/PDFs/education/edreform{_}wp.pdf.

[85] ROY J. Impact of school finance reform on resource equalization and academic performance: Evidence from Michigan[J]. Education Finance and Policy, 2011, 6（2）: 137 - 167. DOI:10.1162/EDFP_a_00030.

[86] EVANS W N, MURRAY S E, SCHWAB R M. Schoolhouses, courthouses, and statehouses after Serrano[J]. Journal of Policy Analysis and Management, 1997, 16

（1）：10 - 31.

[87] DEKE J. A study of the impact of public school spending on postsecondary educational attainment using statewide school district refinancing in Kansas[J]. Economics of Education Review, 2003, 22（3）：275 - 284. DOI:10.1016/S0272-7757（02）00025-0.

[88] NEYMOTIN F. The relationship between school funding and student achievement in Kansas public schools[J/OL]. Journal of Education Finance, 2010, 36(1): 88 - 108. http://muse.jhu.edu/content/crossref/journals/journal{_}of{_}education{_}finance/v036/36.1.neymotin.html. DOI:10.1353/jef.0.0026.

[89] GURYAN J. Does money matter regression-discontinuity estimates from education finance reform in massachusetts[Z/OL]（2001）. http://www.nber.org/papers/w8269.

[90] PAPKE L E. The effects of changes in Michigan's school finance system[J/OL]. Public Finance Review, 2008, 36（4）：456 - 474. http://pfr.sagepub.com/cgi/doi/10.1177/1091142107306287. DOI:10.1177/1091142107306287.

[91] HYMAN J. Does money matter in the long run? Effects of school spending on educational attainment[J]. American Economic Journal: Economic Policy, 2017, 9（4）：256 - 280. DOI:10.1257/pol.20150249.

[92] CHUNG I H. Education finance reform, education spending, and student performance: Evidence from Maryland's Bridge to Excellence in Public Schools Act[J]. Education and Urban Society, 2015, 47（4）：412 - 432. DOI:10.1177/0013124513498413.

[93] HENRY G T, FORTNER C K, THOMPSON C L. Targeted funding for educationally disadvantaged students: A regression discontinuity estimate of the impact

on high school student achievement[J/OL]. Educational Evaluation and Policy Analysis, 2010, 32 (2) : 183 - 204. http://epa.sagepub.com/cgi/doi/10.3102/0162373710370620. DOI:10.3102/0162373710370620.

[94] GIGLIOTTI P, SORENSEN L C. Educational resources and student achievement: Evidence from the Save Harmless provision in New York State[J/OL]. Economics of Education Review, 2018, 66 (April) : 167 - 182. https://doi.org/10.1016/ j.econedurev.2018.08.004. DOI:10.1016/j.econedurev.2018.08.004.

[95] DOWNES T A, FIGLIO D N. School finance reforms, tax limits, and student performance[Z/OL]. Wiley Online Library, 1997 (1997). http://onlinelibrary.wiley. com/doi/10.1002/cbdv.200490137/abstract.

[96] JACKSON C K, JOHNSON R C, PERSICO C. The effects of school spending on educational and economic outcomes: Evidence from school finance reforms[J]. The Quarterly Journal of Economics, 2016, 2 (8) : 157 - 218.

[97] TIEBOUT C M. A pure theory of local expenditures[J]. Journal of Political Economy, 1956, 64 (5) : 416 - 424.

[98] FIGLIO D N, FLETCHER D. Suburbanization, demographic change and the consequences for school finance[J/OL]. Journal of Public Economics, 2012, 96 (11-12) : 1144 - 1153. http://dx.doi.org/10.1016/j.jpubeco.2011.07.007. DOI:10.1016/ j.jpubeco.2011.07.007.

[99] CHAKRABARTI R, ROY J. Housing markets and residential segregation: Impacts of the Michigan school finance reform on inter- and intra-district sorting[J/ OL]. Journal of Public Economics, 2015, 122: 110 - 132. http://dx.doi.org/10.1016/ j.jpubeco.2014.08.007. DOI:10.1016/j.jpubeco.2014.08.007.

[100] AARONSON D. The effect of school finance reform on population

heterogeneity[J]. National Tax Journal, 1999, 52（1）: 5‒29.

[101] DEE T S. Capitalization of education finance reforms[J/OL]. Journal of Law and Economics, 2000, 43（1）: 185‒214. http://heinonlinebackup.com/hol-cgi-bin/get{_}pdf.cgi?handle=hein.journals/jlecono43{\&}section=12.

[102] EPPLE D, FERREYRA M M. School finance reform: Assessing general equilibrium effects[J/OL]. Journal of Public Economics, 2008, 92（5‒6）: 1326‒1351. http://linkinghub.elsevier.com/retrieve/pii/S0047272707001946. DOI:10.1016/j.jpubeco.2007.11.005.

[103] BRUNNER E J, MURDOCH J, THAYER M. School finance reform and housing values: Evidence from the Los Angeles metropolitan area[Z/OL]（2011）. http://citeseerx.ist.psu.edu/viewdoc/download?doi=10.1.1.194.7763{\&}rep=rep1{\&}type=pdf.

[104] JORDAN M M, CHAPMAN D, WROBEL S L. Rich districts, poor districts: The property tax equity impact of Arkansas school finance equalization[J]. Public Finance and Management, 2014, 14（4）: 399‒415.

[105] LUTZ B. Taxation with representation: Intergovernmental grants in a plebiscite democracy[J/OL]. The Review of Economics and Statistics, 2010, 92（2）: 316‒332. http://papers.ssrn.com/sol3/papers.cfm?abstract{_}id=899536.

[106] ZIMMER R, JONES J T. Unintended consequence of centralized public school funding in Michigan education[J/OL]. Southern Economic Journal, 2005, 71（3）: 534. http://www.jstor.org/stable/10.2307/20062058?origin=crossref. DOI:10.2307/20062058.

[107] PLUMMER E. The effects of state funding on property tax rates and school construction[J/OL]. Economics of Education Review, 2006, 25（5）: 532‒542. http://linkinghub.elsevier.com/retrieve/pii/S0272775705000786. DOI:10.1016/j.econedurev.2005.04.002.

[108] CONLIN M, THOMPSON P N. Impacts of new school facility construction: An analysis of a state-financed capital subsidy program in Ohio[J]. Economics of Education Review, 2017, 59: 13 - 28. DOI:10.1016/j.econedurev.2017.05.002.

[109] NEILSON C A, ZIMMERMAN S D. The effect of school construction on test scores, school enrollment, and home prices[J/OL]. Journal of Public Economics, 2014, 120: 18 - 31. http://dx.doi.org/10.1016/j.jpubeco.2014.08.002. DOI:10.1016/j.jpubeco.2014.08.002.

[110] CELLINI S R, FERREIRA F, ROTHSTEIN J. The value of school facility investments: Evidence from a dynamic regression discontinuity design[J]. The Quarterly Journal of Economics, 2010, 30（3）: 215 - 261.

[111] HONG K, ZIMMER R. Does investing in school capital infrastructure improve student achievement?[J/OL]. Economics of Education Review, 2016, 53: 143 - 158. http://dx.doi.org/10.1016/j.econedurev.2016.05.007. DOI:10.1016/j.econedurev.2016.05.007.

[112] MARTORELL P, STANGE K, MCFARLIN I. Investing in schools: capital spending, facility conditions, and student achievement[J]. Journal of Public Economics, 2016, 140: 13 - 29. DOI:10.1016/j.jpubeco.2016.05.002.

[113] FIGLIO D N. Did the "tax revolt" reduce school performance?[J]. Journal of Public Economics, 1997, 65（3）: 245 - 269. DOI:10.1016/S0047-2727（97）00015-7.

[114] FIGLIO D N. Short-term effects of a 1990s-era property tax limit: Panel evidence on oregon's measure[J]. National Tax Journal, 1998（1981）: 55 - 70.

[115] DOWNES T A, DYE R F, MCGUIRE T J. Do limits matter? Evidence on the effects of tax limitations on student performance[J/OL]. Journal of Urban

Economics, 1998, 43（3）: 401 - 417. http://linkinghub.elsevier.com/retrieve/pii/S0094119097920520. DOI:10.1006/juec.1997.2052.

[116] BLANKENAU W F, SKIDMORE M L. School finance litigation, tax and expenditure limitations, and education spending[J/OL]. Contemporary Economic Policy, 2004, 22（1）: 127 - 143. http://doi.wiley.com/10.1093/cep/byh010. DOI:10.1093/cep/byh010.

[117] JORDAN T S, JORDAN K, CRAWFORD J. The interaction between tax and expenditure limitations, supermajority requirements, and school finance litigation[J/OL]. Journal of Education Finance, 2005, 31（2）: 125 - 145. http://www.jstor.org/stable/10.2307/40704256.

[118] CASCIO E U, REBER S. The poverty gap in school spending following the introduction of Title I [J]. American Economic Review, 2013, 103（3）: 423 - 427. DOI:10.1257/aer.103.3.423.

[119] CASCIO E U, GORDON N, REBER S. Local responses to federal grants: Evidence from the introduction of Title I in the south[J]. American Economic Journal: Economic Policy, 2013, 5（3）: 126 - 159. DOI:10.1257/pol.5.3.126.

[120] ALLISON G H, JOHNSON F. Financial Accounting for Local and State School Systems[M/OL]. https://nces.ed.gov/pubs2015/2015347.pdf https://nces.ed.gov/pubsearch/pubsinfo.asp?pubid=2015347.